信州文史

第四辑·文学

政协上饶市信州区委员会　编

中国文史出版社

图书在版编目（CIP）数据

信州文史．第四辑，文学 / 政协上饶市信州区委员会编．-- 北京：中国文史出版社，2020.7

ISBN 978-7-5205-2108-6

Ⅰ．①信… Ⅱ．①政… Ⅲ．①文史资料—上饶②中国文学—作品综合集—上饶 Ⅳ．① K295.63 ② I218.564

中国版本图书馆 CIP 数据核字（2020）第 120575 号

责任编辑：李晓薇

出版发行：中国文史出版社
社　　址：北京市海淀区西八里庄路 69 号　邮编：100142
电　　话：010－81136606　81136602　81136603（发行部）
传　　真：010－81136655
印　　装：三河市华东印刷有限公司
经　　销：全国新华书店
开　　本：710mm×1000mm
印　　张：19
字　　数：311 千字
版　　次：2021 年 1 月第 1 版
印　　次：2021 年 1 月第 1 次印刷
定　　价：78.00 元

序

信州文学千年巡礼

吴长庚

唐玄宗天宝十四年（755）发生的安史之乱，是唐代社会由盛转衰的分水岭。战乱历八年，至代宗广德元年（763）始平。信州却是在战乱发生的第四年应运而生的。天宝初，唐已改饶州为鄱阳郡，衢州为信安郡。乾元元年（758）六月，史思明再叛，且南下陷魏州（邯郸）。为适应戡乱的需要，江淮转运使元载提出在江西东北设立州置的提议，他指出："此邑川原敻远，关防襟带，宜置州。"制可。于是，乃析饶之弋阳，衢之玉山，以及抚、建之地，赐名信州，以所称信美，为郡之名①。

有了信州机构的设置，自然就有固定的区域画壤，也就有了区域文化。我们研究区域的文学，也就有了划分的依据。但要说明的是，唐代的信州，是州府一级的名称，包含所辖六县。而今天我们编辑《信州文史》，信州已是上饶市辖区县一级的名称，我们编《信州文学》专辑，所收录的作家与作品，一般仅限于上饶城区及原所称市县，而不含市辖其他县市。

上饶自唐乾元元年（758）设信州，至今已有1300多年的历史。千年之间，在这江山信美的土地上，涌现出了一批批诗人文学家，他们创作了大量的诗词歌赋，留下了丰厚的文化积淀。《府志》说："信自永嘉东迁，衣冠避地，风气渐开。历唐而宋，文学之士间出，而南渡以后遂为要区。人知敦本积学，日趋于盛。入明两百余年，艺文学术，蔚为东南望郡。"②

自唐代开始，信州文学渐见于文献所载。信州既设，来往官员渐多，诗中

① 清乾隆四十八年刊《广信府志》卷一《地理·疆域》。

② 同上，《地理·风俗》。

记载也多，如韩翃“驱车过闽越，路出饶阳西”，饶阳就是信州的饶阳驿。刘长卿有送人“便赴信州省觐”诗。常曾为信州录事参军，偶得葛洪炼丹古鼎，韦应物作诗赠之，借以歌颂他为官清正。白居易贬官江州司马，有《送人贬信州判官》，同病相怜，而有“刺史厅前又折腰”之叹。还有被朝廷征为“太子文学”的陆羽曾寓居信州，唐代诗人权德舆、孟郊都曾与之结交，留有诗作。孟郊有《题陆鸿渐上饶新开山舍》诗，记载陆羽在居地建亭、打井、种竹、养花的经历。 卢纶作有《送信州姚使君》诗，诗中的姚使君即信州刺史姚骥，他在位的时间，也是陆羽游寓上饶的时间。他曾亲诣陆羽所居的茶山广教寺，帮助他“凿沼为溟渤之状，积石为嵩华之形”。卢诗写到信州：“铜铅满穴山能富，鸿雁连群地亦寒。”谓信州有铜、铅等矿产，是致富的资源，且人才济济，虽出自寒门，亦自可用。它表明，信州境内的铜最晚在中唐已经开采（那时铅山还未设县）。

晚唐至五代，信州诗人值得一提的还有王贞白，他是信州永丰镇人，尝与罗隐、方干、贯休同唱和，《全唐诗》收录他的作品73首。今《全唐诗外编》据《文苑英华》《唐诗品汇》《永乐大典》等书籍增补12首及散句若干，又据《三求王氏宗谱》所载，觅得散逸之作10余首，应有近100首诗传世。王贞白的诗在唐末评价颇高。宋潘若同《郡阁雅言》说：“贞白，唐末大播诗名。”元人辛文房《唐才子传》称王贞白“学历精赡，笃志于诗，清润典雅，呼吸间两获科甲，自致于青云之上，文介可知矣”。这一时期还有个著名的诗画僧人贯休，“间必游寓上饶”，驻锡上饶城南景德寺，绘《十六罗汉图》，见于周辉《清波杂志》所载。《十六罗汉图》不管从创作风貌上看，还是从笔墨技巧上看，历来都受到很高的评价。画中用笔虽细却凝练遒劲，长线条连绵不断，转折圆润，有厚重感。《宣和画谱》曾赞贯休的《十六罗汉图》说：“以至丹青之习，皆怪古不媚，作十六大阿罗汉，笔法略无蹈袭世俗笔墨畦畛，中写己状眉目，亦非人间所有近似者。”

宋代是江西文坛崛起的时代，一大批文人学士挺身于两宋政坛文坛，也带来上饶文坛的繁荣，尤其是南宋，抒写爱国情怀的作品逐渐增多。王安石是江西临川人，后居金陵，舟车往来，多经信州。有《晏望驿释舟走信州》：“病起行山山更险，下容溪谷上通天。乘高欲作东南望，青壁松杉满我前。”又作《灵山》诗，对在灵山开采水晶破坏生态提出批评。晁补之曾贬监信州盐酒税，在信州履职一年，写了不少诗，其一以信江西流为意，云“应会逐臣西望意，故教溪水只西流”，谓信江懂得逐臣西望之意，所以溪水也向西流。借以表达身虽遭贬，而心犹眷恋朝廷之意。李纲是南宋初抗金名臣，官至宰相，而屡为投降派排斥。曾夜宿信州景德寺，北望山河，抒写了“倒景星河光破碎，乱萤灯火影参差”的悲痛心情。曾几也是抗战派官员，官至礼部侍郎，因与秦桧力争和议，兄弟俱罢官。曾几侨居信州七年，写了不少诗。一次接陆游遣使问讯，谈到采石矶之战，曾几喜不自禁，回诗云：“官军渡口战复战，贼垒淮壖深又深。坐看天威扫除了，一壶相贺小丛林。”

宋淳熙年间(1174—1189)，是信州文学史上的辉煌时期，一批学者文人都先后聚会于信州，淳熙二年有朱熹、二陆、吕祖谦的信州鹅湖寺之会；淳熙七年韩元吉致仕定居信州之南涧，淳熙八年辛弃疾定居带湖。淳熙九年，朱熹从临安归福建，途径上饶，住在韩元吉家。第二天，韩元吉约了当地的诗人徐衡仲一道陪朱熹游南岩一滴泉，辛弃疾知道后亦赶来相会，这便是上饶文化史上著名的南岩之会。

韩元吉是南宋初期重要作家，黄昇称其“文献、政事、文学为一代冠冕”。他平生交游甚广，与陆游、朱熹、辛弃疾、陈亮等当代名流和爱国志士相善，吕祖谦是他的女婿，多有诗词唱和。韩元吉诗文词兼擅，陆游称其诗文“落笔天成，不事雕镌”(《祭韩无咎尚书文》)；其词风格雄浑、豪放，与辛弃疾很接近，也有清丽之作。在当时的信州文人集团中，韩元吉是政坛和文坛的老前辈，是当时信州文坛的盟主。陆游是他交往时间最长的朋友，朱熹是他学术上的诤友，而辛弃疾则是他退居上饶时来往最密切的朋友。《稼轩词》中有五首给韩元吉的寿词，又有五首与韩元吉的唱和词，足见两人交往情深。

淳熙十一年，辛弃疾作了《水龙吟》词给韩元吉祝寿，这是稼轩词中的名作，词中“渡江天马南来，几人真是经纶手？……待他年整顿、乾坤事了，为先生寿”诸句，劈空而来，议论蓬勃，沉着痛快，慷慨激昂，写出了稼轩渴望恢复的爱国情怀。

韩元吉读了稼轩这首沉挚感人的寿词，大受感动，便于次年稼轩生日以原韵奉和。辛词中对韩氏家庭及本人赞美有加，并表达了共同的抗战理想。韩元吉奉和词亦云：“南风五月江波，使君莫袖平戎手。燕然未勒，渡泸声在，宸衷怀旧。……明年看取，锋旗南下，六赢西走。功画凌烟，万钉宝带，百壶清酒。”对辛弃疾寄予了满怀希望。词中“六赢”同六骡。指匈奴单于所乘之六匹骡马，后以指入侵者的坐骑。凌烟阁是唐朝为表彰功臣而建筑的绘有功臣图像的高阁。隋杨素破突厥，文帝赐以万钉宝带。词用历史故事勉励辛弃疾驱逐金人，建立功业。

辛弃疾是南宋最杰出的爱国词人。他在南宋生活了45年，有26年是生活在信州，信州是他的第二故乡。稼轩词600余首，有370多首是在信州一带创作的。他的词以丰富多彩的笔触，写到带湖、鹅湖、期思、瓢泉、雨岩、南岩、西岩、云洞，写到博山道中、云岩道中、黄沙道中、峡石道中，写到雪楼、翠微楼，写到鹅湖寺、博山寺、崇福寺，写到杜鹃、腊梅、芙蓉、牡丹等。他的农村词清新脱俗、引人入胜，如《西江月·夜行黄沙道中》：“明月别枝惊鹊”，至今传颂人口。而其中大量的豪放词则表达了渴望收复失地、抨击投降卖国、抒写壮志难伸的爱国情怀。此外，宋代还有很多名人来过信州，如杨万里、陆游、郑刚中、朱松、吕祖谦等，都留下不少佳作。

这一时代，信州本土作家也颇有成就。如王洋、刘煇、徐斯远、陈文蔚、徐元杰、汪应辰、赵蕃、韩淲、谢枋得等。其中，刘煇、汪应辰、徐元杰皆为状元出身，王洋榜眼出身，谢枋得是誓不降元绝食而死的民族英雄。他们的诗不仅表现了对家乡故土的热爱，同时也抒写了在那个特定的年代里，主张抗战、统一祖国的情感。

徐元杰（1196—1246），字仁伯，号梅野，信州上饶县八都黄塘人，自幼聪慧，才思敏捷。读书过目不忘，为文落笔辄得奇语。早从朱熹门人陈文蔚学，后师事真德秀。理宗绍定五年（1232）进士第一，累官至大常寺少卿，兼给事中国子祭酒，擢中书舍人。为官“远声色，节情欲”，“直声闻于朝”。杜范入相，徐元杰上书言事，慷慨陈词，力主排外患，修内政，保境安民。当时朝政汹汹，奸佞用事。淳祐六年四月杜范死，六月徐元杰指爪忽裂，暴疾而亡。三学诸生，伏阙请愿，指系奸人毒害，御旨交大理寺审理，事竟不白。有《梅野集》十二卷传世。他的文章“多关系国家大事”，词旨恳到，言无不尽。存诗一卷，颇有佳篇。写景抒情，清灵含蓄。如《湖上》：“花开红树乱莺啼，草长平湖白鹭飞。风日晴和人意好，夕阳箫鼓几船归。”此诗写春游西湖。全诗语言清新流利，景物绚烂多姿，用音响和色彩绘出了一幅欢乐的湖上春游图。

元代在残酷的民族歧视政策影响下，信州人才受到压抑，诗人甚少，诗多作不平之鸣。《广信府志》所载广信人物，仅陈苑、祝尧、方思广、童文杰诸人。陈苑（1256—1330），上饶人，是元代中期独倡陆学的代表人物，称静明先生。他“困苦终其身，而拳拳于学术异同之辩”。可惜无著作传世。祝尧，字君泽，上饶人。延祐进士，授南城丞，改江山令，升萍乡州同，颇有政绩。所著有《大易演义》《四书明辨》《策学提纲》《古赋辩体》。惜无诗存。方思广，上饶人，尝知连州。童文杰，上饶人，尝为长乐令。均无诗存。

元代上饶文学来自广信府的任官，如戴表元，于元大德八年（1304）任广信府学教授，所作《浴蚕沙溪水》记上饶烈妇，为伤时感乱之作。袁桷初从戴表元学，后师事王应麟，为元代学官，他送牟景阳到信州任职，亦颇具历史沧桑之感。柳贯、揭傒斯是元代著名文学家，与虞集、黄溍称“儒林四杰”。柳贯曾于泰定三年（1326）出任江西儒学提举，是年前后，恰逢端阳佳节，他路过信州，当地官员僚友在挹翠亭上为其设宴，他即兴作诗，表达“地迮那容胡旋舞，波回更作楚声讴”的深沉感慨。陈高生于元末，虽登至正十四年（1354）进士，度时不可为，而弃官奔走，自号“不系舟渔者”。其怀信州友人诗写到“盗贼攻破信州城，传闻杀戮及孩婴。故人经年无信息，此时无地避刀兵”。黄复圭与张翥、危素以诗名于江右，作《蕨萁叹》揭露腐败不平的现实：“信州州官万钟粟，杀牛搥马日丝竹。信州乡民蕨作粮，三月怀饥聚头哭。”这些诗，都深刻地反映了时代特点，反映了民族歧视政策下人们的疾苦。

明代是高度中央集权的国家，政局的稳定，经济的发展，也带来文学的繁荣。《府志》称广信“入明二百余年，艺文学术，蔚为东南望郡”，应非虚言。《府志人物传》所收上饶人，“方正”就有陈修、娄谅、王让、费宏、娄谦、娄忱、夏言、夏尚朴、叶镗、杨时乔、郑以伟、郑尔说。“宦绩”收录有许穆、王自牧、杨广仁、郑雅、李奈、蒋潾、方崇、陈绅、杨福、郑毅、杨麒、桂荣、王建中、郑邦福、王梦旸、余桂萼、徐士俊、杨闻中、黄清、方应瀚、徐久德、王鄘等人。尽管武宗朝出现宁王叛逆之乱，波及上饶，但并不影响文学的发展。

韩雍曾任江西巡抚，任上曾上书请求给文天祥、谢枋得追加谥号，得到批准。又欣闻信州修叠山书院，访其后人奉祀，很高兴地写了两诗，表达了对爱国志士的仰慕之情。邵宝曾与娄谅二子娄性、娄忱在信州读书论道，友情甚笃。宁王叛逆，娄性以妃族被逮，死狱中。嘉靖即位，始得原宥。娄忱传娄谅之学，忿其兄所为，托疾不下楼者十年，邵宝作诗赞之。李梦阳是明复古派前七子的领袖人物，为江西提学副使，经常往来信州，有诗专论信州茶叶。又作《余干行》，写战乱给百姓带来的痛苦。此外，夏良胜诗写了信州城的元宵之夜，程国儒诗记载了调粮赈灾的艰难。还有一些诗歌咏了信州的山水胜迹。

郑岳正德间任江西按察使，遭宁王诬陷，被逮赴信州，舟行遇雨，夜不能寐，揽衣起坐，见湖天空阔，斗柄东指，萌生出逢春的希望。作《逮赴信州舟行遇雨》："细雨霏霏洒夜篷，泊船犹畏不周风。蹴天波浪离江上，缩地山川入梦中。驿舍荒洲横极浦，渔舠远火乱栖鸿。揽衣起坐湖天阔，望眼遥随斗柄东。"后宁王叛乱被剿灭，"内外臣工交相论荐"郑岳，朝廷释放了他，任命为四川布政使。世宗嘉靖皇帝即位后，调入京，任都察院右副都御使，巡抚江西。寻为大理卿，数有忠谏。

在明武宗朝，上饶有位杰出的女诗人娄素珍，沙溪娄氏乃上饶望族，其先祖娄师德因屯田有功，在唐武则天朝曾任凤阁鸾台平章事。祖父娄谅是著名的理学家，父娄性、叔娄忱皆为诗人。娄素珍博学多才，颇有政治见地。嫁与明太祖朱元璋第十六子宁王朱权五世孙朱宸濠为正妃。娄妃色美而工词章，性贤明，晓大义。明正德十四年（1519）宁王朱宸濠欲反，娄妃多次泣谏劝阻，乃请绘《采樵图》，作《题采樵图》诗以讽："妇唤夫兮夫转听，采樵须是担头轻。昨宵雨过苍苔滑，莫向苍苔险处行。"诗以采樵为比喻，劝谏丈夫宸濠，不要铤而走险。宁王终不听，娄妃投江自殉，作《西江绝笔》："画虎屠龙叹旧图，血书才了凤眼枯。迄今十丈鄱湖水，流尽当年泪点无？"王阳明念其义烈，葬之于南昌赣江之南。

清代，上饶已人才辈出、商贾云集，史称牙闽、控越、襟淮、面浙的"要冲之地"。朱彝尊即有诗赞曰："信州风物好，倦旅亦开颜。"查慎行《西江櫂歌词四首》更兴致冲冲地写到："西下鄱阳总顺流，波声汩汩橹声柔。玉山城外唱歌去，三十三滩是信州。"他写到商船："千尺长桥亘水隈，商船到此尽眠桅。索钱幸自无关吏，满载漳烟建纸来。"漳州的烟、建阳的纸，还有崇安的茶，都运到信州河口，在这里集散，入鄱湖，下长江，销往全国各地。赵执信不无遗憾地说："江山厚意岂得忘，嗟哉信美非吾乡。"郑日奎是信州贵溪人，作《信民谣六首》，盛赞信州特产，而揭露官司的巧取豪夺、民不聊生的现实。曹鼎望是曹雪芹的叔祖父，康熙十七年任广信知府。时"三藩"未靖，叛匪耿继茂在福建作乱，余孽未歼。曹鼎望抚恤黎民，调供粮食，筹划裕如。曾作《拟古》诗，真切地反映了守土有责、爱民恤民的情感。他的继任是孙世昌，康熙二十一年任广信知府。值信州兵营汰兵嚣燥，士民惶恐，世昌慰而安之。任上，他为百姓陈疾苦，兴义学，劝课试，振士风，锄豪强，种种德政，万民传诵。他的《赴任信州入境有感》，读其诗，可见其情。

王赓言在吏部户部任官十六年，转而为广信知府，下车一载，便清理积案数百件。在任七年，修废举坠，尤加意于人才培育，修奎文塔，拓修信江书院房舍，增置膏火租田，月课亲加评鉴，所甄拔多知名士。工诗喜吟咏，所在留题，如《信江书院八景图诗》，赓和者甚多，极一时风雅之盛。

诗词之外，信州的散文亦丰富多彩，有表、疏、论、传、记、赋各类文体，且多有精彩之篇。由唐宋及明清，千年之间，信州文人的散文多承唐宋八大家的传统，以秦汉古文为主流为旗帜，偶尔也写作骈文。

唐代陆羽文多散佚，唯有自撰的《陆文学传》，收入《全唐文》，笔者最近又发现了他的一篇游记散文《惠山寺记》，保存在《无锡县志》。吴武陵的《遗吴元济书》疏陈利害，反复劝诫，亦颇具打通人心的力量。而权德舆的《草衣禅师记》糅合了魏晋稗史小说的意味，议论中见出形象，也很有可读性。

宋代是中国文学史上秦汉古文的发展时期。古文家写作古文，经学家写作古文，理学家也写作古文。朱熹祖籍婺源，而讲学武夷，他一生著述极丰，用的都是古文。信州上饶风光秀丽，名胜古迹遍布各地，这些胜地经历代重修，都请著名学者文人撰写碑记，因而信州一地，散文碑记实为一大特色。

北宋皇祐三年（1051），信州大水，冲决城墙，信州太守张衡率众救灾并重修城墙，便请王安石写了《信州兴造记》。绍熙五年，朱熹自长沙归，过上饶，受州学教授林至之请，为作《信州州学大成殿记》。上饶茶山广教寺原为陆羽所居，宋绍兴中，先有吕本中来居，后有曾几来居，僧人仰其风流韵度，建两贤祠，而请韩元吉为作《两贤祠记》。淳熙中，辛弃疾在上饶带湖筑稼轩，请洪迈写了《稼轩记》，这篇散文由建园情形及于园宅主人，再及于宅主与作者的关系，着意赞扬了辛弃疾恢复中原、统一国家的志向和才干；并提出希望：应以民族大义为重，而不要以个人进退为限，语重情长，用意良深。此外，还有释觉范的《信州天宁寺碑记》。明代有杨时侨《去思亭记》、郑日奎《一杯亭谯集记》等等；清代，有谈纲《信美亭记》，周鐏元《重修天宁寺钟楼记》，李光地《钟灵讲院记》，以上这些碑记因为刻之于碑，或镌之于壁，有的流传至今，有的被收进地方史志，留存至今，这些史料，描绘了上饶的山川地理，记载了文坛遗闻轶事，是我们研究上饶文化的重要依据。

上饶人陈文蔚乃朱熹弟子，一生不入科第，唯授徒讲学于鹅湖。著有《尚书编类》十三卷，其事闻于朝，尚书省乃下文征求其书，于是，他写了《进书编表》，陈述该书微言大旨，对朝廷“下采刍荛之论，上裨旒冕之聪”，心存感激。

谢枋得是信州弋阳县人，德祐元年（1275）以江东提刑、江西招谕使知信州。在元兵大举南下之际，他组织饶、信、抚三州义兵抗元，兵败，流落武夷山中。天下既定，诏求江南人才，他先后五次拒绝了元朝的招降。元至正二十三年（1286）集贤学士程文海荐宋臣二十二人，以枋得为首。谢枋得写了《上程雪楼御史书》，辞不起。二十五年，尚书留梦炎复以枋得荐，他又写了《上丞相留忠斋书》。这年十月，福建行省参政魏天祐见时方以求材为急，欲以荐枋得为功，谢回复了《与参政魏容斋书》。魏不听，强征北上，至大都，枋得绝食而死。这三封书信，或陈述大义，或表明心态，或出以深情，或大义凛然。表现出一个爱国志士挚爱祖国的赤子情怀，在文学史上具有不可替代的价值，为中华传统文化添写了崭新的一页。《历代通鉴》有载曰：“枋得天资严厉，雅负奇气；风岸孤峭，不能与世轩轾。……每论乐毅、申包胥、张良、诸葛亮事，常若有千古之愤者，而以植世教，立民彝为任。贵富贫贱，一不动其中。死之后，子定之护骸骨，归葬信州。”[①]上饶士民为感念这位民族英雄，在城南之南屏山建叠山祠，明万历间知府孙从龙又于祠前建表忠阁、祠后建大忠台。

明代，上饶的艺文学术，“蔚为东南望郡”，作家众多，人才辈出。夏言是文学家，所作诗文宏整，又以词曲擅名，已见前述。著有《桂洲集》及《南宫奏稿》传世，其论礼诸作，持论都严谨，深得皇上倚重。《明史本传》说夏言

① 《四库全书》史部，编年类，《御批历代通鉴辑览》，卷九十六。

“豪迈有俊才，纵横辨博，人莫能屈”。肯定他“善属文”，纪昀认为他“学问淹博”，“前后奏牍，亦多有可采”。杨时乔是著名的理学家，受业于广信永丰之吕怀，是湛若水甘泉学派四大弟子之一，所著《周易古今文全书》二十一卷，大意在荟萃古今，以辟心学说易之谬。其学说宗程朱，虽兼称古今文，而所发明者古文实略而今文则详。文中多互见其义，故间有繁复，然不害宏肆。另著有《马政记》十二卷，是隋唐以下第一部系统论述马政的著作。全书上起洪武元年，下至万历二十三年，记载了明朝227年马政的历史。其间因革损益，各悉原委。纪昀说：“马政莫详于明，亦莫弊于明。时乔目击其艰，身亲其事，故虽裒集案牍之文，而所言深中时病，其条理悉具。”[①]可谓的评。他的文集是他的儿子杨圣践所编，有《端洁集》二十卷，收集他的奏议、序、论、记等文章。

明代中晚期，上饶还有个郑以伟，由翰林检讨历官至礼部尚书、东阁大学士，与徐光启并为内阁左右两宰相，《明史》称他“修洁自好，书过目不忘，文章奥博”，内阁须代皇帝批答臣僚章奏，先将拟定之辞书写于票签，附本进呈皇帝裁决，称为“票拟”。有一次，郑以伟所阅章疏中有“何况”二字，误以为人名，拟旨提问。帝驳改，始悟。这次失误对他一生影响极大，从此词臣为皇帝所轻，遂有馆员须历推知之谕，而内阁之臣不再专用翰林。对郑以伟的评价也总要附上一句“而票拟非其所长”[②]。他自己也曾十分遗憾地说：“吾富于萬卷，窘于数行，乃为后进所藐。”今天，我们当然不必因偶然失误而否定他一生的文学，但遗憾的是，他所著的书《灵山藏集》《泟泥集》《四朝人物志》，在《四库全书》中居然无一收录。关于郑以伟的文学成就，《信州文史》第一辑“人物”专辑收录张昊的文章已有初步介绍。他为官39年，一身正气，两袖清风，清明如信江水。崇祯六年（1633）夏，因积劳成疾，郑以伟卒于任上。崇祯帝亲自到他的任所吊唁，称他“辅政勤劳，服官慎恪”，赠太子太保，赐谥“文恪”，褒奖他一生恪尽职守，并派大宦官王德化扶灵柩送郑以伟回归信州故里。

清代是中华文化的综合发展时期，上饶是闽浙赣皖的交通大道，官员往来，游人往来，都留下大量的文学作品。上饶出生的文人学士也通过科举，大量进

---

① 四库全书总目，卷八十二。

② 郑以伟票拟失误之事，既见载于《明史》，又载于《御批历代通鉴辑览》卷一白十四，《御定资治通鉴纲目》三编，卷三十五、《元明事类钞》卷十七。

入官场，任官全国各地。随着文化交流的展开，作为区域的信州文学，更多地融入了周边及全国的思潮，出现丰富多彩的面貌。众体皆备，风格各具。我们在阅读康熙、乾隆、同治等时代地方府县志重修序言、阅读历届广信知府为铜钹山封禁弛禁所写的奏疏、阅读各地官员为地方建筑重修所写的记序，都能约略看到这个特点。

辛亥革命后，历史进入中华民国阶段，历38年而中华人民共和国成立。这38年是大动荡、大变革的时代，上饶文学也随着时代的风云变幻，而发生了质的变化。新文化的春风吹进了赣鄱大地，新的文体、新的文风，适应着新的时代，新的思想，而绽放出新的风采。这一时期著名的人物有詹天佑、杨杏佛、张恨水、任寿祺、郭同、俞应麓、方志敏、张其德、黄道、邵式平、张天松、江亢虎等人。尤其是抗日战争中，上饶是第三战区司令部所在地，宦乡主编的《前线日报》，其副刊发表了丰富多彩的抗战文学，在当时颇有影响。左联领导人革命文艺家冯雪峰被国民党特务逮捕，关押在上饶集中营茅家岭监狱，他把自己在监狱中写的50多首诗作编成诗集，命名为《真实之歌》，在《前线日报》战地栏目上发表。方志敏被捕后，在监狱中留下了16篇共计14万字的文稿，其中《清贫》《可爱的中国》等文章，是革命传统教育的典范。郭同是上饶枫岭头人，早年就读于信江书院，后留学日本，回国后参加辛亥革命，为《大公报》记者，《中华日报》称他为“国内名记者，文名冠海内”。在20世纪40年代初中期，上饶聚集了一批来自全国各地的优秀人才，抗战文学兴盛一时，增添了上饶文学新的篇章。

（吴长庚，原上饶师范学院中文系教授）

目　录
CONTENTS

【文学研究】

南宋上饶寓客及其文学活动

王建生

北宋末年金兵两次兵临汴京，黑云压城城欲摧；靖康二年（1127）二月，金人废徽、钦二帝为庶人，标志着宋朝的终结。本年五月，康王赵构在南京应天府（今河南商丘）即位，赵宋王朝开始迈上了艰难的中兴之路。伴随着王朝的废兴，宋朝士民也被迫踏上南渡的征程。本文要讨论的是南渡士大夫这一群体寄居某地后如何形成交游网络，形成具有典范性的寓客文化，以及带有中原文献特色的文化如何融入地域性的文化景观？

两宋之际，文人士大夫有三次大规模的南迁。第一次是在靖康元年（1126）围城结束后，就有士大夫逃离汴京，朝廷明令禁止[1]。靖康二年（1127）春，北宋灭亡，金兵胁迫徽、钦二帝北迁，围城结束后士大夫开始第二轮的南下热潮。建炎元年（1127）十月，宋高宗逃离南京，经淮甸（实际上经过亳州、宿州）、泗州、楚州、高邮军，最后达到扬州。建炎三年（1129）二月，离开扬州渡江而南。大批文人士大夫随宋室南下，掀起了第三轮的南渡大潮。据陈乐素先生考证："一部分官吏士民流徙杭、秀、苏、常、湖，即太湖流域一带；另一部分而且是大部分，随隆祐太后沿赣江走洪州、吉安、虔州。"[2]此次南渡，情形之复杂、规模之大、流经范围之广，在中国历史上极为罕见[3]。

南渡本身就是人员乃至思想文化的流动，与这种大规模的流动相对应，寓居、寄居、客居相对静态。蒋寅先生曾指出："相对籍贯而言，流寓乃是人与地域一种更真实的关系。而从文学的角度看，这种关系就是文学史研究应予关注的问题，也是地域文学史不可或缺的内容。"[4]在宋室南渡的语境下，流寓成为宋代社会的突出现象，寓客文学及寓客文化也就应运而生。

一、寓客

建炎元年始，南渡文人经历了长达十余年的逃亡生涯，流经江南大部分地区，成为“寓客”中的一员。《建炎以来系年要录》《三朝北盟会编》《宋史》等史籍，记述了南渡士大夫流离的境况：

> 是时西北衣冠与百姓奔赴东南者，络绎道路，至有数十里或百余里无烟舍者，州县无官司，比比皆是盗贼，艰辛之状，万绪千般。[5]
>
> 衢州开化县界严、徽、信州之间，万山所环，路不通驿，部使者率数十年不到，居人流寓，恃以安处。[6]
>
> 丞相赵鼎、侍郎魏矼、侍读范冲，避地南来，寓居寺（笔者注：衢州永年寺）中，有酬唱。[7]

“寓公”在唐宋文学中已成为寄居某地的文人士大夫的一种称呼。周必大明确指出，在江西临川文学的发展史上，寓公韩驹、吕本中发挥了积极的作用，他们的诗歌及其唱酬活动已成为地域文学不可或缺的组成部分。周必大《跋抚州邬虙诗》：“临川自晏元献公、王文公主文盟于本朝，由是诗人项背相望。近世如谢无逸、幼槃兄弟及饶德操、汪信民，皆杰然拔出者也。南渡以来，又得寓公韩子苍、吕居仁振而作之，四方传为盛事。”[8]“寓客”作为“寓公”的同义语，也用来指寄居某地的文人士大夫，在宋代使用相当频繁。比如：

> 勤王所檄至湖州，新除资政殿学士提举中太一宫叶梦得行舟碧澜堂下，召守臣梁端、通判州事张焘及寓客龙图阁直学士许份、徽猷阁直学士曾楙、徽猷阁待制致仕贾安宅等谋之，梦得欲与端等共为一檄，调诸县射士勤王，而留平江檄书不发。[9]
>
> 马进陷江州……李成闻江州已陷，乃渡江入城，坐于州治，括寓客及郡县官仅二百员，悉杀于庭下。[10]
>
> 朱熹《知南康军石君墓志铭》：“郡守欲为寓客治第而属役于县（常州武进县），其费且数十万。君不可，曰：‘吾为天子牧民，岂为若人治第者耶！且浚吾民之膏血以媚人，吾不忍也。’”[11]

上举材料，湖州、江州、常州等地，皆有寓客的身影。北方人口大量南迁，散布于江南范围内，“江、浙、湖、湘、闽、广，西北流寓之人遍满”[12]。环太湖流域较为集中，“平江、常、润、湖、杭、明、越，号为士大夫渊薮，天下贤俊多避地于此”。[13]像容州，“渡江以来，北客避地留家者众，俗化一变，今衣冠礼度并同中州”[14]，可见中原文化礼俗对江南州县的深远影响。关于这一点，吴松弟《北方移民与南宋社会变迁》有详细的论述[15]，兹不赘论。

需要说明的是，流寓是一种行为，寓客是身份；前者是动词，后者是名词，二者间有依伴关系。在古代诗文、方志的表述体系中，流寓的主体基本是作为文人士大夫的寓客。本文主要考察南宋寓客的活动、心态及精神价值，故采用这一表明身份主体的名词性概念。

二、上饶寓客考略

南宋时上饶乃江南东路信州治所，与饶州、衢州及福建的崇安相邻，辖玉山、永丰、上饶、铅山、弋阳、贵溪六县。韩元吉不止一次地提到上饶的交通要冲地位，《信州新建牙门记》云：“地控闽越，邻江淮，引二浙，隐然实要冲之会。山川秀发，人物繁夥。”[16]他在《两贤堂记》中指出，上饶乃渡江士人乐意寓居之地，“并江而东行，当闽浙之交，是为上饶郡。灵山连延，秀拔森耸，与怀玉诸峰，巉然相映带。其物产丰美，土壤平衍，故北来之渡江者，爱而多寓焉。”[17]《上饶志》也说：“福建、湖广、江西诸道，悉出其途，昔为左僻，今为通要。”[18]在12世纪80年代，北方南渡的官绅人家寓居在上饶城内和近郊者达百户以上，洪迈《稼轩记》：“国家行在武林，广信最密迩畿辅。东舟西车，蜂午错出，势处便近，士大夫乐寄焉。”[19]上饶具有优越的区位优势，吸引了大量文人士大夫寓居此地，造成“中原文献，萃止彬彬”的盛景[20]。

在南宋，寓居上饶的文人士大夫，有不少著名的文学家，比如吕本中、曾几、辛弃疾等。笔者据目力所及，整理上饶寓客名录如下。

郑望之（1078—1161），字顾道、固道，一作显道，彭城人。靖康初，出使金营，累官至吏部侍郎，以徽猷阁直学士致仕，侨居上饶，扁曰“寓屋”。

汪藻曾为其“寓屋”作记[21]，汪藻卒于绍兴二十四年（1154），为郑望之寓屋作记必在此年之前。周煇《清波杂志》云：“郑顾道侍郎居上饶，享高寿，煇不及识也。尝见其《除夕》小诗亲笔：‘可是今年老也无？儿孙次第饮屠苏。一门骨肉知多少，日出高时到老夫。’”[22]

郑望之其弟郑资之，字深道，仕至吏部侍郎，亦徙上饶溪南，尝开山路成两岩，对弈其上，名寿松岩。

吕丕问，寿州人，曾寓居玉山谷隐堂。“丕问在中原时，其居名谷隐，后居玉山，亦名其堂曰谷隐。其犹子居仁尝为赋诗云：‘客舟不顾生事窘，所至有堂名谷隐。’”[23]

龚仕旺，徽州人，曾任工部侍郎，于绍兴三年（1133）在上饶（应家乡安坑村）隐居。

程瑀字伯寓，浮梁人，《宋史》有传。绍兴间与秦桧不合，乞祠，以龙图阁学士知信州，上饶大水，上奏，得罪秦桧，遂请祠。

吕本中字居仁，寿州人。曾为中书舍人，《宋史》有传。绍兴十一年（1141）始，曾寓居上饶茶山寺五年。韩元吉撰《跋吕居仁与魏邦达昆仲诗》：“吕舍人久寓上饶，后葬于德源山。故其晚年诗章，多见于此。今辰州魏使君所藏五篇，盖与其尊公侍郎及其季父邦杰、叔祖父元章者也，龙图则张殿中彦素尔。一时文士相从之适，气韵风流，为可概见。虽无老成人，尚有典刑。长啸宇宙间，高才日陵替，古之诗人类有叹耶！淳熙乙巳岁十二月，颍川韩某题。”[24]韩元吉此跋作于淳熙十二年（1185），距吕本中去世已过了四十年，韩元吉对前贤吕本中、魏砙兄弟间的诗歌交谊，充满欣羡之情。追慕前辈的“气韵风流”，慨叹今之人才凋零的同时，更希望能将此“典型”精神承传下去，生生不息。

曾几，字吉甫，河南人，《宋史》有传。绍兴八年（1138）起，寓居茶山寺，凡七年。

晁谦之，字恭祖，一作恭道，澶州人。渡江亲族离散，极力收恤。居信州，官至敷文阁直学士，卒葬铅山鹅湖寺，子孙因家焉。吕本中《送晁侍郎知抚州》：“与君相从四十载，老病昏昏君不怪。交游太半在鬼录，一时辈行惟君在。前年簪笔侍明光，论议风流传梗概。迩来同住此荒城，笑语澜翻绝机械。薄酒重寻他日盟，新诗未了平生债。今君奉诏作邻郡，共喜朝廷有除拜。定知恵政及斯民，一洗从来州郡隘。瓮头春色早晚熟，远寄还须例沾丐。为君试草德政碑，萧何自昔文无害。”[25]绍兴九年（1139），晁谦之为枢密院检详诸房文字，右司员外郎、权户部侍郎。从诗中“迩来同住此荒城”，知吕本中、晁谦之同寓上饶。

王洋，字元渤，东牟人，仕至起居舍人。侨居城之南池，赋诗自适，曾文清和之，且尝为《丛珍集》，酬唱之盛，甲于一时，著有《东牟集》十四卷。

周堃，字仲固，仕至湖南转运判官，徙居上饶，扁所居曰“尚论”，吕本中有《周仲固尚论斋》纪之。

王僔，字岩起，蓬莱人，尝居上饶，赴淮南提举，吕本中有赠行诗云：“随行万卷书，既足以自娱。因知君所乐，不在使者车。”[26]可以想见其为人。

周聿，字德元，青州人，徙居上饶，绍兴间召对，陈经纶匡济策，称旨。累官刑户部侍郎。

周煇，泰州人，曾寓居三四年。《清波杂志》云：“茶山，上饶名刹也。煇在上饶三四年，日从寓士游，遍历溪山奇胜。廖明略、徐师川、吕居仁、郑顾道、曾宏甫诸公，风流未远，邦人类能道之。煇尝欲裒集赋咏为一编，目为《玉溪唱酬》，以侈一时人物之盛，因循不克成。”[27]

韩元吉，字无咎，开封人，韩维五世孙，仕吏部尚书，龙图阁学士，封颍川公。尝师尹焞，得吕祖谦为婿，师友渊源为诸儒所推重。淳熙五年（1178），韩元吉徙居上饶城南。淳熙十四年（1187）病故，葬在城东。所居之前有涧水，故号南涧。涧南有园，筑亭竹间，号苍筤。其兄韩元隆亦登甲第，卒葬城东。

尹穑，字少稷，兖州人，博学能文，登孝宗朝进士，累官殿中侍御史，后迁至右谏议大夫。绍兴间，侨居怀玉山，以方名斋。徙上饶溪南之太霞宫，开轩种竹，曾文清以“友直”名之。

辛弃疾，济南人。淳熙九年（1182）至绍熙二年（1192），辛弃疾闲居上饶带湖。《稼轩词编年笺注》卷二，有“带湖之什”。《西江月·夜行黄沙道中》：“稻花香里说丰年，听取蛙声一片。”[28]即作于此时此地。淳熙十五年（1188），陈亮来访辛弃疾，二人同游鹅湖寺。

韩淲，字仲止，号涧泉，韩元吉之子，著有《涧泉集》《涧泉日记》，韩淲也曾寓居上饶。

赵蕃，号章泉，郑州人，亦居上饶。与韩淲同时有诗名，称二泉先生。

汤邦彦，字朝美，镇江人，因出使金国“有辱使命”，受到朝廷处分，先被谪往新州，后送信州编管。

上饶寓客中，父子同寓此地者有曾几、曾逮，韩元吉、韩淲；兄弟同寓上饶者，郑望之、郑资之，韩元吉、韩元隆。中原世家大族吕氏、晁氏、韩氏中的某一支系流寓上饶，他们与其他寓客以及当地贤哲后进诗酒高会、切磋品题、论道讲学，形成一道亮丽的文化景观。

三、上饶寓客的文学活动

南宋文人流寓上饶期间的文学作品，不仅记录了他们日常生活的细节，还记述了寓客之间的交游活动。上饶寓客因北宋灭亡被迫远离京洛、流寓他乡，有浓郁的家国之叹。从他们所留存的文字来看，流寓异乡的日常生活节奏并没有根本性的变化：读书、吟诗、课子、漫步等活动，依然在有序地进行着。

曾几寓居茶山时，读书是他日常性的活动，大量的读书诗是他这种生活的生动写照。《读书》：“散帙有佳趣，俗人那得知。醉乡非为酒，坐隐不关棋。几净幽怀惬，窗明老眼宜。一生无用处，又把教群儿。”[29]《读书四首》之一：“黄卷中人最起予，病来相对却成疏。新凉试傍青灯看，犹有飞蚊小未除。”之二：“童子区区攻一艺，老生汲汲事三余。偶然领会忘言处，只有渊明解读书。”之三：“朝游夕咏一窗书，只要今吾胜昔吾。未识此间真气味，直缘圣处少工夫。”之四：“勿谓微言久绝弦，六经正用此心传。假令坏壁无余烬，日月堂堂故丽天。”[30]读书之余，教育子嗣也是重要的日常活动，如《示逢子》：“清臞骨相类诸生，黾勉寒窗守一经。用赋要窥司马室，学诗频过伯鱼庭。可怜亲发镜中白，莫负子衿身上青。五桂荫门家世事，寂寥天畔几回星。”[31]在诗中，曾几勉励儿子曾逢潜心儒经、游艺诗赋，能不负光阴，光大门户。

曾几寓居上饶期间的日常写作中，广教寺、横碧轩成为吟咏的对象。《寓广教僧寺》："似病元非病，求闲方得闲。残僧六七辈，败屋两三间。野外无供给，城中断往还。同参木上座，与汝住茶山。"[32]《寓广教寺东轩》："谁将老境觅菟裘，聊与瞿昙共一丘。青士无多自萧散，紫君虽小亦风流。要须憩寂有茅宇，何以落成惟茗瓯。稳看林间上番笋，惜无余地可通幽。"[33]《横碧轩》（几尝居孔雀僧院东庑小室，榜曰横碧轩，有诸公唱酬之作）："道山心已灰，但有爱山癖。移家过溪住，政为数峰碧。空蒙梅子雨，了不见颜色。朝来忽献状，欣若对佳客。晴窗卷书坐，葱翠长在侧。似为神所怜，持用慰岑寂。会登此山头，却望水南北。烟树有无间，吾庐应可识。"[34]山林之趣，"连沧公境界，横碧我山林。"[35]上述诗篇在写法上：即景入诗，情景交融。相比曾几寓居其他地方的诗作，如《寓居吴兴》："相对真成泣楚囚，遂无末策到神州。但知绕树如飞鹊，不解营巢似拙鸠。江北江南犹断绝，秋风秋雨敢淹留。低回又作荆州梦，落日孤云始欲愁。"[36]上饶时期的诗歌表现了寓客日常生活的散淡、闲适，显得更为平淡。

除了日常性的写作外，寓客间的文学交游很频繁。从目前所见的资料来看，南宋上饶寓客之间的交游，多见于酬和、赠送、题咏等诗歌中。通过这些应酬性文字，某种程度上可看出寓客与当地士人以及寓客之间的文化交流，由此管窥"中原文献"在江南地域的流动实况。在寓客的交游网络中，郑望之、吕本中、曾几、韩元吉、辛弃疾等人，在士大夫中有极高的名望，为人热情，成为不同时期交游网络中的关键人物。

吕本中与曾几同岁，二人在绍兴元年（1131）曾互致书信深入交流学诗经验[37]。吕本中《赠曾吉甫》："荒城少往还，居处喜相近。欣然得一笑，渠敢有不尽。词源久欲竭，此道或少进。作气在一鼓，军士况未憖。凉风动高梧，尘土朝作阵。临溪惜暂别，溪浅雨复衔。岂无一言赠，以当百镒赆。沉绵我未瘳，李君更须慎。"《送曾吉父》："吾道从来到处穷，八珍常与一箪同。子房故是青云士，圯上乃逢黄石翁。圣学有传为可喜，宦游少味自无功。亦知湖岭如江浙，尽在先生指顾中。"[38]从诗歌中"荒城少往还，居处喜相近"可知，吕本中、曾几二人居处甚近，诗歌赠酬中反复申述的正是"吾道"与"圣学"。曾几后将自己所体会的东莱诗法写成诗，寄给吕本中，其中有"学诗如参禅，慎勿参死句。纵横无不可，乃在欢喜处。……居仁说活法，大意欲人悟。常言古作者，一一从此路。岂惟如是说，实亦造佳处。其圆如金弹，所向若脱兔”[39]等语。

上饶寓客积极参与文化的传承，授徒讲学，传道课诗，勉励四方生徒读书躬行、尚友先贤、安贫乐道。吕本中《送方丰之秀才归福唐》：“我居江东，惟信之州。子来自南，而与我游。问其所友，一时之秀。其兄韫德，亦既有就。子学既立，子志甚远。何以终之，止在不倦。贫贱勿厌，自然无闷。富贵勿羡，害德之本。彼古之人，能圣与仁。我胡不能，叹其绝尘。今子归矣，岁亦有秋。何以告子，惟圣之求。水流有源，木生有根。惟源与根，入德之门。求圣根源，惟正之守。正之不守，弃师背友。丝毫之伪，勿萌于心。无有内外，亦无浅深。由此则圣，舍此则病。是以君子，所守先正。于以赠别，亦以自警。为别后思，且以三省。”[40]在诗中，吕本中鼓励方丰之勤学好问，谆谆教诲之意，溢于言表；吕本中所教授者，正是读书践履、正心诚意等儒学的基本要求。

上饶寓客间以气节相砥砺，吕本中对程瑀推崇备至。吕本中《送程伯禹归浮梁》其一：“不见程公二十年，上饶相遇各华颠。平生气节名先立，老去安闲我未然。即看归来上廊庙，未容休歇住林泉。饱山阁上凭栏处，合得逍遥第一篇。”[41]

寓客间的诗歌酬赠，体现出他们深厚的情谊和高雅的情致。曾几与曾惇在上饶期间过从甚密，也有多首交游诗。《寻春次曾宏甫韵》：“春山数峰青，春水一溪绿。幽寻山水间，物物可寓目。花香若三薰，柳色若新沐。吾侪幸闲放，晴昼颇连属。胡为深闭门，终日仰看屋。嘉招傥亟拜，岂敢惮仆仆。请君携壶去，政恐日不足。小槽虽蜜甜，何必待醽醁。茗事姑置之，雷车困枵腹。”[42]《乞梅曾宏甫二首》之一：“寻梅不惜上南坡，傍险冲泥奈老何。寂寞僧窗禅榻畔，好枝还解送人么？”之二：“腊前腊后无非雪，溪北溪南并是梅。知有家山难觅路，敢烦健步送春来。”[43]

上饶寓客中，郑望之、吕本中、晁恭道、曾惇等人的雅集，不仅生动地体现了知识精英间的交流互动，还展示了寓客文化的多样态势。王明清《挥麈录》有详细的记载：

舅氏曾宏父，生长绮纨，而风流酝藉，闻于荐绅。长于歌诗，脍炙人口。绍兴中守黄州，有双鬟小颦者颇慧黠，宏父令诵东坡先生赤壁前后二赋，客至代讴，人多称之，见于谢景思所叙刊行词策。后归上饶，时郑顾道（郑望之）、吕居仁、晁恭道俱为寓客，日夕往来，杯酒流行，顾道教其小获亦为此技，宏父顾郑笑曰："此真所谓效颦也。"后来士大夫家与夫尊俎之间，悉转而为郑、卫之音，不独二赋而已。[44]

王洋、曾几参与唱和，编成的诗集名为《丛珍集》。"王洋字元渤，东牟人，仕至起居舍人。侨居城之南池，赋诗自适，曾文清和之，且尝为《丛珍集》，酬唱之盛，甲于一时，著有《东牟集》十四卷。"[45]曾几《五月六日为丛珍之集于南池呈座中诸公》："今日携壶地，南池信杖行。红蕖争入眼，白鹭最关情。待得跳珠雨，来听打叶声。菰蒲最深处，只欠小舟横。"[46]

上饶寓客曾有两次较为集中的题咏活动，曾几横碧轩、王傅（岩起）乐斋建成，寓客争相题诗。文字交游记述了日常交际的细节，尹穑寄茶给曾几，曾几作诗云："骎骎要路津，旧日水南人。尚记茶山老，能分顾渚春。江淮劳庙算，河路暗胡尘。忧国惟生睡，降魔固有神。"[47]酬和吕本中的诗中，对吕本中以知音相赏、以道德文字相期深谢不已，诗云："雪屋风窗逼岁穷，一杯情话与谁同。向人寡偶无如我，抵老相知独有公。文字欲求千古事，簿书还费二年功。新诗已佩临分语，况复哦诗是病中。"[48]上饶寓客间的交流，有时呈现出多人连动的态势。李商叟秀才建斋后，请王洋名之，曾几作诗纪之。[49]

吕本中、曾几、韩元吉等人与上饶士人也有广泛的交流。吕本中与信州玉山人汪应辰的交往，见《尤美轩在玉山县小叶村喻子才作尉时名之取欧阳文忠公醉翁亭记所谓林壑尤美望之蔚然者后数年旧轩既毁复作寺僧移轩山下汪圣锡要诗叙本末因成数句寄之》："兹轩在何许，远在洞岩侧。洞岩山水胜，自与尘土隔。天以奉幽人，宁肯媚过客。尉曹昔吏隐，到此若有获。名轩曰尤美，尽去眼界窄。坐令欧阳公，余意转明白。车马走道路，我久度此厄。茫茫六合间，于此有安宅。轩虽有成坏，山本无异色。举头见林壑，不必更远索。”[50]吕本中推荐上饶人王时敏给尹焞，“（王时敏）从居仁学，居仁荐之和靖。半年，和靖卒，宗师说甚坚”[51]。上饶寓客与地方官亦有交流，曾几为上饶方姓长官的快哉亭题诗，诗题曰：“上饶方君小倅官而不婚宦居偏户间静无官宦之事舍后梯城而上即棚为亭尽得溪山之胜名之曰快哉为作四小诗以快哉此风为韵。”[52]

南渡上饶寓客文学活动频繁，且不囿于个人的小天地中，赠答、唱和等文字往来及雅集聚赏，都极大地增进了情感的交流，他们以道义相扶植，以气节相激赏，形成一个声气相应的寓客共同体。纵览上述寓客的文学活动，吕本中、曾几、韩元吉等人构成的文学交游网络，丰富了上饶寓客文学的内容，这与吕、曾、韩等人的文学能力、自觉的共同体意识密不可分。

四、寓客文化之构建

寓客并非上饶一地所特有，何代何地无之！那么，南宋上饶寓客的独特意义何在？一言以蔽之，他们推动了“中原文献”[53]的南传。

寓客在促进地方文化建设方面，做出了积极的贡献：授徒讲学、保存文化图籍、彰显乡贤文化、推进文学酬唱，等等。曾几在上饶茶山时，远在永丰的学子前来学诗，“永丰周日章日新兄弟，少力于学，尝以诗谒曾吉甫于茶山，此其报字也。公之去茶山踰二十年矣，周氏兄弟华发萧然，犹连蹇场屋也。览之叹息！淳熙十二年二月十日南涧翁韩某题。”[54]吕本中有一首诗歌，题目很长：“会稽石道叟教授南剑，兵火抢攘之余，兴治郡学，尺椽片瓦，皆其所自经营也。未焞月而学成，远近赖之。又祠前辈贤者以风励多士，使游其间者望之而心化，由是而入尧舜之道不难也。古之教者，盖多术矣。‘五帝宪，三王有乞言’，宪贤于乞言也，道叟知之矣。吕本中为作诗叙本末云。”诗云：“圣远道则微，世久学欲绝。区区续微言，未易胜邪说。石侯东南秀，睹此心欲折。分教南剑州，意在补亡缺。欻令兵火后，复见俎豆设。庙貌甚尊严，上下有区别。先生默无语，风化动闽粤。斯文自明白，如仰见日月。坐令穿凿误，不待汤沃雪。不知旁祠谁，今代古豪杰。孰能与之齐，共此岁寒节。入门日在望，未返意已竭。由来正心术，不在费颊舌。乃知薰陶功，自与闻见别。参鲁回不愚，亦岂有优劣。此理倘可求，万古同一辙（自注：前辈，谓陈了翁也）。”[55]该诗为南宋兵荒马乱之际文化建设的实绩提供了很好的例证。石道叟执教于南剑州，兵火之余，兴修学舍，崇祀乡贤，致力于圣学的传承。吕本中寓居福建，对石道叟教授的行实深表钦佩，心有戚戚焉，便用诗歌的形式记录了州学教授传承文化的事例。而他叙述石道叟兴学本末，已然是南宋地方文化建设的关键一环。南宋处于风雨飘摇之中，国祚、文脉不绝如缕，当是时，对文化精英发扬圣学之功予以表彰、倡导坚忍不屈之精神，不啻为南宋文化重建摇旗呐喊。

上饶寓客的子弟后学对他们的追怀、欣慕，很大程度上推动了寓客文化的构建。周煇《清波杂志》云：郑顾道侍郎居上饶，享高寿，煇不及识也。尝见其《除夕》小诗亲笔：“可是今年老也无？儿孙次第饮屠苏。一门骨肉知多少，日出高时到老夫。”[56]《清波杂志》又云：“煇在上饶三四年，日从寓士游，遍历溪山奇胜。廖明略、徐师川、吕居仁、郑顾道、曾宏甫诸公，风流未远，邦人类能道之。煇尝欲裒集赋咏为一编，目为《玉溪唱酬》，以侈一时人物之盛，因循不克成。”[57]

王明清曾追忆：“舅氏曾宏父，生长绮纨，而风流酝藉，闻于荐绅。长于歌诗，脍炙人口。绍兴中守黄州，有双鬟小颦者，颇慧黠，宏父令诵东坡先生赤壁前后二赋，客至代讴，人多称之，见于谢景思所叙刊行词策。后归上饶，时郑顾道（郑望之）、吕居仁、晁恭道俱为寓客，日夕往来，杯酒流行，顾道教其小获亦为此技，宏父顾郑笑曰：‘此真所谓效颦也。’后来士大夫家与夫尊俎之间，悉转而为郑、卫之音，不独二赋而已。”[58]

陆游回忆“少时犹及见赵、魏、秦、晋、齐、鲁士大夫之渡江者，家法多可观”[59]，嘉定二年（1209）陆游又说：“我宋更靖康祸变之后，高皇帝受命中兴，虽艰难颠沛，文章独不少衰。得志者司诏令，垂金石；流落不偶者，娱忧纾愤，发为诗骚。视中原盛时，皆略可无愧，可谓盛矣。”[60]曾几与陆游的文学交游，在绍兴二十一年（1151）左右，“曾几寓居上饶茶山寺，来函致候，务观寄诗酬谢，盖此一二年中事”[61]。陆游《寄酬曾学士学宛陵先生体比得书云所寓广教僧舍有陆子泉每对之辄奉怀》，述其师友渊源和学诗心得[62]。

韩元吉、韩淲父子的上饶情结，亟宜揭示。淳熙五年（1178），韩元吉徙居上饶城南。淳熙七年（1180），韩元吉六十三岁，知婺州。韩元吉《跋吕居仁韩子苍曾吉甫诗》："广教仁老，既为吕、曾二公立两贤堂矣。又得公所书数诗及韩子苍舍人酬唱，刻石置堂上，可与好事者言也。前辈文采风流，零落殆尽。其交友情谊，尚因其诗笔往来见之。淳熙七年二月丁酉，颍川韩某题。"[63]淳熙十二年（1185），韩元吉六十八岁；十二月，作《跋吕居仁与魏邦达昆仲诗》："吕舍人久寓上饶，后葬于德源山。故其晚年诗章，多见于此。今辰州魏使君所藏五篇，盖与其尊公侍郎及其季父邦杰、叔祖父元章者也。龙图则张殿中彦素尔。一时文士相从之适，气韵风流，为可概见。虽无老成人，尚有典刑。"[64]淳熙十四年（1187）韩元吉病故，葬在上饶城东。

寓客的第二代，流寓心理、文化思想有何变化？可以韩元吉之子韩淲的横碧轩写作为例。韩淲《饮横碧轩》："僧舍颓檐屋一间，吕曾南渡此看山。风光流转人虽远，诗句磨镌景自闲。好事肯同携酒至，青春又见隔年还。坐中野老醺然醉，指点梅花亦可攀。"韩淲《横碧轩》："文清来此地，留下横碧轩。寂寂今无主，空山起夕烟。"韩淲《教授同太守过横碧因留教授一饮》："班坐横碧轩，便足了吾事。水南冻雨中，岁晚欲何为。人生衰荣尔，翻覆当有自。使君真不凡，宾从随听视。偶然理窗楹，岂曰登临地。吕曾骨已朽，方来重增喟。萧闲著我老，婆娑恐容易。惜乎一杯酒，未敢驻千骑。梅花山翠寒，孤香发清吹。"韩淲《昌甫再集横碧》："青山如佳人，不暇相应接。风轩一开明，烟峦几重叠。云乎具尊酒，乃尔随步屧。寺古天薄寒，窗前堕红叶。"横碧轩，已经打上了曾几的烙印；韩淲、赵蕃在横碧轩文学活动中，曾几是挥之不去的影子，从中可看出前辈风流对二泉的深刻影响。

上饶士民对寓客的接受、认同，他们认为寓客可以作为当地的文化符号。在茶山广教寺，南宋淳熙年间建两贤堂，韩元吉作文纪之。全文如下：

> 并江而东行，当闽浙之交，是为上饶郡。灵山连延，秀拔森耸，与怀玉诸峰，巉然相映带。其物产丰美，土壤平衍，故北来之渡江者，爱而多寓焉。广教僧舍，在城西北三里而近，尤为幽清，小溪回环，松竹茂密，有茶丛生数亩，父老相传唐陆鸿渐所种也，因号茶山，泉发砌下，甚乳而甘，亦以陆子名。绍兴中，故中书舍

人吕公居仁尝寓于寺（笔者注：广教寺），公以文章名于世，而直道劲节，不容于当路者，屏居避谤，赍志以没。上饶士子稍宗其学问，虽田夫野老能记其曳杖行吟、风流韵度也。后数年，故礼部侍郎文清曾公吉甫，复来居之，二公平生交，俱以诗鸣江右，适相继寓此。而曾公为最久，杜门醉诗书以教子弟，或经时不入州府，不问世故，好事者间从公游，谈风月尔。公亦自号茶山居士，若将终身焉。会朝廷更庶政，一时端人正士，始得进用，而吕公前已下世，莫不惜而哀之。公起为部刺史，遂以道德文学入侍天子。盖退而老于稽山之下，而上饶之人，称一时衣冠师友之盛，及二公姓字，则拳拳不忍忘。寺之僮奴，指其庭之竹则曰此文清公所植也；山有隙地，旧以为圃，指其花卉，则曰此文清公所艺也。一亭一轩，爱而不敢动，曰此公所建立或命名也。主僧敦仁者，言少年走诸方，侍其师清于草堂。清每与其徒诵二公诗语，且道其禅学之妙，敦仁窃闻之，以谓非今世之人也。不意游上饶，及见二公于此寺。今既叨洒扫之职矣，俯仰踰三十载，思再见而不可得也。将虚其室，绘二公之像，事以香火而祭其讳日焉。于是榜以'两贤堂'，而求为之记。夫自中原隔绝，士大夫违其乡居，类多寄迹浮图之宇，固有厌苦冀其速去者矣。未有能知其贤，既去而见思也。在诗有之，"蔽芾甘棠，勿剪勿伐，召伯所茇"，说者曰茇之为言草舍也，召伯听断于棠木之下，而民之被其德者，思其人，敬其木，不加翦伐云尔。今二公之寓室，殆亦茇舍之比也。然非有听讼之劳，及民之化，而敦仁又佛之徒，岂能尽知吾儒之事，与夫贤者之详，乃尊敬爱慕不已，至祓饰其居，以为二公之思，而祠祀之。使二公也得位以行其志，则所以致民之思者，岂不足侔于召伯哉！虽然，世之为士者，见贤不能慕，既去而忘其人，闻敦仁之为，过于堂下，亦可以少愧矣。夫淳熙六年七月具位韩某记。[65]

此文作于淳熙六年（1179），韩元吉何尝不是寓客，这篇由寓客来写的礼赞寓客的文章，因而显得极其特别。吕本中、曾几二人的风度，成为上饶士民宝贵的文化遗产，韩元吉受敦仁禅师之请，为“两贤堂”作记，旨在推扬慕贤崇德的文化。淳熙年间所建两贤堂，后又增祀徐元杰、辛弃疾、唐陆羽，更名五贤祠。[66]五贤中，除徐元杰外，其余皆非上饶人。寓客的身份被淡化，名正言顺地进入上饶“乡贤”之列。

千古风流人物，总被雨打风吹去。所幸寓客留下些遗踪印迹，可供后人凭吊追慕。上饶寓客的轩室亭台，随着时间的推移，已然为陈迹，而其名称及附着建筑物上的文化意蕴并未烟消云散。在不断的沉积中，这些寓客遗迹渐次成为地方文化景观的重要构成要素。

上饶寓客的遗迹中，曾几留存的最多，如清樾轩、东轩、松风亭、横碧轩、香寂圃等。建筑遗存得以垂世，有赖于曾几诗文铭记之功。韩元吉的上饶遗迹，有苍筤亭、望灵山堂、南岩等。苍筤亭，韩元吉徙居上饶，宅前有涧水，故号南涧，涧南有园，筑亭号苍筤。又建望灵山堂，在城南一里。上饶南岩，同样因韩元吉的诗而增色，据《舆地纪胜》记载：“（南岩）在上饶县十余里，岩傍巨石，俨然北向，其下宽平，可坐千人，士女游赏之处。……韩（无咎）诗云：‘野棠著子梅杏老，密叶尚带残花红。涓涓寒溜滴冰雪，一酌为我凉心胸。’”[67]此外，郑望之的“寓屋”、曾惇的“溪上堂”、辛弃疾的“稼轩”等等[68]，也都是上饶有名的地方文化景观。

限于古代的建筑条件，堂舍斋亭等经岁月侵蚀，往往化为乌有，但寓客遗迹端以留存的载体——诗文，却得以流播，继续述说着寓客及其流寓地的故事。后来的地方志的编纂者，“古迹”部分，大都借诗文以显其迹。如上饶的月岩，《舆地纪胜》是这样记述的：“月岩在上饶县西三十里，一名石桥，山岩半有穴穿出山背，远望如月，故名月岩。……”朱乔年郎中有诗云：“凿透巉岩不记春，山腰千古挂冰轮。谁知擘破三峰手，聊出婵娟戏路人。”[69]朱松，字乔年，婺源人，曾流寓上饶，他的月岩诗在促成该景点胜迹化的过程中起到关键的作用。

总之，上饶寓客流寓期间所写文学作品，不仅记录了日常生活的细节，还记述了寓客之间以及寓客与当地士人的雅集与文学交游。寓客授徒讲学、保存文化图籍、彰显乡贤文化、推进文学酬唱，既传承了中原文献，又极大地促进了地方文化建设，并努力推进二者的融合。南宋人对上饶寓客的追怀，很大程度上推动了寓客文化的构建；寓客遗迹逐渐成为地方文化景观的重要构成要素。

参考文献

[1]（靖康元年三月三十日）贴黄称："窃见往者初报金贼入寇，（宋）唤首除发运使，其实护送蔡京、蔡攸家属尽往东南，故京、攸一门与唤之家中外千馀人，无一在京师者。至于京、攸门下之士，弃官而逃者甚众。其后公卿士夫各遣家出京城，十室九空，实自唤首为此计以误之也。迹其罪状，诚不可贷，欲望并赐施行。"（汪藻著、王智勇笺注：《靖康要录笺注》，成都：四川大学出版社，2008年第576页）

[2] 陈乐素：《珠玑巷史事》，《求是集》第二集，广州：广东人民出版社1984年，第266页。

[3] 晋永嘉南渡，在历史上规模也很大，但凭借长江天堑，胡骑被阻隔，东晋偏安局面形成；南渡士族多定居于长江下游的京口、晋陵、会稽及长江上游之江陵等地（陈寅恪：《述东晋王导之功业》，《金明馆丛稿初编》，上海：上海古籍出版社1980年，第57-66页）。宋建炎南渡，与永嘉南渡不同，文人士大夫渡江后，很长时间飘零在长江以南各地，江西、湖南、广西、广东、浙江、福建等地，到处都有他们的足迹；而且，他们时常在行在所、外任之地、流寓地之间奔波。

[4] 蒋寅：《一种更真实的人地关系与文学生态——中国古代流寓文学刍论》，《中国文化研究》2012年秋之卷，第26页。

[5] 徐梦莘：《三朝北盟会编》卷一百三十四，上海：上海古籍出版社1987年，第977页。

[6] 庄绰：《鸡肋编》卷中，北京：中华书局1983年，第64页。

[7] 祝穆：《新编方舆胜览》卷七，北京：中华书局2003年，第126页。

[8] 周必大：《平园续稿》卷八，《丛书集成三编》，台北：新文丰出版公司1997年，第670页。

[9] 李心传：《建炎以来系年要录》卷二十一，北京：中华书局1956年，第

455页。

[10] 李心传:《建炎以来系年要录》卷四十一，北京：中华书局1956年，第755页。

[11] 朱熹:《朱文公集》卷九十二,《朱子全书》第25册，上海：上海古籍出版社2002年，第4242页。

[12] 庄绰:《鸡肋编》卷上，北京：中华书局1983年，第36页。

[13] 李心传:《建炎以来系年要录》卷二十，北京：中华书局1956年，第405页。

[14] 王象之:《舆地纪胜》卷一百四，北京：中华书局1992年，第3197页。

[15] 吴松弟:《北方移民与南宋社会变迁》，台北：文津出版社1993年。

[16] 韩元吉:《南涧甲乙稿》卷十五,《丛书集成初编》，北京：中华书局1985年，第293页。

[17]《南涧甲乙稿》卷十五。韩元吉《望灵山》诗："……诸峰七十二，磊砢略可推……定知水晶宫，閟藏神所司。"(《舆地纪胜》卷二十一《信州·景物上》，北京：中华书局1992年，第951页)

[18] 王象之:《舆地纪胜》卷二十一，北京：中华书局1992年，第949页。

[19] 洪迈:《洪文敏公集》卷六，清抄本，北京大学图书馆藏。白居易《送人贬信州判官》："地僻山深古上饶，土风贫薄道程遥。不唯迁客须恓屑，见说居人也寂寥。溪畔毒沙藏水弩，城头枯树下山魈。若于此郡为卑吏，刺史厅前又折腰。"(《白居易集》，北京：中华书局1979年，第305页)中唐时期，上饶在白居易心目中还是穷乡僻壤、士风浇薄之地。

[20] 清同治十一年《上饶县志》卷二十"寓贤",《中国地方志集成》，南京：江苏古籍出版社1996年，第455页。

[21] 汪藻:《信州郑固道侍郎寓屋记》,《浮溪集》卷十九，影印文渊阁四库全本。

[22] 周煇:《清波杂志》卷十一，北京：中华书局1994年，第467页。

[23] 王象之:《舆地纪胜》卷二十一，北京：中华书局1992年，第962页。

[24] 曾枣庄、刘琳:《全宋文》第216册，上海：上海辞书出版社2006年，第128页。

［25］北京大学古文献研究所编:《全宋诗》第 28册，北京：北京大学出版社1998年，第18222页。

［26］吕本中:《送王提举赴淮东七首》其三,《全宋诗》第 28册，北京：北京大学出版社1998年，第18224页。

［27］周煇:《清波杂志》卷五，北京：中华书局1994年，第210页。

［28］邓广铭:《稼轩词编年笺注》卷二，上海：上海古籍出版社2007年第312页。

［29］曾几:《茶山集》卷四,《丛书集成初编》，北京：中华书局1985年，第32页。

［30］曾几:《茶山集》卷八,《丛书集成初编》，北京：中华书局1985年，第94页。

［31］曾几:《茶山集》卷五,《丛书集成初编》，北京：中华书局1985年，第62页。

［32］曾几:《茶山集》卷四,《丛书集成初编》，北京：中华书局1985年，第38页。

［33］曾几:《茶山集》卷六,《丛书集成初编》，北京：中华书局1985年，第71页。

［34］曾几:《茶山集》卷二,《丛书集成初编》，北京：中华书局1985年，第16页。

［35］曾几:《次镇江守曾宏甫见寄韵》,《茶山集》卷四,《丛书集成初编》，北京:中华书局1985年，第34页。吕本中有《曾吉父横碧轩》(《东莱先生诗集》卷二十)。

［36］曾几:《茶山集》卷六,《丛书集成初编》，北京：中华书局1985年，第71页。

［37］吕本中《与曾吉甫论诗第一帖》《与曾吉甫论诗第二帖》,《苕溪渔隐丛话前集》卷四十九，北京：人民文学出版社1962年，第332—333页。曾几之帖已佚失，从吕本中的回帖中可得见曾几关注的诗学问题：如何悟入、悟入与涵养的矛盾等。

［38］北京大学古文献研究所编:《全宋诗》第 28册，北京：北京大学出版社

社1998年，第18213页、18187页。

［39］曾几:《读吕居仁旧诗有怀其人作诗寄之》,《全宋诗》第29册，北京：北京大学出版社1998年，第18594页。

［40］北京大学古文献研究所编:《全宋诗》第28册，北京：北京大学出版社1998年，第18222页。

［41］北京大学古文献研究所编:《全宋诗》第28册，北京：北京大学出版社1998年，第18227页。

［42］曾几:《茶山集》卷一,《丛书集成初编》，北京：中华书局1985年，第1页。原按：曾惇字宏甫，避宋光宗讳以字行，纡之子，巩之侄孙。陈振孙《书录解题》：曾氏三望最初温陵公亮，次南丰巩兄弟，其后则几之族。集中赠宏甫必冠以曾，盖以明同姓不宗之意。

［43］曾几:《茶山集》卷八,《丛书集成初编》，北京：中华书局1985年，第89页。

［44］王明清:《挥麈录》后录卷十一，上海：上海书店出版社2001年，第169页。

［45］清同治十一年《上饶县志》卷二十“寓贤”,《中国地方志集成》，南京：江苏古籍出版社1996年，第456页。

［46］曾几:《茶山集》卷四,《丛书集成初编》本，北京：中华书局1985年，第35页。

［47］曾几:《尹少稷寄顾渚茶》,《茶山集》卷四,《丛书集成初编》，北京：中华书局1985年，第41页。

［48］曾几:《吕居仁力疾作诗送行次其韵》,《茶山集》卷五,《丛书集成初编》，北京：中华书局1985年，第55页。

［49］曾几:《李商叟秀才求斋名于王元渤以养源名之求诗》,《茶山集》卷七，北京：中华书局1985年，第87页。曾几另有《王元渤自湖楚归赠之》(《茶山集》卷三)、《挽王元渤舍人二首》(《茶山集》卷四）等诗。

［50］北京大学古文献研究所编:《全宋诗》第28册，北京：北京大学出版社1998年，第18220页。

［51］韩淲:《涧泉日记》卷中，上海：上海古籍出版社1993年，第18页。

[52] 曾几:《茶山集》卷七,《丛书集成初编》,北京:中华书局1985年,第83页。

[53]参见拙文《吕本中与中原文献南传》(《语文知识》2010年第4期)、《吕祖谦的中原文献南传之功》(《浙江师范大学学报》2015年第3期)。

[54] 韩元吉:《跋曾吉甫帖后》,《南涧甲乙稿》卷十六,《丛书集成初编》,北京:中华书局1985年,第318页。

[55] 北京大学古文献研究所编:《全宋诗》28册,北京:北京大学出版社1998年,第18165页。

[56] 周煇:《清波杂志》卷十一,北京:中华书局1994年,第467页。

[57] 周煇:《清波杂志》卷五,北京:中华书局1994年,第210页。

[58] 王明清:《挥麈录》后录卷十一,上海:上海书店出版社2001年,第169页。

[59] 陆游:《杨夫人墓志铭》,《渭南文集》卷三十四,北京:中华书局1976年,第2322页。

[60]陆游:《陈长翁文集序》,《渭南文集》卷十五,北京:中华书局1976年,第2117页。

[61] 于北山:《陆游年谱》,北京:中华书局1961年,第44页。

[62] 陆游著,钱仲联校注:《剑南诗稿校注》卷一,上海:上海古籍出版社2005年,第16页。

[63] 曾枣庄、刘琳主编:《全宋文》第216册,上海:上海辞书出版社2006年,第127页。

[64] 曾枣庄、刘琳主编:《全宋文》第216册,上海:上海辞书出版社2006年,第128页。

[65] 韩元吉:《两贤堂记》,《南涧甲乙稿》卷十五,《丛书集成初编》,北京:中华书局1985年,第291-292页。王象之《舆地纪胜》卷二十一《信州·景物下》:“两贤堂,在上饶之广教院,祀东莱吕舍人,赣川曾文清。”(北京:中华书局1992年,第955页)

[66]乾隆《上饶县志》卷三“坛庙”,海口:海南出版社2001年,第375页。

[67] 王象之:《舆地纪胜》卷二十一,北京:中华书局1992年,第953页。

[68] 寓屋、稼轩，见清同治十一年《上饶县志》卷十四“古迹”，《中国地方志集成》影印同治十一年刻本，南京：江苏古籍出版社1996年，第215页；溪上堂，“宋南丰曾黄州游历之地，故址在府城外南山之巅，面直灵山，下临冰溪，故名”（见乾隆《上饶县志》卷三“古迹”，海口：海南出版社2001年，第382页）。

[69] 王象之:《舆地纪胜》卷二十一，北京：中华书局1992年第952页。

（作者简介：王建生，郑州大学文学院教授，文学博士。）

韩元吉与朱熹交游始末

张小丽

韩元吉和朱熹都是南宋时期著名的思想家和学者，二人一个出身北方士族望门——桐阴韩氏，官至吏部尚书，被誉为一代之冠冕；另一个是思想界的先锋，一代大儒，蜚声学界的理学家和教育家。朱熹政坛的起伏、思想的成熟在一定程度上受到韩元吉的影响；韩元吉也在与朱熹的学术交流中思想逐步清晰成熟。作为当世胜流，他们对南宋时期的文坛和思想界都产生了较为重要的影响，与当时的众多名士如辛弃疾、张栻、吕祖谦、陈亮、陆游等均有着密切的交游。然而，目前学术界对韩、朱二人的交游情况却关注甚少，因而有必要对他们的交游始末作一番梳理，以期对宋代思想史研究有所助益。

一、忆昔韩令尹——绍兴、隆兴年间的初识

韩元吉与朱熹相差十三岁，一个来自中原河南，一个长于边地福建，他们二人是如何交集的呢?

1. *初次相识*

据程继红先生推断，朱熹与韩元吉当在绍兴二十九年（1159）同诏赴行在时初次相交[1]。窃以为这个推断是有道理的。当时韩元吉正任建安县令，朱熹也恰好屏居五夫，奉亲讲学，建安、五夫两地相距不足百里，二人又同时奉诏赴行在，无论是从地理还是从时间上来看，两人因此相识都具备极大的可能性。可惜的是，现存文献中没有他们此次结识的直接证据。

绍兴三十二年（1162），朱熹在建安与知县张栋同游凌风亭，作《同张明

府登凌风亭怀韩无咎》诗，可证此前朱、韩已经相识。诗云：

日夕和风至，西山淡无姿。危亭极远眺，胜处良在兹。
忆昔韩令尹，青云乃心期。鞿羁不得骋，发此胸中奇。
前瞻千仞冈，俯视万顷陂。神襟一以旷，我志浩渺弥。
飞车越沧浪，天风振裳衣。怀哉此焉薄，问讯无边辞。
今公岂不佳，宫商似前徽。相携岸晚帻，共此长相思。[2]169

凌风亭在建安县治西南隅，系绍兴二十八年（1158）至三十年（1160）元吉在此任知县时所建。当时，元吉曾作有《凌风亭事状》，赋有《凌风亭》《晚登凌风亭戏作》诸诗。绍兴三十二年，当朱熹与友人、建安知县张栋共同登上这座由韩元吉主持修建的凌风亭时[3]，情不自禁地起了故人之思："忆昔韩令尹，青云乃心期。……怀哉此焉薄，问讯无边辞。"据诗意，朱、韩二人已经认识，但似乎没有深交。从朱熹诗中自然流露的情感来看，他对元吉是颇为敬重的。

朱、韩二人有没有可能在绍兴二十九年（1159）之前就已经认识了呢？我们从朱熹二十岁即绍兴二十年（1150）起计，看看他们各自的人生地理轨迹。韩元吉自绍兴十九年（1149）秋任浙江龙泉县主簿，二十一年（1151）离任，后游于浙江德清、临安及江苏建康一带，任信州幕一年后返临安不久（1158）即有建安之命；而朱熹则于二十一年（1151）赴临安铨试后，得泉州同安县主簿一职，此后游于福建，直至隆兴元年（1163）方入临安奏事，期间并未出闽。很明显，二人在元吉任职建安前根本无缘得见。

那有没有可能在元吉离建安后的绍兴三十年（1160）末至三十二年（1162）初这段时间内，朱熹才与元吉相识呢？答案是否定的。我们可以看到，自绍兴三十一年（1161）春离闽赴临安，至绍兴三十二年（1162）初进为司农寺丞，其间除有宣城访母及淮西之行外，韩元吉一直待在京城临安；而朱熹虽有建安、武夷之行，足迹却未出闽，所以二人也不可能相见。综上可以推断，他们的初识时间只能在元吉知建安县期间（1158—1160年），而尤以绍兴二十九年（1159）可能性最大。

2. 临安送别

如果说此前的论断均为推论，那么，韩元吉作于隆兴元年（1163）的《送元晦》一诗，则是目前可见的二人交游的最直接证据。这年九月，朱熹应诏赴行在奏事。连进三劄，被授武学博士，待次。十二月离临安归闽时，元吉作《送元晦》一诗送行。诗中这样写道：

前年恨君不肯来，今年惜君不肯住。朝廷多事四十年，愚智由来各千虑。

君来正值求言日，三策直前真谏疏。诋诃百事推圣学，请复国雠施一怒。

天高听远语不酬，袖手翩然寻故步。我知君是谏诤才，主上聪明得无误。

一纸底用教鶡冠，百战应当启戎辂。江山千里正风雪，岁月峥嵘倏将暮。

有田可耕屋盖头，君计未疏吾亦去。君归为谢武夷君，白马摇鞭定何处？[4]32~33

诗中“前年恨君不肯来”，便是指绍兴二十九年（1159）八月十三日，以参知政事陈康伯之荐，元吉与朱熹、吕广问、徐度四人并召赴行在事。当时韩元吉得令任满日赴行在；不久左司谏何溥进言，称徐度、吕广问二人亦方至提刑任数月，不宜遽令入朝[5]。于是，诏令二人并俟任满日与在内陞等差遣。朱熹因援三人例，以疾辞，乞俟岳祠满日赴行在。这句诗也暗示了，当年元吉和朱熹已经认识了。“今年惜君不肯住”则指元吉写诗送行时，朱熹意欲离开临安。“三策直前真谏疏”指隆兴元年（1163）十一月六日，朱熹奏事垂拱殿，连进三劄。十二日，除武学博士，待次。从十月十九日到达临安，到十二月十二日离开，这一次朱熹在临安盘桓近两月；而韩元吉早已于绍兴三十一年（1161）入朝为司农寺主簿，故二人得以交游。据朱熹写给吕祖谦的书信来看，这年十月元吉和朱熹已经见面；而且，元吉还把女婿吕祖谦写给自己的家信转给朱熹看了（信中吕祖谦对朱熹评价很高，颇有期许）①，直接促成了朱熹与吕祖谦的学术交流。朱熹离临安归闽时，元吉赶来送行。朱熹此次入朝不仅直接向宋孝宗表达了反对议和、坚决抗战的政治主张，还同主和的大臣们抗争，尤其痛斥主和派领袖、参知政事周葵。朱熹还与理学家张栻相识，讨论主战用兵；并向刚回都的著名将领张浚投献进取中原之计。而此时的韩元吉虽并不坚决主战，但在写给张浚的信中，也表达了“以和为疑之之策，以守为自强之计，以战为后日之图”的意见[6]。可见，朱、韩二人有着共同的政治立场。元吉写给朱熹的送别诗中，既表达了对朱熹正直敢言的敬重，也对其郑重上劄却不被重视，黯然离京深表同情。

二、语殊不合与荐举之力——乾道至淳熙初年的思想碰撞

隆兴二年（1164）至乾道元年（1165），元吉以新鄱阳守的身份告假，前往镇江探视母亲，期间与陆游交游甚密。此后，又先在朝任职，后赴建康任江南东路转运判官等。乾道元年（1165）二月末，元吉还临安；是年四月，朱熹曾因陈俊卿推荐至临安，但与主和派宰辅钱端礼、洪适等冲突，复请祠，五月即离临安。从时间上来看，二人在临安有见面的机会与可能，可惜现存文献里没有看到他们本年往来的相关材料。

乾道四年（1168）冬，元吉赴宣州奔母丧。次年春尽，还上饶忧居，杜门读书。上饶距武夷极近，朱熹出入武夷时又往往途经上饶，因此，在元吉忧居上饶的三年中，朱、韩二人的交往日益增多，关系也越来越亲近。

1. 书信往还：日常俗务与儒释之辨

因住地较近的关系，朱熹与元吉之间的通信便捷而密切。从乾道五年（1169）九月始，朱熹亦丁母祝孺人忧；次年，葬母于建阳崇泰里后山天湖之阳的寒泉坞，并在墓侧建寒泉精舍，潜心讲学著述。两位异地而居的学者，此时均因丁母忧闲居著述，交流极密。据乾道六年（1170）深秋元吉写给朱熹的信，足见他们已经数次书信往来：

---

① 按：即朱熹《答吕伯恭书》一，这是见于文献记载的朱、吕之间的第一封通信。见《朱熹集》卷三十三，四川教育出版社1997年版，第1407页。

某叩首再拜启：去冬既遣人修慰，即过宣城。春尽还舍，始睹所报教，甚以浣释。欲再奉一记，乃久无佳便，愧向实不可言。旬日前方领詹机宜所附四月手墨，盖濡滞如许也。且闻尊夫人已毕大事，以我之艰，知元晦办集尤不易矣。但审少留茔次动止之详，岂胜慨叹！比日秋冷，孝履何如？某忧患寓居，号慕益远，仅未死灭，无足念者[4]251。

朱熹因生母祝氏上一年九月去世，丧葬乏资，遂致书元吉借贷，可见二人关系此时已颇为亲近，非比一般。无奈此时的元吉自己也颇为窘困，在《答朱元晦书》中，他诚恳地向朱熹作了解释，“贷金荷不外，某穷悴，止江东有少俸，连遣二女子（指接连嫁了两个女儿），且置得数亩饭米，去岁了两处葬事”[4]251，今年自己也在向别人借钱，实在是无能为力。但是元吉拜托了好友——在福建建宁任知州的赵德庄，请他代为周旋。

这次的几封书信往还中，日常俗务的互通只是一个小插曲，更重要的是二人开始了频繁的学术思想的交锋与探讨。元吉说：“哀苦亡聊，杜门却得理旧业，但殊无唔语之益耳。”[4]251可见，在上饶忧居的日子里，元吉闭门读书，因不能与朱熹面晤详谈，便经常在书信中讨论。从现存书信看，二人主要探讨的是如何对待观佛书与道学之间的关系即儒释之辨，及如何对待《语录》的态度这两个问题。

关于儒释之辩，主要是两个问题，一是是否要观佛书。元吉称朱熹“见教不必观佛书，固然。正以鄙性鲁钝，少年多寓僧寺，中岁复耽文词，尝出入其说”[4]251，自己“及粗窥圣学之门，若禅宗则久见其病，特欲穷佛之说所自，不敢便以他人之言为据也。两岁居丧，乃得取其经帙大者观之，料元晦高明，染指绝尘，不必如是之迂也”[4]251。很明显，在这一点上，两人是持不同观点的：朱熹认为不必观，元吉却认为应该先认真研读，“穷佛之说所自”，再作出自己的判断，“不敢便以他人之言”为据也。

二是关于儒释的关系问题。元吉认为佛学与道学的区别在于：“吾圣人妙处在合，故一以贯之；释氏之弊在分尔。”[4]251在写给陈从古的《复斋记》中，元吉也说：“圣人之学，自治其一心，则推而至于治天下……自异端之肆也，亦曰治夫心者，而其身尤以一身为可外，况于所谓天下国家”[4]284，元吉批评释氏以空虚寂灭为宗，割裂了修齐治平、内圣外王的一贯性。朱熹却认为，“诲谕儒释之异在乎分合之间，既闻命矣。顷见苏子由、张子韶书，皆以佛学有得于形而上者而不可以治世，尝窃笑之……彼其所以分者，是亦未尝真有得于斯耳！”[2]P1637实际上，宋代儒释道三家融合互动，本就是在共存与斗争中不断发展的。南渡前后，许多道学家思想流于禅，耽于释氏，学理未能纯正，才会有朱熹与元吉的论辩。朱熹在乾道二年（1166）刚刚写成《杂学辩》，痛斥“当代诸儒之杂于佛老者”。元吉、朱熹本身都是批评释氏的，而朱熹明显要更激进，他对元吉以为的“释氏之弊在分”的观点也并不认同。

在这封信中，元吉还说到如何对待《语录》的态度问题：“近见王德修秀才，从和靖于晚年者，则闻其说尤详。盖云所以令诸君只读《易传》者，《易传》所自作也，《语录》他人作也，岂能尽记其意？”[4]251元吉尝师事尹焞，为程颐再传弟子。乾道三年（1167），元吉还尝在江漕司刊刻经其整理的《师说》，内容即是二程讲学语录。尹焞认为学生只读《易传》便可，《语录》慎读。针对元吉老师尹焞的观点，朱熹提出反驳：“和靖两书，昔尝见之，其谨于传疑之意则是，而遂欲禁绝学者，使不复观，则恐过矣。……今疑信未分而不复思绎，遽以一偏之说尽废众人所传之书，似不若尽存其说而深思熟讲，以考其真伪得失之为善也。”[2]1637~1638朱熹同时也承认，尹焞的有些观点也是很有道理的，他希望元吉能够严谨辨析，得出自己的结论：“伊川（指程颐，尹焞老师）之意亦非全不令学者看语录，但在人自着眼看耳。如《论语》之书，亦是七十子之门人纂录成书，今未有以为非孔子自作而弃不读者。此皆语录不可废之验，幸更深察之。”[2]1638

乾道五年（1169）至七年（1171）的这几年间，韩元吉、朱熹这两位大学者因同时丁忧赋闲，钻研学问，又有着地利之便，其交往日益密切，不仅有日常俗务的分享，更有深入的学术交流。只是，在“儒释之辨”及如何观书这两个问题上，二人并未形成一致的意见。

2. 武夷之会：语殊不合，不欢而散

淳熙元年（1174）二月，韩元吉因上年末除知婺州，赴任途中，特意绕道武夷与朱熹见面。在写给蔡元定的信中，朱熹曾提及此次与元吉的会面：

“元吉尚未行，何耶？渠来此，未尝不忠告之。但渠自不耐烦，而愤然诀去，岂长者之绝子乎？季通（指蔡元定）似亦不须枉费心力。……若必人人赠言以悦之，岂不劳哉！”[2]2074韩元吉此前本在朝任吏部侍郎，因遭弹劾，以敷文阁待制出知婺州，二人见面时朱熹当对其有所劝诫，孰料元吉并不能听，竟至愤然诀去。朱熹是如何劝诫的，我们已不得而知；但从“岂长者绝子乎”一语来看，这是明显地用《孟子・公孙丑下》“子为长者虑，而不及子思，子绝长者乎，长者绝子乎”之典，那么，此次会面二人并未达成共识，闹得不欢而散，则是显而易见的。

3. 建宁之会：力荐入朝，坚决请辞

淳熙元年（1174）十二月，韩元吉改知福建建宁府，次年春到任。韩、朱二人在思想见解上多有不合，他们在政治取向上也存在分歧。这在元吉力荐朱熹入朝，而朱熹坚决拒辞一事上得到集中体现。

淳熙三年（1176）正月，朱熹赴邵武料理何镐丧事，而韩元吉已于淳熙二年赴建宁府任，丧事毕，朱熹往建宁见元吉。邵武在武夷之西，建阳在武夷之东，很明显，朱熹此行是特意拜会，并非顺道过访。这次见面在朱熹写给吕祖谦的信中曾提及：“正初以书附便人，想已达。自此过小溪旬日，遂来富沙①，见韩丈，略闻近况为慰。”[2]1457关于面见元吉的原因，朱熹在此信中亦有说明：“前书所恳为韩丈（指韩元吉）言者，告留念。前日自言之已力，似已蒙领略。然恐或忘之，脱致纷纭，不得不深防耳。千万！”[2]1457可见，应当是元吉在信中曾经要向朝廷极力举荐朱熹，而朱熹力辞不听，故特意前往会晤，面陈以表心迹，力拒荐举。

围绕着荐事，这年二月，韩元吉在赴临安前，又特意召朱熹到崇安一见。这在此后朱熹写给吕祖谦的信中也提到了：“熹正初复至邵武，还走富沙，上崇安，四旬而后归。将为婺源之行，未及而韩丈召还，道出邑中，寄声晋叔，必欲相见。不免又出山一巡，疲曳不可支矣。”[2]P1458

同年六月，在韩元吉与龚茂良的共同举荐下，朱熹授秘书省秘书郎。朱熹深知此次朝廷有此诏令乃是元吉之力，故而修书向元吉致意曰：

---

① 富沙即建宁府郡名。祝穆《方舆胜览》卷十一《建宁府》：“郡名建安、富沙（古有富沙驿，城北有大湫洲，意者以此得名欤？）、东瓯。”中华书局2003年版，第181页。

区区行役，前月半间，始得还家。忽闻除命，出于意望之外。自视才能，岂称兹选？愧惧窘迫，不知所为。然窃妄意此必尚书丈（即指韩元吉，时权吏部尚书）过恩推挽之力。既而府中递到六月十五日所赐书，傅丈亦以所得别纸垂示，乃知台意所以眷念不忘者果如此。私感虽深，然非本心平日所望于门下也。……熹前日所报大参书，匆匆不及尽此曲折，故今僭易有言，非独以伸鄙意于明公，亦使因是以自达于龚公也。[2]1073

因受流言困扰，朱熹坚辞秘书郎诏命。他在信中一方面表示“士大夫之辞受出处……乃关风俗之盛衰，故尤不可以不审”，另一方面声明自己“狷介之性……决不能与时俯仰，以就功名。……诸公必欲强之，使充其数，熹虽不肖，实不忍以身蒙此辱，使天下后世持清议者得以唾骂而嗤鄙之也。……必若成命已行，不欲追寝，则愿因其请免，复畀祠官之秩”。他绝不肯与那些“倚托欺谩以取爵位”的所谓“士大夫”为伍，坚决要求辞免是任，复受祠官，言辞甚为激烈。

与此同时，朱熹还再次修书吕祖谦，请他从中周旋，希望他“千万便为尽以此意达之韩丈，得早为解纷为幸”，并声明自己“所以不得不力辞者，实以无功受爵，求退得进，于心有所不安。若一请不遂，势必再三，以得请为期而后已”，而“区区此心”，“非特世俗所疑，虽平生知友，其不哂笑者几希”[2]5221。

事实上，自隆兴和议以来，朱熹已经数次拒绝朝廷的应诏。此次拒诏，原因他在与元吉的这封书信及《与龚参政书》《答吕东莱》中说得分明：一是“本无宦情”，“绝不能与时俯仰，以就功名”；二是他撰述与研究的兴趣正浓，正在“讽诵遗经，参考旧闻，以求圣贤立言本意之所在”；三是不想成为“群小嘲笑之资”。

元吉完全同情朱熹的审慎，他托赵仲缜带回信劝慰说：

蒙谕出处，荷不外。前日因书偶及之，恃久照也，此自不当与吾兄商最尔。兄既久不出，则一出固宜。自审非若仆辈，平日汩汩仕途，以为贫者也。岳祠则须自请。朝廷意虽未可知，亦不应便以

> 岳祠除下尔。至谓无用于世，非复士大夫流。不知元晦平日所学何事？愿深考圣贤用心处，不应如此忿激，恐取怒于人也。与世推移，盖自有道，要不失已。但人于道不熟，便觉处之费力耳……偶来介不俟即归，因赵仲缜行，得以附此，自余仲缜当能言之。所冀若时为器业倍万珍厚，匆匆不宣。[4]252

信中可见，二人对于是否出仕一事仍存分歧。元吉仍未放弃对朱熹的劝诫，一方面他提出了严厉的批评，谓朱熹“无用于世”之论“非复士大夫流”，应当学有所用，有补于世；另一方面又苦口婆心，循循善诱，劝诫朱熹不可太过“忿激”，应适当地“与世推移”。从事业前程到为人处世，元吉都像一个大哥一样细心教导，他对朱熹的百般爱护从这封信中看得最为分明。

而二人不同的政治取向也十分明显，朱熹明显露出重“内圣”而轻“外王”的倾向，以“求圣贤立言本意……以待后世”为天职，而韩元吉却质问朱熹“平日所学何事？愿深考圣贤用心处”，可见，在他看来，自外于“士大夫”，不问当世治乱的做法，正是违背了“圣贤用心处”。可见，政治取向的不同选择，背后仍是思想观念的分歧。

元吉最终劝诫未果，朱熹在一力请辞之下，最后还是得奉祠差管武夷山冲祐观。

三、诗词雅集与和诗作记——淳熙年间的文学互动

淳熙七年（1180），元吉致仕后正式退居上饶，与朱熹的联系更加亲密。退出政坛的元吉，与朱熹更多的是文学上的交游。这段时期二人重要的会面有两次。

1. 南岩之会：以韩、朱为中心的文人雅集

淳熙九年（1182），朱熹赴行在奏事后被任为浙东提举，他奉旨赈灾救荒，勤劳王事，却因六劾唐仲友，惹恼朝中权贵，八月被改任江西提刑；九月，上状辞官，乃取道玉山归闽，而至上饶。朱熹爱信州山水，而与他一向往来密切的韩元吉恰已退居信州，于是征尘稍歇，携弟子余大雅等同访南涧，并宿于其家。次日，元吉邀请家居的上饶词人徐安国陪同朱熹一起游览南岩，

而隐居信州城北、正筑室带湖的辛弃疾听闻后，亦匆匆携酒菜赶来相聚。这，便是信州文化史上著名的南岩之会。

位于“府治西南十里”的南岩，“老树巨竹，参错交映”[7]132，是信州著名的林泉胜地。南岩不仅风景秀丽，且是重要的儒、释文化传播地。南岩寺由唐德宗年间草衣禅师创建；顺宗、宪宗年间，禅宗洪州宗创始人马祖道一的高徒大义禅师在此驻锡讲坐后，达于极盛。朱、辛、徐、韩等人都曾先后在此地讲学，但四人聚在一处，却是极为难得。发起聚会的主人当然是韩元吉，朱熹是以客人的身份出现，徐、辛二人则是陪客。很显然，韩元吉和朱熹是促成此次聚会的主体。南岩的清幽胜景引发了众人的诗情，朱熹当即挥毫写下了《咏南岩》一诗：

南岩兜率境，形胜自天成。崖雨楹前下，山云殿后生。
泉堪清病目，井可濯尘缨。五级峰头立，何须步玉京。[7]84

据清《广信府志》载，南岩有千人室、大义石、一滴泉、五级峰、百丈壁、文公祠、开鉴塘、濯缨井等八景，而这些景观如一滴泉、五级峰、濯缨井等，在朱熹的诗中都有描绘。朱熹《咏一滴泉》诗或也作于此时：

遥望南岩百尺岗，青山叠叠树苍苍。题诗壁上云生石，入定岩前石作房。
一窍有灵通地脉，半空无雨滴天浆。鹅湖此去无多路，肯借山间结草堂。[7]162

许是因元吉已然退休，这次会面气氛显得格外轻松愉悦。四位大学者、大诗人在南岩讲道赋诗，若干年后还使得无数信州学子为之心驰神往。六年后，当韩元吉的儿子韩淲再次游至南岩一滴泉时，依然热血澎湃，情不自禁地挥毫写下“忆昨淳熙秋，诸老所闲燕。晦庵持节归，行李自畿甸。来访吾翁庐，翁出成饮饯。……四人语笑处，识者知叹羡”这样的诗句，发出“摩挲题字在，苔藓忽侵遍。壬寅到庚申，风景过如箭”的感慨。[8]

2. **和诗作记**

淳熙十年（1183）四月，朱熹武夷精舍建成，四方友人来集，争相作赋。

八月，韩元吉为作《武夷精舍记》。记中形象描绘了武夷“绝壁高峻”“巨石林立”的独特风景，突出其“雄深盘礴”的山势和“磊落奇秀”的风格，对“吾友朱元晦”“与其门生弟子挟书而诵，取古诗三百篇及楚人之词，哦而歌之，潇洒啸咏，留必数日”的“山中之乐”歆羡不已，也对其“以学行其乡，善其徒”表达了由衷的敬佩之情。[9]

淳熙十一年（1184）二月，朱熹与士友学子同游武夷山九曲溪，写下著名的《淳熙甲辰仲春精舍闲居戏作武夷棹歌十首呈诸同游相与一笑》，组诗一出，和者甚众，而韩元吉是第一个写下和诗的。和诗本应有十首，只可惜现存《南涧甲乙稿》仅留下了《次棹歌韵月》一首：

> 宛宛溪流九曲湾，山猿时下鸟关关。钓矶茶灶山中乐，大隐苍屏日月闲。[4]104

按诗韵，元吉此诗当是和朱熹原组诗中的第七首：

> 六曲苍屏绕碧湾，茅茨终日掩柴关。客来倚棹岩花落，猿鸟不惊春意闲。[2]381

韩元吉诗集中尚有《朱元晦清湍亭》一诗：“青山足佳游，远睇欲无路。稍寻绝涧入，始辨云间树。泉声若招客，倚杖得夷步。惊湍泻乱石，激激有清趣。风微鸟哢幽，日彻鱼影聚。居然鱼鸟乐，正欠幽人住。野僧岂忘机，作亭以兹故。因君赋新诗，我亦梦其处。”[4]14疑亦作于此时。

朱熹极爱元吉诗，“一日得韩南涧集，一夜与文蔚同看，倦时令文蔚读，听至五更尽卷，曰：一生作诗只有许多。”[10]2624朱熹得了元吉诗集，竟通宵达旦地阅读，眼睛看累了，精神倦了，便让弟子诵读，直至五更天看完，可见他对元吉诗歌的痴迷！朱熹有极高的文学欣赏眼光，他对元吉诗歌的评价是：“无咎诗做著者尽和平，有中原之旧，无南方啁哳之音。”[10]3316这可以说是对元吉诗歌的最早评价，也已经成了对元吉诗歌的定评。但朱熹对元吉“一生作诗只有许多”的评价却透露出朱熹作为一个理学家的立场：元吉仅仅只是一个“一生作诗只有许多”的诗人，并未能够深入儒学，成就道学。这是朱熹深以为憾的。

淳熙十四年（1187），刚过完七十岁生日不久的韩元吉溘然离世。元吉去世后，朱熹对其子韩淲十分关怀。他在写给巩仲至的书信中十分欣慰地说："仲止（韩淲字仲止）不谓乃能自立如此，深可爱敬。尤喜南涧（韩元吉号南涧）之有后，足强人意也。"[2]3342

结语

从绍兴、隆兴年间的初识到乾道、淳熙年间的思想碰撞，再到淳熙后期的文学唱和，随着交往的日益深入，韩、朱二人由泛泛的同僚之交，进展到思想上的深度碰撞，并延伸到文学人生的广泛参与，成为学术上的诤友和生活中的挚友，经历了漫长的磨合。

其实，从性格上来看，朱、韩二人还是颇为相像的，都有些固执，都有些冲动，都有不"与世推移"的坚守。他们都反对和议，正直热情，敢于与主和派做斗争，也都因此被弹劾、罢官。正是对理想的不懈坚持和对天下的深刻关注，把他们紧紧地联系在了一起。朱、韩二人相交近二十年，见面、通问不断，之所以始终不能形成思想上的共识，其关键在于：朱熹是偏重于"内圣"的，而韩元吉是偏重于"外王"的。内圣沉潜的过程通常需要在静修中完成，而韩元吉更强调儒家的入世精神，认为道学家不能放弃外王。这是南宋初期思想界的重要论辩之一，而韩、朱二人的交游，无疑是其中一面重要的镜像。

参考文献

[1] 程继红:《朱熹与信州文人集团交游考》,《朱子学刊》2004年第1期，第78页。

[2] 朱熹:《朱熹集》，成都：四川教育出版社1997年。

[3] 束景南:《朱子年谱长编》，上海：华东师范大学出版社2001年，第276页。

[4] 韩元吉:《南涧甲乙稿》，北京：中华书局1985年。

[5] 李心传:《建炎以来系年要录》卷一百八十三，北京：中华书局1985年，

第3049页。

[6]周密:《齐东野语》卷二，北京：中华书局1983年，第 28页。

[7] 清蒋继洙等修、李树藩等撰:《清同治十二年（1873）广信府志》，台北：台北成文出版有限公司1970年。

[8]韩淲:《访南岩一滴泉》涧泉集：卷二，影印文渊阁四库全书第1180册，上海：上海古籍出版社1987年，第576-588页。

[9]董天工:《武夷山志》，台北：成文出版社1974年，第611页。

[10]黎靖德编、王星贤点校:《朱子语类》，北京：中华书局1986年。

[11] 武夷山记（元）富大用:《古今事文类聚续集》卷八，影印文渊阁四库全书第927册，台北：台湾商务印书馆1986年。

（作者简介：张小丽，上饶师院副教授，文学博士，主要研究方向为唐宋文学。）

《铜弦词》对稼轩风的接受

吴长庚

清代是词学复兴的时代，陈廷焯《白雨斋词话》云："词创于六朝，成于三唐，广于五代，盛于两宋，衰于元，亡于明，而复盛于我国朝也。……论词以两宋为宗，而断推国朝为极盛也。"诗盛于唐，词盛于宋；至清朝，则诗有中兴、词为极盛，这是近世以来很多学者都承认的事实。

词在清代的极盛，表现在流派众多，名家辈出。有云间词派、阳羡词派、浙西词派、常州词派等诸多词派；有陈维崧、朱彝尊、纳兰性德等一大批著名词人；还有一批词论专著和词学批评家。而这些词派词家，在进入清代词坛时，无论是豪放词家，还是婉约词家，却无不受到稼轩词风之沾溉。严迪昌先生在《清词史》中指出，明清易代，残酷的文化政策，人们眷恋故国的情思，是"稼轩风"振起的时代需要。"汉族知识分子刚从顺治之初频频开科考试中感到生存希望犹存，紧接着就面对如此严酷的铁腕，不由不深深感受到新王朝的残酷性，从而勾起已渐沉淀的旧痛，酵化为一种逆反心态。"所以，"稼轩风的际时而兴，诚是非常自然的事"。陈维崧即是典型代表。严先生还认为，"稼轩风"在清词中的振起有其特定的内涵："以辛弃疾的逆反心态在词中的表现而言，既有排奡激荡的悲慨雄放，又有猿啼鹃泣般的凄苦哀怨，更不乏貌为萧散闲逸的风神。稼轩风理应包容这样多层次的内涵。"

蒋士铨的《铜弦词》，就是"稼轩风"沾溉的产物。蒋士铨，字心馀，号藏园，广信府铅山县人，是清代著名的诗人、剧作家，他另有词作二百七十一阕，合编为《铜弦词》。

清人论蒋士铨词从陈维崧一路来，而陈词又从稼轩来。可见，蒋士铨词走的是辛弃疾、陈维崧豪放一派的路子。蒋本性情中人，阮元说他“志节凛凛，以古丈夫自励”；王昶说他“风神散朗如魏晋间人……有古烈士之风”；以其个性，走辛陈之路是很自然的。清代词论家中，徐珂、陈廷焯、谢章挺、胡薇元、李宝嘉、丁绍仪等人都对蒋士铨《铜弦词》之绍继“稼轩风”作过评价。他们的评价褒贬不一，大约有三种意见。

一是褒之者推崇他为善学稼轩者。陈廷焯《白雨斋词话》指出：“稼轩……后起则有遗山、迦陵、板桥、心馀辈。”而谢章挺《赌棋山庄词话》作了分析，他认为学稼轩要于豪迈中见精致，近人学稼轩，只学得莽字、粗字，无怪阑人打油恶道。试取辛词读之，岂一味叫嚣者所能望其顶踵。但他认为，“蒋藏园为善于学稼轩者。稼轩是极有性情人，学稼轩者，胸中须先具一段真气奇气，否则虽纸上奔腾，其中饿空焉，亦萧萧索索如牖下风耳。”[①] 显然，他认为蒋士铨便是胸中具此真气奇气的人。此话当然没有讲错，蒋士铨论诗强调“真”，袁枚曾以“奇才”论蒋，谓其意态奇、行止奇、遇合尤奇。[②] 可见，蒋士铨正是具有“真气奇气”的诗人。他的词学稼轩，是具备了词人气质这一基本条件的。虽然时代并没有为蒋氏提供相同的质，《铜弦词》在表现爱国情怀方面远逊辛词，但在追慕先贤、向往事业、人生得失、抒写怀抱等方面，蒋词确也表现了“善学稼轩”的相同风貌。如《渡黄河》说：“把英雄事业问前朝，消河洛。”《望庐山》曰：“十载天涯几两屐，踏遍太行千曲。”《言愁》云：“不解愁从何处至，觉道眼前都是。同行同坐总难消，只好与愁同睡。”廖炳奎说：“先生别有《铜弦词》二卷，是世间一种不可磨灭文字。”[③] 可谓知音。

二是贬之者批评他气粗力弱。陈廷焯在《词坛丛话》中，对蒋词尚多推崇肯定之语，而在《白雨斋词话》中，则批评“心馀力弱气粗”，说：“板桥诗境颇高，间有与杜陵暗合处。词则已落下乘矣。然毕竟尚有气魄，尚可支持。心馀则力弱气粗，竟有支撑不住之势。后人为词，学板桥不已，复学心

① 《赌棋山庄词话》卷一《论学稼轩》。

② 《忠雅堂诗集序》。

③ 《忠雅堂古文跋》。

馀，愈趋愈下，弊将何极耶。”[①] 而胡薇元《岁寒居词话》论历代词分“文质适中者”“质过于文者”“文过于质者”“有文无质者”“质亡而并无文者”五类，其四已入“词中之下乘”，其五则“并不得谓之词也”，他把蒋词列为第五类而全盘否定，实为过激之论。文质是作品形式与内容的评价，在中国文学批评史上，文胜质，质胜文，文质相付，均体现于不同时代文学思潮的评价方面。对于豪放词，谓其质胜文，也即内容突破形式可也，谓其无质则不可。蒋词学辛弃疾、陈维崧，走得是豪放一路，胸中一段真气奇气运于词中，自然“倔强盘曲”，“桀骜不驯”（亦陈廷焯语），何得谓亡质并无文者哉！而且，这里的质，正是蒋士铨面对仕途险恶、官场污浊所产生的逆反心态在词中的反映，我们不可一概否定。至于“力弱气粗”之论，亦当分析。从语言风格看，蒋词如《沈维涓太守席上感事·水调歌头》：

对酒不能饮，看鬓欲成丝。眼中咄咄怪事，谁可合时宜？几许弓蛇薏苡，一片白衣苍狗，大概尽如斯。耳热勿击筑，劫急且围棋。

牧猪奴，屠狗侩，贩缯儿。黥徒伎俩，止此恩怨鸟嘻嘻。兔狡竟遭人毕，蚕巧那堪自缚，断送老头皮。奋袂为公舞，烂醉莫须辞。

此辞愤激之情，形于言表。确实未免粗豪叫骂之讥，然此等词作，集中并不多见，未可以偏概全。至于说力弱，其“力”所指不知是否为才力、笔力，若以蒋士铨作诗写曲之才而看，批评者恐未能轩轾其一二。

三是批评蒋士铨“时杂以诗句曲句”的问题。丁绍仪《听秋声馆词话》论袁蒋赵三大家，谓“心畲太史颇以工词称，惜所著《铜弦词》时杂以诗句曲句，王氏《词综》只选三阕而已。”[②] 这种批评仍坚持南宋李清照以下的尊体观念，以诗词曲为不可逾越之体。特别是清代李渔《窥词管见》提出词与诗、曲区别的理论之后，对其后词坛影响尤大。李渔拈出“腔调”“用字”“精神气度”三把标尺，说:“诗有诗之腔调，曲有曲之腔调，诗之腔调宜古雅，曲之腔调宜近俗，词之腔调则在雅俗相和之间。”他指出，用字方面“有同一字义，而可词可曲者。有止宜在曲，断断不可混用于词者”。至论精神气度，

---

① 《白雨斋词话》卷四，唐圭璋《词话丛编》3852页。
② 《听秋声馆词话》卷十八。

"则纸上之忧乐笑啼，与场上之悲欢离合，亦有似同而实别，可意会而不可言诠者。" 要求从语言风格、用字、形象等方面区分出词与诗、曲的界限，丁氏之说显然接受其影响。丁说蒋词"时杂以诗句曲句"，这种批评当然并不冤枉蒋词，王氏《词综》因为这个原因只选蒋词三首，也说明这种观念带有普遍性。

但以诗为词、以曲为词，前人已有先例，未必便是缺点，而应该是其特色。苏东坡作词，尚被李清照讥为"句读不葺之诗"，辛稼轩作词，也不严守体界。研究者曾指出："一部分知音识曲者致力于推进词的乐律化；另一部分豪放不羁的词人又放手打破词对曲的依从，力促使之诗化。苏轼、辛弃疾当是后者。"① 从理论上看，蒋士铨并不固守艺术的门类特征，而提倡广取博收，综合提高。他与郑板桥等"扬州八怪"一样，都是不合时宜的具有逆反心态的作家。蒋士铨主扬州安定书院讲席时，与"扬州八怪"多有交往，他赞扬郑板桥的书画是"别辟临池路一条"，他推崇罗聘的画能"展足裂地维，放手破天械"，在艺术上敢于突破"束缚规矩中"的框架。可见，他自己敢于把诗、曲的创作精神融入词中，这就不是奇怪的事，也应当是对稼轩风的继承。他在这方面成功的例子也大有所在，如《彭夷鹄仪庵词后·迈陂塘》：

> 洒秋风，泪痕几许？酿成酸楚如此。哀猿啼到三声后，不管征人欲死。吾与尔，分万斛闲愁，歌泣将焉止。青春去矣。问何者消忧，只应无语，相对夕阳里。
>
> 情一往，滟滟溶溶难比，恰似一江春水。无端风雨豪端出，哀怨声盈天地。知音几？个我辈伤心，不但钟情耳。呜呜谁倚？当付与双姑，玉箫相和，低唱过彭蠡。

此词腔调或雅或俗，近词亦近曲，表现细腻，更深于情，更能打动人心。如果要寻找蒋士铨接受稼轩风的原因，我认为，正可以从以下两方面看：一、家庭培养教育，读书与壮游，培养了蒋士铨有类于稼轩的耿介磊落的个性。陈述《蒋心馀先生年谱》有载：雍正十二年，蒋士铨十岁。父顾谓

① 星汉《稼轩词突破格律浅说》，吴长庚、张玉奇主编《辛弃疾研究新探索》，百花洲文艺出版社2007年，第420页。

母曰："汝镂竹为丝，诘屈作字，教儿襁褓中，志良苦矣；儿今且十岁，虽识三千字，而读书膝下，不免为常儿，吾欲持之游燕赵间，令其浮洞庭，涉黄河，置身太行，一望齐梁雁门之壮，然后负之趋崤函而登泰岱，他日为文章，或可无书生态，汝安能舍之？"母曰："儿生，吾弧矢祝之矣。"母亲以弧矢祝之，即希望他长大后成为拉弓射箭之人。而父亲在其十岁时，即考虑到用大江黄河以及齐梁燕赵壮阔的山水风光，来陶冶心胸，培养他慷慨激昂的个性。可见，蒋士铨父母一致的意见，都希望把他培养成脱离书生态的豪侠之士。所以，蒋士铨甫十一岁，便被父缚之马背，读书壮游，历览燕赵秦魏齐梁吴楚间，历十年始归。这十年对他的诗词创作起了极为重要的作用，他年轻时曾作诗四百余首，后来一把火烧掉了。他说："检我少年诗，多怨类女子。斤斤计穷达，所见一何鄙！"（《醉言六首》）然而，不同的是，他这一时期创作的词却被保存了下来。因为这些词真实地反映了青少年读书壮游、向往"英雄事业"的生活，写景述怀，多悲慨雄放之语。如《渡黄河·满江红》云："笑当年割据，今朝城郭。数折源通星宿远，一层冰绕昆仑弱。把英雄事业问前朝，消河洛。"《泊黄州二十初度·念奴娇》云："落帆江口，是太行、归客悬弧之日。逝水年华，惊廿载、两字功名难必。"又《赤壁·满江红》云："凿翠流丹，使全楚、山川襟带；是一片、神工鬼斧，劈开灵界。矶下白龟横断岸，楼中黄鹤飞天外。剩文章双照大江流，垂金錾。"悬弧之日指生日，按古代风俗，家生男则于门左挂弓一张。因称生男为悬弧，也称男子生日为悬弧令旦。蒋士铨十一岁出游，乾隆九年士铨二十岁始束装南归。十月二十八日至黄州府，泊赤壁下，父置酒舟中，为蒋士铨行冠礼，而有此诸作。词中，无论写景抒怀，都充满"磊落作壮游"排奡激荡的豪情。这些词作奠定了他一生创作的基调。

二、求仕的艰难与仕途的险恶，形成了蒋士铨强烈的逆反心态。社会生活为蒋士铨提供了类似辛词时代的文化环境。

蒋士铨有过十年的求仕历程，十年中曾四次北上，至三十三岁始登进士。《望庐山·酹江月》慨叹："十载天涯几两屐，踏遍太行千曲。投笔归来，布帆无恙，稳泛浔江绿。青山相对，形容偃蹇如仆。"乾隆十七年（1752），蒋士铨第二次入京赴礼部恩科会试，下第南还，作《壬申下礼部出京宿良乡·齐天乐》云：

> 来时尽说长安乐，出门西向而笑。半入云霄，半飘尘海，半在秋原残照。攲斜乌帽，对冷月啼蛄，影形相吊。此味心酸，古人先我已尝到。　　风云何限屠钓，叹行年廿八，已非英妙。数折桑乾，一条虹彩，车骑喧喧争闹。不如归好，共乌鹊南飞，听他低叫。饱喫黄粱，拥衾眠一觉。

词上阕写满怀信心而来，伤心落魄而归。落第之酸苦，个中滋味，不说自己尝够，却说古人早已先我尝到，说尽千年科举内幕。下阕不言科举，却转而言古代风云际会，哪里只是读书人，又何限于朱亥业屠，太公垂钓。只可叹，自己行年廿八，已非少壮；科场屡折，不如早日归家，安享天伦之乐。结尾两句，明显露出逆反心态。蒋士铨从小就立下“安能老丹穴、而不思明堂”的壮志，盼望着实现“一飞仪虞廷，再飞鸣岐阳”的理想。他二十三岁第一次出门求仕，父亲就告诫他：“读书期为有用之学，苟寻章摘句，为四比八股文，即诩诩为秀才，偶举古今事问之，呐呐然不知也；试以一二乡邻曲直之事，茫茫然徘徊搔首，不能为也；此与不识字者等。小子辈其知择术乎？”蒋士铨“退而藏诸心”，见于陈述《年谱》所载。所以，蒋士铨的求仕，有明显的报效国家的目的，说“饱喫黄粱，拥衾眠一觉”应当不是真心话。此词情调悲慨，犹不失雄放之气。

又有如《春郊送客图送陈望之归商丘·金缕曲》二首，既题图，又送客，更织进个人感受。陈望之亦落第而归，故词中有规劝，有勉励。其一宽慰对方云：“君能使笔如挥帚，谅斯人，天非无意，勋名终有。卿相之乐等闲耳，何事方为不朽？莫但学邹枚赋手。爱惜年华开万卷，笑尘容碌碌随人后。任余子，曳履走。”话虽宽慰，而所望仍高。要对方相信，天非无意，勋名终有。但又指出，卿相之乐不过等闲之事，人生的不朽并不在此。莫但学汉代以才辩著名的邹阳和枚乘，要珍惜年华，读书万卷，不作尘俗面容，终随人后。其二联系到自己，说：“我亦悲歌士，忆当时，青云结客，黄沙射雉。三十行年豪气尽，川上低回流水。看遍了，江山如此。圆缺阴晴，今古共达，人心那不如灰死。知我者，二三子。”语极悲慨。结尾径用稼轩词《贺新郎·甚矣吾衰矣》末句入词，足以见出情感上的共鸣。

求仕的艰难固然如此，而入仕的艰难更有甚者。求仕届十年，而入仕仅八年，他就谙尽官场滋味，四十岁毅然辞官。作《叠韵留别纪心斋戴匏斋·贺新凉》，其下阕有云：

> 落红已葬燕支土，算杨花，飘茵入溷，年年谁主？猿鹤形骸麋鹿性，未可久居亭墅。况臣是孤生寒窭。衮衮诸公登台省，看明时、无阙须人补。不才者，义当去。

词中说，落红葬土，飘茵入溷，这些有谁关心呢？自己山野之性，本来就难容于庙堂，更何况出身寒门，无所依托。多少人钻营投机，得到了提拔重用。看来是政坛清明，无阙须补，我这个不才者，按理自当离去。这是十分明显地故作反语，以泄其幽怨激愤之意，也稍加隐晦地诉说了辞官之因。他还作了一首《再叠韵柬心斋匏斋·贺新凉》云：

> 水鸟愁钟鼓，问如何，猩猩鹦鹉，皆能言语？燕子颠当谁高下？一样傍人门户。孤雁把、更筹细数。蜂蜜蚕丝因何事？转香丸，只有蜣螂许。蝉吸露，太清苦。　　百虫墐户争衔土。费商量，虎威狐假，鹊巢鸠主。蝴蝶飞飞迷香国，心死那家园墅。脱毛羽，号寒艰窭，不若蜉蝣衣裳美。海茫茫，精卫思填补。一声鹤，渺然去。

此词与上词不同，全词均以鸟虫为喻，以水鸟、燕子、孤雁、蜜蜂、蚕蝉、号寒鸟、精卫、白鹤自比，而以猩猩、鹦鹉、颠当（小蜘蛛）、蜣螂、狐狸、鸠蝶、蜉蝣比各色龌龊小人，借物性以讽刺议论，暴露官场污浊，曲折地表明自己报效无门，只好辞官归去的心态。

如果说，十年马背游历，父亲侠士性格的熏陶，是蒋士铨慷慨激昂的个性产生的基础，那么，十年求仕的艰难，八年入仕的辛酸，便是蒋士铨逆反心态形成的社会原因。这种逆反心态一发于词，便自然慷慨激昂，哀凄悲愤，与稼轩词走到同一道路了。

参考文献：

[1] 陈廷焯:《白雨斋词话》，唐圭璋:《词话丛编》。

[2] 胡薇元:《岁寒居词话》，唐圭璋:《词话丛编》。

[3] 谢章挺:《赌棋山庄词话》，唐圭璋:《词话丛编》。

[4] 丁绍仪:《听秋声馆词话》。

（作者简介：吴长庚，上饶师范学院原中文系教授。）

莲花不可见 莲子心独苦

——辛弃疾与《哭䆅十五章》

汲军

大凡词人都是性情中人，都有浓烈的思想情感，辛弃疾尤甚。他不仅有强烈的对家国君王的情感，也有真切的家人亲友情感。辛弃疾这种细腻的家人亲友的情感，在他为爱子辛䆅所写的诗词中表现得最为突出。

一、关于辛䆅

2006年以来，在辛弃疾的研究资料中有了新的发现，铅山县稼轩乡期思村出土了《有南雄太守朝奉辛公圹志》，这位辛公是辛弃疾之孙辛鞬，也是辛弃疾第三个儿子辛柅的长子。另外在江西抚州的辛氏后裔也出示他们收藏的《菱湖辛氏族谱》。两个资料互相印证，弥合度很高，也证明了它们对辛弃疾历史资料的记载的正确，于是对辛弃疾的家庭研究提供了很多有价值的新资料，对稼轩词中所涉及的有关家庭、家人、家族的词作，又可以有新的解释。

辛弃疾南渡以来，逐渐形成了一个庞大的家庭，据《菱湖辛氏族谱》与《有南雄太守朝奉辛公圹志》我们可以考证他的家庭成员：

首先是辛弃疾的妻室：据辛乾林先生所提供的《菱湖辛氏族谱》中有《济南辛氏宗图》《稼轩历仕始末》以及铅山、辜墩、菱湖及其余各地辛氏后裔的名录和小传，其记载起于宋代，迄于近世。在《济南辛氏宗图》中，分为《源流总》《密州位》《京师位》《郑州位》《福州位》《莱州位》《东京位》《东平位》《济南位》和《期思位》十部分。在《济南位》(又称《陇西派下支分济南之图》)中涉及辛弃疾及其夫人的有如下记载："第六世，幼安公，讳弃疾，行第一，号稼轩。宋绍兴十年庚申五月十一卯时生。开禧丁卯年九月初十日卒。葬洋源。室赵氏，再室范氏，三室林氏。”而在《济南之图》之后，《族谱》又载《济南派下支分期思世系》有关辛弃疾生平的记载，在“开禧丁卯年九月初十日卒于正寝”之后，有“初室江阴赵氏，知南安军修之之女孙，卒于江阴，赠硕人。继室范氏，蜀公之孙女，封令人，赠硕人。公与范硕人俱葬本里鹅湖乡洋源，立庵名圆通”。增加朝廷对赵氏大人与范氏夫人的封赠，文中没有林氏夫人的记载，大概是因为没有封赠的原因。

而据辛更儒先生考证，该谱是宋代所作，其中如《济南辛氏宗图》也应该是辛弃疾所编撰。

2006年铅山期思出土了《有南雄太守朝奉辛公圹志》的碑石，其中对其祖辛弃疾的记载：“祖弃疾，故任中奉大夫、龙图阁待制，累赠正议大夫，妣硕人赵氏、范氏。”有赵氏、范氏的封赠，也没有林氏的记载。

我们基本可以确定，辛弃疾有过3位夫人：赵氏、范氏、林氏。为什么有的地方没有林氏的记载，为什么林氏没有封赠，这至今还是一个谜。

关于辛弃疾的子女：据族谱记载，辛弃疾生子九，生女二，如下表所示（其中母亲一栏为笔者分析推测所增，因辛䆐早夭，族谱中将其列为最后）：

辛弃疾家庭子女详表

排序	名字	生母	生卒年	备注
长子	稹	赵氏	未记载	辛弃疾尚未南渡
次子	秬	赵氏	生于绍兴二十九（1159）	辛弃疾尚未南渡时年20岁
三子	秠	范氏	生于淳熙八年（1181）	辛刚归居带湖，时年42岁
四子	穮	不详	未记载	
五子	穰	不详	未记载	
六子	穟	不详	未记载	
七子	秸	不详	未记载	
八子	褎	林氏	生于开禧元年（1205）	辛弃疾镇江守任，时年65岁
九子	䆐	范氏	未记载	辛弃疾在赣州任上
长女	秵	范氏	未记载	
次女	穖	不详	未记载	

据上所知，辛弃疾在南渡之前已与赵氏完婚，并在20岁之前已经为人父了，可以确定的是赵氏生有2个儿子：稹、秬。但是辛弃疾从20岁之后一直到36岁左右才再次得子，其间相隔16年。原因是赵氏去世，续娶范氏。可以确定的是范氏至少生了3个孩子：䆊、穮、穜。范氏过世之后，再续娶林氏。可以确定的是辛弃疾最小的儿子褎应为林氏所生，其时辛弃疾已经65岁，这无论当时或是今天都应该视为奇迹，也属老年得子。

辛䆊是辛弃疾的第三个儿子，在辛弃疾的诗词里涉及他与辛䆊的关系的有两首：

1.《清平乐·为儿铁柱作》

灵皇醮罢，福禄都来也。试引鹓雏花树下，断了惊惊怕怕。从今日日聪明，更宜潭妹嵩兄。看取辛家铁柱，无灾无难公卿。

这是词人为儿子铁柱祈福所作。在辛弃疾诗作《哭䆊十五章》中有“汝方游浩荡，万里挟雄铁”句（详见后文分析），可以知道铁柱与辛䆊应该是同一人，铁柱是辛䆊的乳名。

而从词中也得知，辛䆊并不是最小，其下还有妹妹辛潭，其上有哥哥辛嵩。从取名来看，辛弃疾是以出生地来取名的。根据辛更儒先生的分析，辛嵩应该是辛弃疾第二子辛秬，辛秬生于绍兴二十九年（1159）。当时辛弃疾正跟随祖父辛赞在河南开封尹任上，而嵩山也在河南境内，辛弃疾为其子取名为“嵩”。潭妹应该是族谱中的辛穮，是淳熙六、七年（1179、1180）辛弃疾官居湖南时所生，以潭州地名命名辛潭。那么辛䆊应当是淳熙二、三年间（1174、1175）辛弃疾任江西提刑，在赣州平息茶商赖文正时所生，所以取名为辛䆊。淳熙八年（1181）辛弃疾因贬谪而定居于带湖，致力于力田农耕，将子女的名字都改为禾旁。因辛䆊去世较早而不曾改名。

从这首词中所叙述的事件是辛弃疾为辛䆊驱邪祈福。“灵皇醮罢。”灵皇是道教的仙人，在《云笈七签》中有灵皇记载，灵皇为灵凤之子，开光元年，元始天尊赐西方七宝金门皓灵皇老君号。在当时的民俗中灵皇可能是儿童的保护神。看来辛弃疾是请了道士设坛做法事，原因是因为铁柱有惊厥的毛病，估计求医问药效果欠佳，所以用了打醮的方法。“试引鹓雏花树下。断了惊惊怕怕。”“鹓雏”：在中国传说中是与鸾凤同类的鸟，用以比喻贤才或高贵的人，此处应该是指辛䆳，将他引自于一些吉祥辟邪的花木之下，求花木之神护佑，可以断了易受惊吓的病根。“从今日日聪明。更宜潭妹嵩兄。”希望铁柱耳聪目明，与自己的哥哥妹妹不犯冲、更相宜。“看取辛家铁柱，无灾无难公卿。”苏轼有《洗儿》诗：“人皆养子望聪明，我被聪明误一生。惟愿孩儿愚且鲁，无灾无难到公卿。”辛弃疾不同的是既希望无灾无难到公卿，还希望铁柱日日聪明。

辛弃疾对辛䆳特别疼惜是有原因的。20岁左右的辛弃疾与赵氏育有两个儿子，但因为在动乱的战争年代，也因为比较年轻，可能不是十分尽心，所以早期没有见到辛弃疾有关对儿子的诗词。但在赵氏过世以后，辛弃疾再与年轻的范氏结婚，辛䆳是辛弃疾与范氏的第一个儿子，而辛䆳与前面的赵氏所生的二哥辛秬相隔16岁，也就是说，辛弃疾16年后于36岁左右才得了辛䆳，可谓中年得子，此时的感觉应该与青年得子完全不一样，年纪越大越疼惜小辈是人之常情。而当时辛弃疾在赣州任上灭了茶商赖文正，为朝廷建了大功，尔后仕途一路顺风，仕途环境与心境与前也不一样了。当然也因为辛䆳最聪明，身体也最为孱弱，这也是得到父亲特别宠爱的原因吧。

2.《菩萨蛮·稼轩日向儿童说》

稼轩日向儿童说，带湖买得新风月。头白早归来，种花花已开。　功名浑是错，更莫思量着。见说小楼东，好山千万重。

这首词写于湖南任上，此时已是淳熙六年（1179）之后，辛弃疾刚买下带湖。词中的儿童就是辛䆳了，而在辛䆳之上的两个儿子，此时已经二十出头了，自然不是儿童了。而淳熙二、三年（1175、1176）生于赣州任上的辛䆳此时才四五岁，自然是儿童。可见辛弃疾将带湖置地与新居规制，将想归隐的打算，经常与四五岁辛䆳叙说。其实此时的辛䆳也许并不懂得什么是“功名浑是错，更莫思量着”。但是词人与不谙世事的辛䆳来分享自己的快乐与忧思，可见辛䆳成了辛弃疾的倾述的对象，成为精神上的一位交流者，尽管这样的交流可能是辛弃疾一厢情愿的，但也见辛䆳在辛弃疾精神生活中的位置。

二、《哭䜣十五章》

辛䜣患病而亡大约在淳熙十年（1183），在定居上饶的带湖初期。痛不欲生的辛弃疾，写下了《哭䜣十五章》：

我们逐章分析辛䜣的早逝对辛弃疾的打击，也可以读出辛弃疾对辛䜣的舐犊深情：

《哭䜣十五章》

其一

方看竹马戏，已作薤露歌。

哀哉天丧予，老泪如倾河。

辛䜣夭折年龄为7岁左右，李石《续博物志》：“小儿五岁曰鸠车之戏，七岁曰竹马之戏。”辛䜣正是竹马戏的年龄。《薤露歌》是丧歌。薤露是指薤叶上的露水，喻生命的短暂。崔豹（晋）《古今注》卷中：“《薤露》《蒿里》，并丧歌也。出田横门人，横自杀，门人伤之，为之悲歌，言人命如薤上之露，易晞灭也，亦谓人死，魂魄归乎蒿里……至孝武时，李延年乃分为二曲，《薤露》送王公贵人，《蒿里》送士大夫庶人，使挽柩者歌之，世呼为挽歌。”辛弃疾用挽歌《薤露歌》为辛䜣送葬，也是感慨辛䜣的生命的短暂。同时《薤露歌》也是成人丧礼的挽歌，辛䜣用的是成人丧礼。“天丧予”意思为“老天要我的命啊！”这是出自《论语先进篇》：颜渊死了，孔子极为悲恸，连声呼喊“噫！天丧予，天丧予！”“老泪如倾河”，写出了辛弃疾泪如雨下的痛苦情状。

开首一章就被辛弃疾丧子的巨大悲痛所笼罩。

其二

玉雪色可爱，金石声更清。

孰知摧轮早，跬步不可行。

“玉雪色可爱，金石声更清”，是写辛䜣玉白色的皮肤非常好看，声音尤如金石器乐所发出，清脆悦耳。“孰知摧轮早，跬步不可行”，摧轮：车轮被摧，车不能行。原打算积跬步、行千里的计划还没有开始实行。这一章写出了辛䜣的肤色、声音，写出了自己曾对辛䜣寄予的行千里的希望落空。

其三

念汝虽孩童，气已负山岳。

送汝已成人，行路已悲愕。

此章意谓虽然辛黡是儿童，但是他已有高远的志向。“送汝已成人”是指用成人的礼仪来安葬辛黡。看来辛黡的葬礼是很隆重的，所以前面有“已作《薤露》歌”句，《薤露》送王公贵人的丧歌。

其四

他年驷马车，谓可高吾门。

只今关心处，政在青枫根。

“他年驷马车，谓可高吾门”是指曾希望辛黡长大时能大展宏图，光耀门楣，家门建成能通过驷马大车的高大门闾。“只今关心处，政在青枫根”，青枫根是传说中的逝去的人居住的地方。此章写出了辛弃疾对辛黡未来光宗耀祖希望破灭的痛苦。

其五

糊涂不成书，把笔意甚喜。

举头见爷笑，持付三四纸。

此章写出了辛黡的憨态。他兴高采烈地胡乱涂鸦，还拿着三四张涂鸦作品，得意地给父亲看。

其六

笑揖索酒罢，高吟关关鸠。

至今此篇诗，狼藉在床头。

“笑揖索酒罢，高吟关关鸠”也是写辛黡的憨态。辛黡开始学《诗经》了，他给父亲背诵《雎鸠》篇，要父亲奖励酒喝。“至今此篇诗，狼藉在床头。”辛黡读过的诗经篇章，还散乱在床头。此章写辛弃疾睹物思人，曾经辛黡的天真活泼更衬托了今天家庭的凄凉。

其七

汝父诚有罪，汝母孝且慈。

独不为母计，仓皇去何之。

四句的意思是：就算你的父亲真的有罪，可是你的母亲对上孝顺对下慈祥。你为什么不为母亲着想，匆匆忙忙就离开了。此章辛弃疾从因果关系上想不通辛䆊离去的原因，他以为这种报应，不能发生在妻子范氏的身上。

其八

泪尽眼欲枯，痛深肠已绝。

汝方游浩荡，万里挟雄铁。

“泪尽眼欲枯，痛深肠已绝”，写的是辛弃疾夫妇失子后的痛苦状态，“汝方游浩荡，万里挟雄铁”是写辛弃疾想象辛䆊此时却在广阔旷远中游荡。万里挟雄铁，是指辛䆊，因为辛䆊的小名是铁柱。此章父母的悲痛欲绝与辛䆊的万里浩荡又形成一个对照，更显父母悲怆。

其九

中堂与曲室，闻汝啼哭声。

汝父与汝母，何处可坐行。

此章写出了父母悲痛之时的惶惑，感觉到在中堂、曲室，家中处处都可听到辛䆊的哭声，无处可以避开。

其十

从人索莲花，手持双白羽。

莲花不可见，莲子心独苦。

前两句写从前辛䆊的调皮可爱，向人家索要莲花，两手持着白色的莲花就像展开双羽，憨态可掬。后两句写今天，当年的莲花已经不见，辛䆊一去不返了，独独留下词人夫妇疼惜儿子的内心苦楚。莲子是谓“怜子”。

其十一

足音答答来，多在雪楼下。

尚忆附爷耳，指问壁间画。

此章也是回忆，雪楼是辛弃疾宴请宾客的场所。辛弃疾在雪楼恍惚间听到辛䆊的足音，就回忆起辛䆊附着自己的耳朵，问壁间的图画的往事。

其十二

我痛须自排，汝痴故难忘。

何时篆冈竹，重来看眉藏。

“我痛须自排，汝痴故难忘”。词人知道这样的痛苦只有依靠自己来排解，但是这样的排解是非常困难的，自己难忘辛赣的憨痴可爱。“何时篆冈竹，重来看眉藏。”篆冈是带湖的一个小山岗的名称，辛弃疾有词《踏莎行·庚戌中秋后二夕带湖篆冈小酌》，“眉藏”就是迷藏，什么时候篆冈竹林还能看到捉迷藏的父子俩。可见“眉藏”是昔日他与辛赣在里常做的游戏。以竹林见证当年的快乐，也以竹林不能再见当年景象而遗憾，这样的写法，更体现了词人的伤感。

其十三

昨宵北窗下，不敢高声语。

悲深意颠倒，尚疑惊著汝。

此章也可以对应《清平乐·为儿铁柱作》中铁柱的“惊惊怕怕”的毛病，可以证实辛赣就是铁柱。而在平时的日子里，辛弃疾在辛赣居所的窗户下，也是一直轻声细语，怕惊吓他。也说明词人失去爱子后自己的神思恍惚。

其十四

世无扁和手，遗恨归砭剂。

嗟谁使之然，刻舟宁复记。

前两句感慨没有名医良药可以医治辛赣的病症，挽救他的生命。后两句写自己就像是刻舟求剑一样，去寻找辛赣的踪迹，这其实也是徒劳的。

其十五

百年风雨过，达者齐殇彭。

嗟我反不如，其下不及情。

“达者齐殇彭”:《庄子·齐物论》有“莫寿于殇子，而彭祖为夭”句，意思年幼夭折的孩子和稍纵即逝的生命相比却是长寿，而彭祖的百岁却是历史长河中的一瞬，这是庄子齐物论、等生死的观点。“其下不及情”引用的是《晋书·王衍传》中的故事：晋朝时期，王衍死了年轻的幼子，十分悲伤。山简前往吊唁，并劝王衍说孩子只不过是“抱中物”，不必如此悲伤。王衍动情地说:“圣人忘情，最下不及于情，然则情之所钟，正在我辈。”辛弃疾意思自己做不到像圣人一样忘情，能控制自己的情绪，而只能像凡夫俗子一样，为痛失爱子而痛哭涕流，伤心不已。

辛䆟夭折后，辛弃疾很长时间难以自已，他还有一首诗《题鹅湖壁》，写出了自己的心境：

昔年留此苦思归，为忆啼门玉雪儿。
鸾鹄飞残梧竹冷，只今归兴却迟迟。

“啼门玉雪儿”就是辛䆟,《哭䆟十五章》中有“玉雪色可爱，金石声更清”句。辛弃疾以前到鹅湖游玩，想到辛䆟在门口哭着等父亲归来，恨不得早早归家。而今天“鸾鹄飞残梧竹冷”，因为家中失去了辛䆟，冷冷清清，词人连家也不想归去。辛弃疾为排解失子的愁绪，到鹅湖散心，但愁绪却紧紧相随而不能去，于是诗人在墙上题了这首诗，来寄托自己的哀思。

三、评价

《哭䆟十五章》是辛弃疾一百多首诗中很特别的一首。辛弃疾的诗是比较规整的，但这组诗从整个情绪与逻辑的结构上看，有些凌乱，有些反复，甚至有些语无伦次。我们从内容的摆布中可以看出：第一章的起势是稼轩词的风格：开句直接抒情，呼天抢地的悲怆之情，十分震撼。第二章写辛䆟的音容笑貌，再抒遗憾之情。第三章写辛䆟的气势与失子的悲情，承接了第二章的思路。第四章也是前句写对辛䆟的希望，后一句写自己的悲痛。可以说前四章的思路基本是一样的。第五章、第六章与前四章有些不同了，两句都是回忆辛䆟过去的生活。而第七章“汝父诚有罪，汝母孝且慈。 独不为母计，仓皇去何之”，全都是写自责与悲痛。写到这里从文势上看好像要作结了，但是第八章又起势，重新回到回忆的情绪中来，前句写父母的泪眼，后句写想象中的游于浩荡之中的无拘束的辛䆟。第九章又全写父母的坐立无处的痛苦。

第十章前句写辛鼍的可爱，后一句父母的伤心。第十一章两句都回忆辛鼍的情状。第十二章前一句写自己的心情，后一句回忆与辛鼍篆岗捉迷藏的情景。第十三章再写自己的痛苦的情状。第十四章开始反思，自己的悲痛于事无补。第十五章自我解嘲，认为自己不是达者，只是凡人，于是有这样不能排解的悲痛。从全诗内容的排布来看，除了开头结尾外，中间部分都是随着自己的情绪与回忆来写，读起来有些零乱。

但是辛弃疾这首诗的写作过程比较特别，他并不是一次完成的，排解失去辛鼍的痛苦是一个漫长的过程，我们可以想见辛弃疾的创作情景，如第五章的“糊涂不成书”，是见到了辛鼍的留下的涂鸦，才触景生情的；而第六章的“笑揖索酒罢”，也是看到辛鼍遗留在床头的《诗经》而回忆而作；第九章的“中堂与曲室”，是词人坐行于辛鼍生活过的家庭建筑悲从中来的；第十章是在莲池边，回忆当年辛鼍手持双白羽的憨态而写；第十一章是写在雪楼下；第十二章是写在篆岗之上；第十三章“昨宵北窗下，不敢高声语”，是在第二天写前一夜在北窗下的心理。可见辛弃疾的《哭鼍十五章》不是在一个时间与一个地点写成的。正是这样持久的随地随时都能引发的悲痛的诗句，才真切可见诗人十分痛苦的写作状态，而这种写作状态本身就十分感人。而这种痛苦的诗作也是无法事先构思的。

辛弃疾的悼亡的诗、词、文并不多，有影响的如《感皇恩·读〈庄子〉，闻朱晦庵即世》：

> 案上数编书，非庄即老。会说忘言始知道。万言千句，自不能忘堪笑。今朝梅雨霁，青天好。　　一壑一丘，轻衫短帽。白发多时故人少。子云何在，应有玄经遗草。江河流日夜，何时了。

读这首词，读者会惊诧辛弃疾听到朱熹逝世消息时的冷静、理性。所以甚至有人怀疑这首词的词序与内容不符，是否两首词混合在一起了。

而在最要好的朋友陈亮去世后，辛弃疾写的《祭陈同父文》，虽然悲痛的情感非常强烈，但是思路十分清晰，情感层次十分清楚，文章结构也严谨。而读《哭鼍十五章》，才能真正了解到辛弃疾那种“莲花不可见，莲子心独苦”的悲怆，也读出了辛弃疾作为英雄的另一面，正如鲁迅先生的《答客诮》所言：

无情未必真豪杰，怜子如何不丈夫？知否兴风狂啸者，回眸时看小于菟。

参考文献

[1]《辛弃疾诗文笺注》，宋辛弃疾撰，邓广铭辑校审订，辛更儒笺注，上海古籍出版社1995年版。

[2]《辛弃疾编年集注》，辛更儒笺注，中华书局2015年版。

[3]《有南雄太守朝奉辛公圹志》。

[4]《菱湖辛氏族谱》。

（作者简介：汲军，上饶师范学院文传学院教授。）

雄深雅健　醇美天然

——辛弃疾信州山水词美学探幽

马宾

上饶古称信州，基本地貌以山地、丘陵、湖泊为主。北部黄山尾闾蟠结在上饶、黄山之间，东部怀玉山脉绵延于上饶、衢州边境，东南部武夷山脉迤逦入赣闽怀抱。发源于怀玉山脉的母亲河信江，汇聚140多条支流，由东向西，横贯信州，奔流入鄱。得天独厚的自然环境，积淀着数不清的自然胜景和人文胜迹。黄岗山，华东第一高峰；三清山，江南第一仙峰；鹅湖山，儒释道三胜境；灵山，中国道教第三十三福地。大鄣山、铜钹山、大茅山、磨盘山、洪山、岑山等诸山，或巍峨险峻，或婀娜秀丽，不一而足。自古以来，吸引着无数文人墨客流连盘桓。

南宋名将、著名爱国词人辛弃疾就定居信州，信州之铅山成为他的埋骨之地。辛弃疾南归后的前18年，他随宦而居，家无定所。后27年除了入仕为宦居于任所，他居住在信州带湖和铅山瓢泉20余年。让辛弃疾最终择居信州、以之为南归后的第二故乡的原因，除了政治、军事、交通、人文等方面的因素外，信州山水之美或许是影响他抉择的重要原因。朱熹《济南辛氏宗图旧序》中说："稼轩辛公，其来出济南中州，历诸显任，以安抚旬（甸）宣王命，即得大观山水，察风土之异奇。知土沃风淳，山水之胜举，无若西江信州者，遂爱而退居信之上饶。"纵情山水，是辛弃疾信州生活的重要内容；摹状山水，是辛弃疾对信州山水之美的最高礼赞。

一、山要人来，人要山无意

辛弃疾词中所涉及的信州名胜，有雨岩（词6）、博山（词10）、鹅湖（词5诗1）、黄沙岭（黄沙道，词3）、积翠岩（词2诗1）、灵山（词2）、西岩（词2）、南岩（词1）、云涧（词1）、弄溪（词1）、云山（词1）、清风峡（词1）、石门（词1）、硖石（词2）。除了灵山、鹅湖、博山较为著名、弄溪、云山位置未详之外，其余的名胜多为环绕辛弃疾居所百里之内的、未必名声显赫的小小山水兴盛之地。而信州弋阳龟峰、葛仙山、龙虎山等著名风景区，辛弃疾诗文中未见记有游踪。细细探究，可见辛弃疾对待山水的态度，正如《蝶恋花·何物能令公怒喜》一词上片中所记："何物能令公怒喜？山要人来，人要山无意。恰似哀筝弦下齿，千情万意无时已。"起句破空而来，探寻什么事物能左右作者喜怒哀乐之情。这句词是从《世说新语》点化而来的。据《世说新语》引荆州民谣说："髯参军，短主簿，能令公喜，能令公怒。"原意是说王恂和郗超多智术，能操纵桓温的感情，使其喜、怒。而此处只是借以提出问题，引出下面的叙议。"山要"二句紧承"何物"二字，阐述其喜怒的原因。言山要人来此居住，而人却要山没有意念。如果山没有意念，则和作者之心相同，便能使作者喜欢；反之，则会使作者愤怒。用拟人手法，表达了作者天人合一、寄情山水的强烈感情。"恰似"二句写自己闲居以来的思想状况。言其像"哀筝弦下齿"随着人弹奏力度之不同便发出或低或昂或喜或悲的声调一样，自己也随着客观事物的千变万化而产生"千情万意"，无穷无尽，反复不已，使自己长期处于矛盾痛苦之中，令人愤怒至极。如果抛开词中作者退隐的无奈、对朝政的失望等情绪，单是"山要人来，人要山无意"一句，正点明辛弃疾的山水自然观：山水不是外在的，也无所谓名气，山水就是辛弃疾的生活。他在《鹧鸪天·鹅湖归，病起作》也说："一丘一壑也风流"。这也是中国儒道文化崇尚自然天真的体现：山水是自然、游山观水也是自然，不刻意，不强求，于日常生活中、于细微处体会山水自然之美，以达到自得其乐、天人合一的境界。

辛弃疾在开辟瓢泉时发现一块青苍石壁，赋词两首，也是辛弃疾山水观的明证。

其一《千年调·开山径得石壁，因名曰苍壁。事出望外，意天之所赐邪，喜而赋》：

> 左手把青霓，右手挟明月。吾使丰隆前导，叫开阊阖。周游上下，径入寥天一。览玄圃，万斛泉，千丈石。　　钧天广乐，燕我瑶之席。帝饮予觞甚乐，赐汝苍壁。嶙峋突兀，正在一丘壑。余马怀，仆夫悲，下恍惚。

这首词借用了屈原《离骚》的词句意象，如“丰隆”“阊阖”“玄圃”“仆夫悲余马怀”等，境界雄浑，意象瑰奇，又颇有诗仙李白“青霓”“明月”的浪漫明媚，此词一出，引得无数读者为之神往，引来观者如潮，而实际不过是一块简单突兀而出的石壁。后来辛弃疾再作一词《临江仙·苍壁初开，传闻过实，客有来观者，意其如积翠、清风，岩石玲珑之胜。既见之，乃独为是突兀而止也，大笑而去。主人戏下一转语，为苍壁解嘲》：

> 莫笑吾家苍壁小，棱层势欲摩空。相知惟有主人翁。有心雄泰华，无意巧玲珑。　　天作高山谁得料，解嘲试倩扬雄。君看当日仲尼穷。从人贤子贡，自欲学周公。

从这首词更能明确看出辛弃疾对待山水的态度“相知惟有主人翁”，不在乎名山大川，注重的是自己在山水中的自在自得以及观览中的想象与感受、感发到的山水所蕴含的精神和灵魂与山水自然的交融。

二、雄深雅健，崔嵬掀舞

辛弃疾在信州的山水之间徜徉，沉醉于信州大地的幽深泉林，漫步在细雨星辉之下，他用他如椽巨笔，写出了信州山水或雄奇或娟秀或浪漫或恬淡的种种美好，到今天也能让我们新一代的上饶人体悟信州之美，增强对家乡的热爱和自豪。

《沁园春·灵山齐庵赋，时筑偃湖未成》：

叠嶂西驰，万马回旋，众山欲东。正惊湍直下，跳珠倒溅；小桥横截，缺月初弓。老合投闲，天教多事，检校长身十万松。吾庐小，在龙蛇影外，风雨声中。　　争先见面重重，看爽气朝来三数峰。似谢家子弟，衣冠磊落；相如庭户，车骑雍容。我觉其间，雄深雅健，如对文章太史公。新堤路，问偃湖何日，烟水蒙蒙？

词的上片写灵山的远景全景，雄浑而壮美：群峰如万马奔腾，松林如雄师峙立，松影如龙蛇盘屈，松涛如风雨惊魂。高明的是，辛弃疾在这莽莽苍苍从山叠嶂的壮阔画面上，以“跳珠倒溅”的惊湍、“缺月初弓”的横桥，重抹了几笔韶秀温馨的情韵。下片则是词人抒写自己处于大自然中的感受了。拂晓，在清新的空气中迎接曙光，山色清明，气象万千。东方的几座山峰，像天真活泼的孩子，一个接着一个争相从晓雾中探出头来。一座座山峰拔地而起，峻拔而潇洒，充满灵秀之气，就像芝兰玉树般的东晋谢家子弟；那巍峨壮观的大山，苍松掩映，奇石峥嵘，像司马相如赴临邛时那种车骑相随、华贵雍容的气派。置身于这千峰竞秀的大地，仿佛觉得此中给人的是雄浑、深厚、高雅、刚健等诸种美的感受，好像在读一篇篇太史公的好文章，给人以丰富的精神享受。

齐庵，是辛弃疾在灵山修建的一所茅庐。辛弃疾认为有山必有水，因而他曾试图在灵山筑堰湖（即开凿人工湖）。可见辛弃疾必曾长住灵山，他对灵山之美的感受，与仅仅到此一游的人必有不同。这首词通篇都是描写灵山的雄伟景色，但它极少实写山水的具体形态，而是用虚笔传神写意。力图透过山峰的外形写出其内在的精神；力图把自己所感受到的大自然的内在的美写出来。辛弃疾写出了灵山的精神，更是写出了自己的不屈爱国斗志。

《山鬼谣·雨岩有石，状怪甚，取〈离骚〉〈九歌〉，名曰“山鬼”，因赋〈摸鱼儿〉，改今名》：

问何年、此山来此？西风落日无语。看君似是羲皇上，直作太初名汝。溪上路，算只有、红尘不到今犹古。一杯谁举？举我醉呼君，崔嵬未起，山鸟覆杯去。　　须记取：昨夜龙湫风雨，门前石浪掀舞。四更山鬼吹灯啸，惊倒世间儿女。依约处，还问我：清游杖履公良苦。神交心许。待万里携君，鞭笞鸾凤，诵我《远游》赋。

在词人笔下，雨岩旁的怪石嵯峨崔嵬，词人并没有具体状写怪石的具体形状，只是将其命名为“太初”，在风雨如晦的夜晚与怪石对酌、与山间精灵“神交心许”，则雨岩的壮丽之美，已然刻印在读者心头。另一首独游雨岩之词《生查子·独游雨岩》：

溪边照影行，天在清溪底。天上有行云，人在行云里。　　高歌谁和余，空谷清音起。非鬼亦非仙，一曲桃花水。

雨岩清溪照影、水云之间回荡空谷清音，虽自谦“非鬼亦非仙”，但将读者带入恍如仙境的拔俗意境，展现了雨岩的另一种美。

辛弃疾《水龙吟·题雨岩。岩类今所画观音补陀，岩中有泉飞出，如风雨声》词中有“只应白发，是开山祖”之句，可见辛弃疾是雨岩景观的发现者。雨岩所在，只能查到韩淲《涧泉集十二卷》中诗云雨岩在博山寺旁，亦是一处美名不显的小景致。今日只见博山寺，未知雨岩的具体所在，只能从辛词中想见雨岩动人心魄的魅力了。

三、茅店社林稻花香

如果说辛弃疾词中面对信州的山水，他写山似奔马，写松似战士，寄托着辛弃疾金戈铁马、壮怀激烈的情怀，那么信州的田园风光，则安放了这位沙场老将的家园梦想。

信州所处，正在鄱阳湖平原与怀玉山脉、武夷山脉的交界处，因此，信州既有山峰的雄奇峻拔，也有田野里的稻花飘香。信州古来气候宜人，几乎没有地震等自然灾害，得天独厚的地理环境，给了信州人民较为宽裕丰足的生活，也培养了信州人民宽和恬淡的生活态度。历经沙场征战的惊心动魄，目睹了长江以北大好河山的沦陷和南归后被迫陷入朝廷党争的抑郁苦闷，辛弃疾爱上了信州这片沃野。在他的信州词中他反复歌咏着对这片土地的热爱。

《水调歌头·盟鸥·带湖吾甚爱》：

带湖吾甚爱，千丈翠奁开。先生杖屦无事，一日走千回。凡我同盟鸥鹭，今日既盟之后，来往莫相猜。白鹤在何处，尝试与偕来。

破青萍，排翠藻，立苍苔。窥鱼笑汝痴计，不解举吾杯。废沼荒丘畴昔。明月清风此夜，人世几欢哀。东岸绿阴少，杨柳更须栽。

这首归隐之后第一首词，借《列子·黄帝篇》“鸥鹭忘机”的典故，开篇一句发自肺腑的“带湖吾甚爱，千丈翠奁开”，作者痛感天地之大，知己难寻，纵盟鸥鹭，不解己意，孑然一身，情何以堪！辛弃疾是将被迫隐居、不能用世的落寞之叹、孤愤之慨，借带湖的晶莹澄澈如镜奁的湖水，深藏心底，呈现于读者眼前的，是身处信州带湖山水之间所获得的心神俱安的惬意悠然。

《清平乐·村居·茅檐低小》：

茅檐低小，溪上青青草。醉里吴音相媚好，白发谁家翁媪？大儿锄豆溪东，中儿正织鸡笼。最喜小儿亡赖，溪头卧剥莲蓬。

茅檐、小溪、青草，描绘出清新优美的信州乡村场景；再加上人物活动：操着温软呢哝的吴音的白发翁媪，亲热对坐小酌；孩子们各尽其力、各有所乐，就把一片生机勃勃和平宁静、朴素安适的农村生活，真实地反映出来了。这样恬淡安适的农耕生活，也是辛弃疾所向往的吧。

《西江月·夜行黄沙道中·明月别枝惊鹊》：

明月别枝惊鹊，清风半夜鸣蝉。稻花香里说丰年，听取蛙声一片。　　七八个星天外，两三点雨山前。旧时茅店社林边，路转溪桥忽见。

作者将信州夏季习见的“风、月、蝉、雀”，巧妙组合成了夏夜的清新幽静，再以“社林、稻香、蛙声”喧闹出丰收的喜悦幸福。这是对信州田园生活的最真实最经典的描绘与礼赞。

《青玉案·元夕》：

东风夜放花千树，更吹落，星如雨。宝马雕车香满路。凤箫声动，玉壶光转，一夜鱼龙舞。　　蛾儿雪柳黄金缕，笑语盈盈暗香去。众里寻他千百度，蓦然回首，那人却在，灯火阑珊处。

花灯、圆月、烟火、笙笛、社舞、如鱼龙般矫捷舞动的、信州特有的板龙灯，载歌载舞、言笑晏晏、衣香鬓影、盛装出游的人们，交织成信州元夕欢腾热闹、幸福安宁的生活图景。

散布于信州山水之间的古刹庙宇，沉淀了诗人的热血和躁动。写于博山寺的《丑奴儿·书博山道中壁·少年不识愁滋味》写出诗人人到中年、满怀愁绪却无人说、无处说，甚至无可说的悲凉。另一首写于博山的《清平乐·独宿博山王氏庵·绕床饥鼠》：

绕床饥鼠，蝙蝠翻灯舞。屋上松风吹急雨，破纸窗间自语。平生塞北江南，归来华发苍颜。布被秋宵梦觉，眼前万里江山。

辛弃疾写夜出觅食的饥鼠绕床爬行，蝙蝠室内围灯翻飞，屋外逢风雨交加，破裂的糊窗纸在鸣响，这残破凄怆的眼前景，勾起他对沦陷的北地江山的思念和对壮志难伸的现实的悲愤之情。

在信州山水间徜徉，辛弃疾也与当地友人一起探幽访胜，往来酬唱应和。这类佳作颇多。其中独有一首最为特别，就是《渔家傲·为余伯熙察院寿。信之谶云："水打乌龟石，三台出此时。"伯熙旧居城西，直龟山之北。溪水啮山足矣，意伯熙当之耶。伯熙学道有新功，一日语余云："溪上尝得异石，有文隐然，如记姓名，且有长生等字。"余未之见也。因其生期，姑摭二事为词以寿之》：

道德文章传几世，到君合上三台位。自是君家门户事，当此际，鬼山正抱西江水。　　三万六千排日醉，鬓毛只恁青青地。江里石头争献瑞，分明是，中间有个长生字。

这首词是为信州余伯熙贺寿之作。从序言中可以发见，信州的民间传说是非常丰富，地方民间文化亦可推知非常的繁盛。出于对信州这个辛弃疾亲自选中的埋骨之地的认同与归属，辛弃疾对这些民间传说颇为熟稔，以致信手拈来，为贺寿词妙绝天成。现在五桂山下，信江水悠悠流淌，“自古信江出奇石”，依然是爱好信江石的人广为推崇的传说，也是支持他们在信江中寻寻觅觅的动力来源。

《贺新郎·邑中园亭，仆皆为赋此词。一日，独坐停云，水声山色，竞来相娱。意溪山欲援例者，遂作数语，庶几仿佛渊明思亲友之意云》：

> 甚矣吾衰矣。怅平生、交游零落，只今余几！白发空垂三千丈，一笑人间万事。问何物、能令公喜？我见青山多妩媚，料青山见我应如是。情与貌，略相似。　　一尊搔首东窗里。想渊明《停云》诗就，此时风味。江左沉酣求名者，岂识浊醪妙理。回首叫、云飞风起。不恨古人吾不见，恨古人不见吾狂耳。知我者，二三子。

这首词，辛弃疾晚年写于铅山瓢泉居所，“我见青山多妩媚，料青山见我应如是”正是写出辛弃疾与信州山水的心灵相应。辛弃疾自幼在祖父的教养下，饱读诗书，有着深厚的文化积淀；他“壮岁旌旗拥万夫，锦襜突骑渡江初”的传奇经历，使他拥有与一般文人截然不同的铁血气质；而南归后，收复家园的理想的破灭，朝廷君臣对外谄媚软弱、对内构陷倾轧的残酷现实，使他壮志难酬，沉郁悲怆。独特的生活经历和思想情感，造就了辛词独特的艺术风格。

写山水，要写出山的伟岸峭拔、深邃宏伟，他以战马、军人来比喻，写得龙腾虎跃、生机勃发；以想象来填充，化用前人诗句，借用《山鬼》的诡谲瑰丽，赋予平凡的石壁以不平凡的意境。以古代人物倜傥儒雅的风采来比拟山峰健拔秀润的意态，又用太史公文章雄深雅健的风格，来刻画灵山深邃宏伟的气度，可谓点铁成金。而“雄深雅健”正可归纳辛词雄奇之美。

写田园，则清丽醇美，安宁祥和，有黄沙道夏夜的幽静，有信州城元夕夜的繁华热闹，有农家醉里吴音的闲适美好，有山寺中的哲思睿悟。呈现了辛词婉约的醇美天然。

正如刘克庄在序《辛稼轩集》时所说：“公所作，大声镗鞳，小声铿鍧，横绝六合，扫空万古。其秾纤绵密者，亦不在小晏、秦郎之下。”

（作者简介：马宾，上饶师范学院文传学院副教授 。）

唐末信州诗人王贞白事迹考

王维汉

唐末诗人王贞白，史上并不称著，若非诗词学究，抑或不知，知亦不详。然而作为整个唐代唯一的信州诗人，虽物换星移历经千载，王贞白却是街谈巷议之历史著名人物。其曲折奇特的仕历、平淡粹美的诗歌以及孤高清亮之气节，皆为历代文人学士茶余饭后之美谈。自从人们得知千古名句“一寸光阴一寸金”始自王贞白《白鹿洞》诗后，众口交传，无不称颂。由是三十余年来，研究王贞白诗歌，追寻王贞白踪迹者风靡而起，使得本是一个形象模糊的王贞白渐次清晰起来。

然因留存在历史典籍中关于王贞白事迹的记载十分匮乏，使得人们在研究王贞白时存在着极大的困难，至今给人们留下许多疑点。不过，就目前仅有的资料，余以为仍然可以从中探求出一些蛛丝马迹来。

下面不妨就某些疑点作出一些自己不成熟的推测。

一、关于王贞白的生卒时间

关于王贞白的生卒时间，向来没有一个确凿的说法。历代诗学史料对王贞白的生卒年均注之不详，唯有王氏后裔的各支宗谱中尚有记载，或被今人引入其他相关文字资料中。王贞白后裔各支派的王氏宗谱较多，目前所知的主要有上饶《灵溪王氏宗谱》、八都《仕林王氏宗谱》、广丰廿三都《三求王氏宗谱》、比古《雾溪王氏宗谱》、岔路头《丰溪南城王氏宗谱》等。各谱所载王贞白的生年，有言其出生于唐宣宗时的大中十三年（858），也有谓其出生于唐懿宗时的咸通十二年（870）或唐僖宗时的乾符二年（875）。众说不一，唯有月、日、时各谱众口一词，均记为八月十五日酉时。鉴于宗谱多有牵强附会之嫌，且又各执一说，因而不足为据。拙作《唐末诗人王贞白考》（发表在《上饶师专学报》1986年第3期）一文中曾依据《三求王氏宗谱》所载并参合其他旁证，推断其出生年为咸通庚寅年（870），至今自以为这是唯一比较可信的推断。这一推断基于王贞白于乾宁二年（895）登第这一史实，只要知道王贞白中选时年龄，就可大致推测出他的生年。各家宗谱均载王贞白有三子：京生、朝生、殿生，如此一致，应该不至于虚假。观其名知此三子均在王贞白登第以后才出生，所以王氏登第时应该在年轻之时，因古人婚育年龄的黄金时间应该在二十至三十余岁之间。按此，假设王贞白二十岁登第，即在公元875年出生（《仕林王氏宗谱》记为875年生），但参合方干卒年则难以成立。《全唐诗》云："王贞白尝与罗隐、方干、贯休同唱和"，方干卒于公元888年，王贞白岂有在13岁之前就尝与方干共唱和之理？假设王贞白在25岁时登第，即公元870年生，则王氏在18岁之前尝与方干同唱和，这是完全可能的，唐人青少年时有诗名者比比皆是。再参合宋人徐文卿在《王有道先生墓碣》所言，可以证明这一可能性的存在，徐云："观其诗与其所自叙，然后知先生名贞白，有道其字也，为唐僖宗时人。"王贞白于昭宗乾宁二年登第，此前后当为其平生的主要活动时期，何以单提"唐僖宗时人"，而不言之前的宣宗、懿宗和之后的昭宗、哀帝？很可能这里指的就是王贞白自叙中所表白的生年大致时间。僖宗在位时间为咸通十五年（873）七月至文德元年（888）二月，之前为唐懿宗时的咸通年间，假设王《自叙》中自言"余乃咸通末年生人"，徐文卿谓其"唐僖宗时人"自然成理，单就"咸通末年"徐文卿也不敢断定王为"懿宗时人"，既为"咸通末年"，便多半是"僖宗时人"了。因而，依《三求王氏宗谱》所记的咸通十二年（870）论断，或可成立。若往此时之前推论，则无法与徐文卿所言契合，因徐文卿是有记载以来目睹过《灵溪集·自叙》并已提供论据的唯一证人。

关于王贞白的生卒年，各支王氏宗谱多为失实，均为延长其寿故而任意编造生卒时间，唯同一派系的《雾溪王氏宗谱》和《三求王氏宗谱》记云：王贞白出生时间为咸通庚寅年八月十五日酉时（公元870年9月14日酉时），卒年不详。可见这一派系的记录较为严谨，没有牵强附会之意图，说明其卒年的确凿时间已不可考。关于其卒年，最有参考价值的是各支王氏宗谱中都载有的后梁时期于贞明六年（920）二月给予王贞白的诰命——《唐校书郎赠光禄大夫上柱国公并妻敕》，但该诰命的真实性如何已无从查考。如果诰命确凿，其卒年当在诰命之前，即公元819年年底之前，依此，王贞白实际年龄不足50周岁。古人以寿短为忌，倘若诰命是后人作伪，只要在时间上往后推移若干年便更完美，岂会如此瞎编乱造？由此可以推断诰命很可能是史实，王贞白的享年确实亦不尽如人意。

二、关于王贞白的籍里

王贞白到底是哪里人，一直是广丰与上饶（今信州区）两地争辩的焦点，事实上这本是个没有多少价值意义的争论，既然两地有争，这里也不妨辩明史实一作澄清，以免留下无休无止的争议。自五代至今，纵观历史所有典籍文献，大多均言王贞白是信州永丰（今广丰永丰镇）人，而宋代马端临的《江西通志》却言其为“上饶人”，《广信府志》则云“上饶灵溪人”。之所以说他是上饶灵溪人，是因为王贞白这一王氏宗族一世祖即王贞白祖父王阳（一曰王肇阳）始从徽州徙居在上饶灵溪。对此，这支王氏所有宗谱都有较为详细的记载，谱载贞白祖父王阳任信州刺史时居上饶，解组后遂居饶邑东睦州下。睦州山在今灵溪境地，为广丰近邻。王贞白少年在此作诗多首（王氏宗谱中有存），可知王贞白少年时期确在此地生活过。此外，王贞白手编所作诗七卷及文赋取名为《灵溪集》，也证明了王贞白与其时的上饶灵溪有着不可分割的关系。但为什么又说王贞白是永丰人呢？这自然与王贞白退居永丰建山斋教授有关。至于王贞白到底是何时居住永丰，已难以考证，一般都认为应该是在退隐（901）以后。但有一条线索非常之重要，那就是王贞白再试中选之后，郡守为改居坊曰“进贤”。“居坊”自然指的是王贞白的所居之处，假如知道了“进贤坊”属于某县某地，王贞白究竟为何方人氏的问题也就迎刃而解了，可惜的是广丰和上饶历代县志上都无记载。清代曾任广丰县教授长的金溪人王谟在《考定王有道先生事迹本末》中说，其曾因此询问过诸多丰邑同学，都言其时县署后即名进贤坊。此应是历代口耳相传之谈，虽不能作为确证，但既无他议，或许这只能是目前最能证实“进贤坊”所在地的根据了。依此，证明王贞白在及第之前即已居住在永丰，并且就在广丰县署后。这“县署后”作何具体解释？既为县署，当有较大的建房范围（从现今的县政府办所辖范围也可知），王所居就是县署建房后面的一部分，也即县署以内之房屋。王谟文中引《容斋随笔》记：“王贞白墓初葬于永丰县务侧”（注：今《容斋随笔》版未见此条），墓葬县务侧实属罕见，若非居于此处断乎不能如此安置，证明王贞白生前及家人确实是居住在县署内，“山斋”只不过是为教授子弟而另建，倘若是生前长住山斋，亡后就不可能反而葬在城内的县务侧，而应葬于所建山斋的西山处。王贞白在中选之前就已居住广丰，或许与其时丰邑的建置有关。永丰县于唐乾元元年（758）由上饶县分析出来而建，于唐元和七年（812）又重并入上饶县，至宋熙宁七年方又复置永丰县，后因与吉安的永丰县同名，才更名为广丰县，可知在王贞白时，已没有永丰县治。丰邑多为山地，属地偏人稀之境，而在曾为县务的永丰县署旧址，却是一个宽敞幽雅的读书好处所。或为此故，王贞白从灵溪徙于此处居住攻读，直至应举及第，后又辞官退隐返老还乡于此至终，这应是一个合情合理的推测。

综前所述，说王贞白是上饶人不可置否，因其时没有永丰县，只有上饶县。说其为永丰人，是一种更具体的说法，因其居处就在永丰。如果说王贞白是上饶灵溪人，应该也言之有理，因其出生地很可能就在灵溪。但就其主要生平事迹来说，将王贞白列为永丰即今广丰人最为恰如其分。

三、关于王贞白的仕历

王贞白在乾宁二年（895）登第，其过程颇为曲折奇特。是年科举，时榜下物议纷纷，诏翰林学士陆扆于内殿覆试，王贞白重试复又中选。两番折桂，声震四海，亲朋相贺者接踵而来。裴说《见王贞白》诗曰：“共贺登科后，明宣入紫宸。又看重试榜，还见苦吟人。此得名浑别，归来话亦新。分明一枝桂，堪动楚江滨。”贯休《送王贞白重试东归》：“辛苦酬心了，东归谢所知。可怜重试者，如折两三枝。雨毒逢花少，山多爱马迟。此行三可羡，正值倒戈时。”王贞白家乡的郡守因之大贺特贺，竟别出心裁地将王贞白的所居坊名改为进贤坊并减户税，实属罕见。

根据多方史料证明，王贞白参加科举时间及重试登第之事确凿无疑，但《全唐诗》等历代文献中载“王贞白登第后七年始授校书郎”，这一授职时间似乎是个谜。为何要后七年才授校书郎？授校书郎之前王氏去向在哪里？拙作《唐末诗人王贞白考》曾言，根据王有大量边塞诗可以推测，在其授职之前的七年里应该是在随军出征边塞，授校书郎可能是出征七年之后。其实这种推测有误，郑谷曾有诗赠王贞白云：“殿下新进士，阙下校书郎。”按此，王贞白应在登第之后即已授校书郎一职，因而后七年始授校书郎一说显然不对，其他“天祐年间内试”“五代贞白咏蟹”之说则更是无稽之谈。

王贞白何时退隐这也是个疑问。余曾在拙作《唐末诗人王贞白考》中考曰：《唐才子传》云：“（王贞白）值天王狩岐退居著书，深惟存亡取舍之义。”《广信府志》亦载：“贞白性恬顺，明易象，会昭宗狩与岐，退居著述，遂不复仕。”昭宗狩岐时间为天复元年（901）十一月。按此，王贞白退隐时间当在901年，他从登第到退隐时间首尾仅七年时间。因此前面提及的“后七年始授校书郎”一说，或许就是登第后七年退隐这一事实之误传。

四、关于王贞白的诗

王贞白平生作诗甚多，《灵溪集》中收录手编自作诗三百，这三百只是其暮年“退居著书”时所选录的平生得意之作，其实一生中所作之诗绝不仅仅只是这“三百”首。其《赠郑谷》诗有“五百首新诗，缄封寄与谁”句，既言“新”，自然不出三年之外。不足三年就有五百首，假使加上在这之前之后所作之诗，其诗的总量应是惊人之多，即便言其平生作诗数千首亦不虚妄。今时所留存下来的王诗，唯《全唐诗》编入的一卷，计61首及若干句，《全唐诗补遗》补得12首，《全唐诗外编》收入12首，共录85首。此外，家刻本《三求王氏宗谱》中存有它本所未载的王贞白诗13首，共计98首。家刻本中13首诗，如《西山樵竖》《东轩夜读》等，均为当地的写景之作，格调不高，或为王氏少年习作，或出自他人之手。

王诗内容涉及范围甚广，忠君爱国、杀敌边疆、羁旅思乡、故国情怀、田园山水、怜悯农耕、闺怨伤怀等等，应有尽有。史上喜为传诵的有《御沟水》《洗竹》《芦苇》等，而当今最为人们热议的自然是："读书不觉已春深，一寸光阴一寸金。不是道人来引笑，周情孔思正追寻"（《白鹿洞》诗之一）。《辞源》释"一寸阴"时，云此语出自元代同恕的《送陈嘉会诗》："尽欢菽水若晨事，一寸光阴一寸金"，实不知最初语自王贞白诗。

"一寸光阴一寸金"固然名传千古，其实他的边塞诗也很有特色，读之如临其境，苍凉、悲壮、高亢之气充满其间。《五代诗话》（卷四）赞云："'沙河流不定，春草冻难青'王贞白诗也……皆善状燕中风景者。"

五、关于王贞白诗在文学史上的地位

尽管今时"一寸光阴一寸金"这一诗句已昭昭于世，诗人亦渐渐被更多的人说起，但在整个唐代诗歌史上，其寥寂的声名与其应有的地位仍然是极不相符的。就王贞白其时而言，声名已经大振，宋潘若同在《郡阁雅言》即已赞云："王贞白，唐末大播诗名。"元辛文房《唐才子传》亦云："学历精湛，笃志于诗……文价可知矣。"稍晚于王贞白的五代诗人孟宾于在《碧云集序》中谈及晚唐诗歌时也只提及王贞白和郑谷两个人，与王贞白同龄的王定保在《唐摭言》中也言其诗"已臻前辈阃阈者也"。可见王贞白在当时应是诗坛上的一个领军人物，他完全可以与郑谷、罗隐、贯休等著名诗人并起并坐。按此，明人李奎的"联芳李杜，并驾韦柳"之类的话也就不是语出无据了。可如今，能知其名者又有几何?

反差如此之大，究其原因，余以为至少有以下三点：

首先是和王贞白退隐之后与世绝交有意韬光养晦有关。李奎《王有道墓表》曰："（王贞白）值世乱不仕，退伏田里，工于诗，以节操自持，以道学自任，往往纵情咏歌于残山剩水、风月寂寥之乡以见志。"王谟《丰溪书院崇祀王有道先生议》："独洁其身，高蹈丘园。进不与清流白马之祸，退亦不屑依草附木为诸侯上客。"王贞白的洁身自好以致于绝交于上流权贵社会，以致其诗难以广泛流传自是必然之结果。

其次与《灵溪集》问世太迟、流传地域太窄有关。王贞白退隐丰邑后手编自作诗三百篇及文赋等为《灵溪集》七卷，此当为尚未梓行的手抄本，若非亲近者不能亲睹。丰邑本是穷乡僻壤之地，想必也极少有达官和文士来到此地,《灵溪集》自然无法广泛流传。王氏百余年后的欧阳修不知有《灵溪集》七卷，故在修订《新唐书·艺文志》时只录“王贞白诗一卷”，这一卷无疑只是将王贞白已经流传于世的零散之诗编为一卷。《灵溪集》七卷刻本的面世还是在王贞白身后的二百余年里,《豫章诗话》载曰:“(王贞白)有《灵溪集》七卷，自为序。永丰人有藏之者，洪景庐(洪迈)得而梓之行于世。”此说稍误，洪迈在《容斋随笔》中有详尽准确的说明:“贞白《灵溪集》藏永丰邑士周宗朴家，更无他本，鄱阳余镛摄卫访得刻之。”既言“更无他本”，说明永丰周宗朴家藏的《灵溪集》七卷就是手抄的孤本，既有余镛摄卫刻本，也就不会是洪迈刻本了。由此可见，余镛摄卫刻本是有史以来的最初刻本。至明景泰年间(1450年左右)，李奎在《王有道墓表》云:“有《灵溪集》七卷行于世，板藏郡库间，毁于兵。其所居即广丰县，近代家藏其诗皆深厚精纯，脍炙人口。”既言“近代家藏其诗”证明李奎时已不能看到《灵溪集》七卷全本。《灵溪集》七卷流传面窄且保存时间不长，是其影响不大的又一原因。

三是与王贞白后继乏人有关。王贞白虽然“以道学自任，四方学者多宗之”(《西江诗话》)，然而未闻王氏哪位弟子有其名。薪火相传必得有传人，而丰邑自唐至五代，除了王贞白之外，无一可以留名青史之士，王氏后裔也无一可以称道者。王氏的身后萧条还可以从明代胡震亨《唐音统签》中看出:“(王贞白)其墓元在县务侧，乱离后久绝子孙扫祭，官为立祠。”宋名相赵汝愚路过永丰时也拜谒了王贞白墓并题诗两首，对已倾圮于荒草之中的王贞白墓深感沉痛。赵汝愚距王贞白只有二百余年，葬于乡土的王墓尚不能保，还谈什么为光宗耀祖？由此足见王氏后人之不力。及至明代官为立祠，始为乡人重视，然此时《灵溪集》七卷已经亡佚，唯残存一卷零散之诗流传至今。纵观历史，孔子拥有贤士七十二，因有《论语》传世；东坡门下尚有四学士，自成文坛之领袖；江西画家黄秋园生前默默无闻，死后其子四处为其呼号，因成“傅抱石第二”而彪炳画史……即使奇才异能，亦须前有长辈奖掖与荐举，后须众人传颂与显扬，否则，有几个孤家寡人亦能盛名传千古的？明月尚需众星烘，大树也得草木附，所以早早脱离上流社交而孑然一身的王贞白，虽在早年声名大播，而身后声名大跌也就不奇怪了。

笔行至此，心犹多憾，深感心有余而力不逮，虽奋力拼博，欲以数千之言深入史海来钩沉，然往往不能得意。幸如今有识之士层出不穷，信诸多谜底终有可揭之日。

（作者简介：王维汉，上饶师范学院原中文系教授。）

万古纲常担上肩　脊梁铁硬对皇天

——论谢枋得的爱国精神

陈晓芸

爱国主义是中华民族千百年来一直延续的优秀传统，是一种民族精神的传承。习近平总书记在2013年10月21日欧美同学会成立100周年庆祝大会上的讲话上强调:“在中华民族几千年绵延发展的历史长河中，爱国主义始终是激昂的主旋律，始终是激励我国各族人民自强不息的强大力量。”中华民族的爱国精神是一脉相承的，打开中华民族的文明史册，每一页都闪耀着爱国主义的灿烂光辉，中华民族的爱国志士们，坚持正义、不畏强权，为了国家的繁荣昌盛，为了民族的独立自由，为祖国的尊严、人民的利益，谱写了一曲曲爱国主义的壮歌。几千年历朝历代的爱国志士层出不穷，尤其是在国家危难之际，爱国主义精神就在这些英雄人物身上得到最好的体现。南宋末年的谢枋得就是这样一位蔑视权贵、疾恶如仇、爱国爱民，又学通“六经”、淹贯百家、著有豪迈奇绝诗文的文学家和爱国诗人。

一、谢枋得传奇人生所体现的爱国情怀

谢枋得（1226—1289），字君直，号叠山，信州弋阳（今属江西上饶市弋阳县叠山镇）人。理宗宝祐四年（1256）进士。据《宋史·谢枋得传》记载:（谢枋得）“为人豪爽。每观书五行俱下，一览终身不忘。性好直言，一与人论古今治乱国家事，必掀髯抵几，跳跃自奋，以忠义自任。……”《宋史》寥寥千余字就让我们看到谢枋得不同于一般文人的独特品质，正是这一

性格特质，决定了他传奇而又非凡的人生，并使他流芳百世。宋理宗宝祐六年（1258），蒙古军大举攻宋，谢枋得以礼兵部架阁身份援助江东宣抚使赵葵抗元，多方奔走筹集军饷并招募万余兵士保卫饶、信、抚三州。（后又变卖全部家财以帮助被贾似道所革职罢官的赵葵偿还招兵所用经费。）1276年初，谢枋得以信州知州身份率兵与元军血战于安仁，因寡不敌众又无援军终告失败，宋太皇太后谢氏诏令各地宋将降元，谢枋得拒不奉诏。为了维护大宋王朝的尊严，他竟违抗宋太皇太后降元懿旨，足见他执着的爱国情怀。可以看出忠诚于国家是他的信念，爱自己的国家是他所尊崇的民族大义，正如他自己所说“君臣以义合者也，合则就，不合则去”。这种‘从道不从君’的爱国情怀，古今罕见，这种爱国精神非一般文人所能企及。至宋景炎帝立位，谢枋得在家乡江西弋阳组织民兵抗元，又因孤军奋战兵败于铅山，不得不易服变姓弃家只身逃往闽北，隐居建宁唐石山中。然而即使在如此绝境之中，他仍坚持抗元不懈，与肝胆相照的好友、民族英雄、抗元名臣文天祥誓约“宰相努力在朝，我等努力在野”。试图恢复南宋江山。虽为文臣，却毫不逊色于久经沙场的武将。这份不计个人荣辱、只求匡扶社稷的爱国情怀又有几人能及？1277年秋，其妻李氏被元军捕获，受谢枋得家族爱国思想影响，李氏不屈于元军，与一女二婢自缢于建康狱中，表现了爱国女子的英雄豪气。在此期间谢枋得的兄弟叔侄均被元军迫害致死，然而他并没有为一己之悲忘却复国之大义，而是强忍悲痛为复国而奔走努力。然时不我与，回天乏术，南宋终在1279年灭亡。谢枋得感伤不已，常常东向而哭，并从此麻衣草履隐居于武夷山中。1286年，谢枋得老母亡故，家贫无以安葬，元朝君主曾先后派程文海等人前来招诱，谢枋得却坚辞不受。家庭处于饥寒交迫之中他依然能坚持本心，不事二主，可见其爱国情感之坚贞。1288年冬，元朝福建行省参政魏天祐奉元帝之命强押谢枋得去大都。谢枋得虽衣衫褴褛却依然精神抖擞，并慷慨赋诗赠友，以誓必死之心。至元二十六年（1289）四月，谢枋得到京师，不久生病，迁居悯忠寺（今法源寺），见壁间立有《曹娥碑》，哭泣感叹：“小女子犹尔，吾岂不汝若哉！”宋故丞相留梦炎派医生拿杂有米饭的药汤请他喝，谢枋得怒斥：“吾欲死，汝乃欲生我邪？”弃之于地。他自称“大宋移民”，拒不降元，于1289年农历四月初五夜，绝食殉国，遗容凛然如生。

遗书中写道："大元制世，民物一新，宋室孤臣，只欠一死。某所以不死者，以九十三岁之母在堂耳，先妣以今年二月，考终于正寝，某自今无意人间事矣！"他的儿子谢定之奉柩还乡，将其葬于故乡弋阳县玉亭乡雷打石（今弋阳县港口镇上坊村）。门人私谥他为"文节"。

谢枋得用生命诠释了他"誓为宋臣"的坚贞与执着。他为国捐躯、绝不奴颜婢膝的铮铮铁骨与宋败亡后纷纷降元的士大夫们形成了鲜明的对比。谢枋得的一生可谓忠贞刚烈，是中华民族历史上爱国主义的典型代表，是我们学习的楷模。他用生命谱写了一曲爱国主义的颂歌，他的这种爱国精神永远激励中华民族的后代子孙。

二、谢枋得诗歌中所表现的爱国思想

作为爱国诗人的谢枋得，秉承着以诗文言志的传统。他威武不屈的民族气节和贫贱不移的高尚品格在其诗词中得到充分体现。他将爱国复国的理想和信念化作文字，注入他创作诗词的字里行间。也正是因为他心怀大义，正义凛然，他所作诗词格调高远，意境开阔，具有很高的艺术成就。谢枋得诗歌创作颇为丰富，留下文集《叠山集》，其中存诗106首。他的诗大都是在民族危机深重、国家生死存亡的关头，在同南宋宦官和权臣以及蒙古贵族统治者做斗争的过程中所作，因而始终具有强烈的爱国主义思想，这与我们当今社会所提倡的爱国精神是相吻合的。习近平总书记在2014年10月15日文艺工作座谈会上指出：在社会主义核心价值观中，最深层、最根本、最永恒的是爱国主义。拥有家国情怀的作品，最能感召中华儿女团结奋斗。范仲淹的"先天下之忧而忧，后天下之乐而乐"，陆游的"王师北定中原日，家祭无忘告乃翁""位卑未敢忘忧国""夜阑卧听风吹雨，铁马冰河入梦来"，文天祥的"人生自古谁无死，留取丹心照汗青"，林则徐的"苟利国家生死以，岂因祸福避趋之"，岳飞的《满江红》，方志敏的《可爱的中国》，等等，都以全部热情为祖国放歌抒怀。纵观谢枋得的106首诗歌，其中关于爱国思想的诗篇所占的比重很大。在《小孤山》《元旦阻雨》《春日闻杜鹃》《寄谢叔鲁》《思亲》《崇真院绝粒偶书，付儿熙之、定之，并呈张苍峰、刘洞斋、刘华甫》等诗中，通过描写对故国家园的怀念与留恋，表达了他对祖国河山的热爱之情、复国还乡的强烈愿望以及愿意为国捐躯的牺牲精神、光明磊落的博大胸襟。

春日闻杜宇

杜鹃日日劝人归，一片归心谁得知。
望帝有神如可问，谓余何日是归期。

题注:《春日闻杜鹃》旧刊本“鹃”作“宇”。戊寅时年五十三岁作。

这首诗是谢枋得的思乡之作，是谢枋得在元军破城，亲故先后遇害，他饱尝家破人亡之苦，在长期奔波逃亡过后抚今伤昔而作的咏怀诗。诗篇将国破家亡的沉重之感凝结于诗中。借杜鹃啼鸣声以书写自己对故国的思念之情。诗歌最突出的是用一心为民、死后灵魂化为杜鹃望帝的传说来抒发自己彻入骨髓的思归之情，并把这种情绪描绘得缠绵悱恻、荡气回肠。短短28个字的诗篇中用了三个“归”:“人归”“归心”“归期”，突出地表现了诗人思归故国的忧伤心情。诗的开篇先用杜鹃催归，杜鹃尚且劝归，人何以不归？接着写“我”的归心急切，然而却无人知晓，揭示了作者的一片赤诚爱国之心却无人理解的悲凉；最后用问句的方式表达作者对归期的盼望和对可能出现的永无归期的忧虑。诗歌由杜鹃劝“人归”而引发人的“归心”，到最后诗人期盼着“归期”，层层递进以至于把作者思归的情绪推向了高潮，充分表达了他希冀复国的坚定信念。

谢枋得这一类的爱国诗还有很多，诸如：

示儿二首

门户兴衰不自由，乐天知命我无忧。
大儿安得孔文举，生子何如孙仲谋。
天上麒麟元有数，人间豚犬不须愁。
养男不教父之过，莫视诗书如寇仇。

千古兴亡我尽知，一家消息又何疑。
古来圣哲少才子，世乱英雄多义儿。

靖节少陵能自解，孔明王猛使人悲。
只虞错改金根字，焉用城南劝学诗。

诗人非常崇拜历史上那些有勇有谋、爱国爱家的英雄志士，更希望自己的儿子也能和他们一样把国家的利益放在首位，因为深知“养儿不教父之过”，谢枋得从小便教导儿子要饱读诗书、要爱家爱国、要成为乱世中的英雄。正是因为受父亲爱国思想和精神的影响，谢熙之和谢定之兄弟俩都素性好学，擅长诗文，颇有才华，然而也都遵照父亲遗训，坚决不仕元朝，显示了爱国志士的铮铮铁骨和爱国精神的传承。

最真挚、最感人的应该是诗人被押赴大都前所作的七律《北行别人》，诗篇最能表现谢枋得为国献身的决心和斗志。

北行别人

魏参政执拘投北，行有期，死有日，诗别二子及良友

题注：从刊本作“诗别妻子、良友、良朋”。枋得遁迹建宁，从之游者，有：詹苍崖、游古意、王济渊、曹东谷、叶爱梅、魏天应、陈达翁、张子惠及毛〖靖可〗、蔡〖正孙〗诸君，又有道士陈天隐。盖先生方修养辟谷之术也。戊子十月十八日时年六十三岁作。

雪中松柏愈青青，扶植纲常在此行。
天下岂无龚胜洁，人间不独伯夷清。
义高便觉生堪舍，礼重方知死甚轻。
南八男儿终不屈，皇天上帝眼分明。

这是谢枋得被拘役送往大都之时写给儿子和亲友的诀别诗，他在诗的题注中就表明了自己此行必以死报国的决心。“雪中松柏愈青青，扶植纲常在此行。”诗人正像那傲立于白雪之中的青青松柏，宁折不弯，而此次北上之行正是他为国正名、为国献身以表达爱国情感的最好时机。接着诗人列举了历史上为人尊敬的贤士龚胜、伯夷和抗击“安史叛乱”的英雄南霁云三人，赞美他们不仕二朝的高贵品质以及与叛军奋战以身殉国的壮举，这也是自己此行的目的——为国捐躯。表达了诗人以死殉节的心志，这种不贪生怕死、不恋

慕锦绣荣华的铁骨松风令后人肃然起敬！

龚胜是汉代的贤士，王莽篡汉之后，龚胜不仕二朝拒不受官最后绝食十四日而卒，以死明志。伯夷，先秦圣贤，商亡，伯夷不食周粟，饿死于首阳山。南八即南霁云，唐代著名抗击“安史叛军”的将领，与张巡共守睢阳，安史叛军破城被俘，不降而被杀。诗中所写到的这些人物或为抗击敌寇的英雄，或为不事二主的志士。尤其是龚胜，在谢枋得106首诗歌中多次写到他，这就表明谢枋得对龚胜的无限崇敬之情。

人们常说“家是最小国，国是最大家。有家才有国，有国才有家”。对于一个爱国者而言，爱国也意味着爱家；对于一个爱国的诗人和政治家而言，爱国既要爱国家也要爱万千个民众的小家。南宋灭亡前夕以及灭亡之后，谢枋得曾在家乡弋阳率军抗元，后又孤身逃亡闽地，因而近距离地接触了下层民众，深知民生疾苦，就此写下了不少反映人民疾苦的诗篇，这也是谢枋得爱国思想的另一种表现。如《代上杜按察三首》其一：“东南官吏欠清风，五十年来世道穷。须信太平在今日，人间又有杜祁公。”《谢刘纯父惠木绵布》：“厥土不宜桑，蚕事殊艰辛。”总是把百姓的苦难放在第一位。尤其是他的《蚕妇吟》更是深刻地反映了下层劳动人民的苦难生活，揭露了封建统治者的荒淫腐败。诗中写道：“子规啼彻四更时，起视蚕稠怕叶稀。不信楼头杨柳月，玉人歌舞未曾归。”诗歌用对比的手法写出了“蚕妇”和“玉人”两种不同的生活环境和生活状态。四更天时，楼头的残月已西落斜挂在杨柳树的梢头，正是人们沉睡之时，而那些欢场的女人，却仍在外面流连歌楼舞榭，欢乐未尽，尚未归家！然而此时的蚕妇们就得起床查看，担心蚕多了，桑叶不够吃。这一对比手法的应用有如杜甫的“朱门酒肉臭，路有冻死骨”的描写手法，揭示了宋代社会阶级的对立、贫富的不均。我们当今社会所强调的官员是“人民的公仆”，其职责就是“为人民服务”，不正是谢枋得爱民如子精神的传承吗？

三、谢枋得爱国思想和精神的传承

几千年来，爱国主义精神是推动历史前进的巨大动力，是中华民族的精神支柱。谢枋得自幼博览群书，熟悉并了解祖国的历史，并以历史上的爱国者为榜样，他诗歌中所盛赞的南霁云就是唐代抗击“安史叛军”中爱国志士的代表。同时谢枋得又特别崇敬辛弃疾，同是南宋诗人，同为爱国者，他们可谓情趣相近，志趣相投。辛弃疾晚年基本定居于铅山，这与出生于弋阳的谢枋得基本可以说是老乡，这就自然有了一种亲切感。因此公元1271年，南宋处于生死存亡的危难之际，谢叠山与抗元的十七位同人在铅山金相寺集会祭奠辛弃疾，盛赞辛弃疾的“英雄之才，忠义之心，刚大之气”，并且表示要将辛弃疾的言行录于书史。由此可见他受辛弃疾爱国思想影响之大。如今，爱国主义是“中国梦”的基石。习近平总书记在2013年3月17日第十二届全国人民代表大会第一次会议上指出：“实现中国梦必须弘扬中国精神。这就是以爱国主义为核心的民族精神，以改革创新为核心的时代精神。这种精神是凝心聚力的兴国之魂、强国之魂。爱国主义始终是把中华民族坚强团结在一起的精神力量，改革创新始终是鞭策我们在改革开放中与时俱进的精神力量。”当代中国的爱国主义既是中华民族爱国主义传统的当代延续，又是对全国人民特别是青少年进行爱国主义教育的核心内容。那么在当今和平和谐、逐渐强大的中国，我们怎样宣传爱国思想、怎样向年青一代传输爱国情感、怎样让他们了解爱国精神并树立他们的爱国信仰就显得尤为重要。这就必须培育年轻人爱国情怀的知识链。因为历史是最好的教科书，中华历史上众多的爱国志士如屈原、辛弃疾、谢枋得、文天祥、戚继光、林则徐、方志敏等都是这个知识链上的重要人物。信州这片红色土地上也涌现出了一大批的爱国人士，如谢枋得、方志敏等。

习近平总书记在2015年12月30日主持中共中央政治局第二十九次集体学习时的讲话强调：“弘扬爱国主义精神，必须尊重和传承中华民族历史和文化。对祖国悠久历史、深厚文化的理解和接受，是人们爱国主义情感培育和发展的重要条件。”爱国主义精神是在中华民族悠久历史文化的基础上产生和发展起来的，反过来又给予中华民族的历史发展以重大的影响。我们将宋代爱国诗人谢枋得的爱国精神与习近平新时代爱国主义精神相结合，不仅可以从新时代新角度去回溯探究谢枋得的爱国主义思想之深刻内涵，而且能够从历史的角度去思考研究习近平新时代的爱国主义精神，从而实现对“爱国思想”的完美诠释。同时通过对谢枋得爱国思想与习近平新时代爱国主义精神关系的对比，了解两者的时代意义与价值，了解“爱国主义精神”的传承关系，赋予人们对当下爱国主义精神的新思考。

综上所述，千百年来爱国主义是一直被传承和发展的，通过对谢枋得爱国行为所表现的不屈精神以及谢枋得的爱国诗歌中所体现的爱国主义思想的研究，同时将他的爱国主义精神同当今社会结合，找出爱国主义精神的契合点，这是对中华民族的爱国主义思想和精神很好的传承与弘扬。

参考文献

[1]《宋史》(中华书局标点本)。

[2]《谢叠山全集校注》,南宋·谢枋得著，熊飞、漆身起、黄顺强校注，华东师范大学出版社1994年3月第一版。

[3] 同治《广信府志》。

[4]《叠山先生批点文章规范》，宋·谢枋得辑(元刻本)。

[5]《谢叠山大传》俞兆鹏著，江西人民出版社2010年1月第二版。

(作者简介：陈晓芸，上饶师范学院文学与新闻传媒学院教授。)

【抗战文学】

宦乡在上饶的抗战活动

罗芸

宦乡是我国资深外交家、杰出的国际问题专家和社会科学家（1909—1989），贵州遵义人，幼年就读于武汉、上海，后赴英国留学，攻政治经济学，回国后，考入宜昌海关。抗战军兴，他赴江西上饶参加了国民党第三战区的抗日宣传工作，历时七年整，做了大量有益于抗战和人民革命事业的工作。70多个春秋过去了，上饶人民仍在传诵着宦乡在上饶为抗战呐喊、为人民请命的那些事。

一、主编《前线日报》

《前线日报》是抗日战争时期国民党第三战区司令长官司令部的机关报，1938年10月在皖南屯溪正式创刊。《前线日报》初创时，第三战区政治部第三组组长李俊龙兼任报社社长，马树礼任总编辑。同年12月，宦乡放弃了在海关工作的优裕待遇，参加了《前线日报》社工作，任副总编辑。1939年4月，《前线日报》随第三战区长官部从皖南屯溪迁至赣东北上饶。之后，报社人员进行了充实调整，马树礼改任社长，宦乡任副社长兼总编辑。

宦乡当时虽然是个无党派人士，但他思想进步，主持报社的笔政之后，始终坚持宣传积极抗日的办报方针，想方设法把报纸引入民主进步的轨道。他将《前线日报》设计成四开两张，第一张以国内新闻为主，第二张以副刊和专刊为主。由于第一张四个版面关于国内外政治、军事的新闻报道受到国民党专职人员的严格控制，所以宦乡着意发展副刊和专刊，从中体现五四运动以来的民主与科学精神。

《前线日报》的副刊辟有战地、磁铁、学生之友、士兵园地、新妇女等栏目，专刊辟有新闻战线、东南电讯、文艺评介、写实文学连载、战地卫生讲座、战地小语、抗日英雄特写、战地文艺、诗刊、版画等栏目。许多国内著名民主人士和文化人士，如费孝通、章乃器、胡秋原、马叙伦、老舍、张恨水、曹聚仁、沈从文、曹禺、张乐平等人，经常为这些栏目撰稿。当时正在新四军工作的聂绀弩，为《前线日报》写了题为《白兔》的寓言，发表在《战地》副刊上。《战地》副刊还曾发表《官虎与商虎》一文，抨击“苛政猛于虎”，多次发排署名“陈方”的针砭时弊的杂文，刺痛了某些身居高位者的要害，令人拍手称快。张乐平在士兵园地上发表了一组深入前线创作的战地速写《抗日英雄故事》，12个响亮的名字：许金、方以贵、刘生云、奉剑秋、蔡得标、冯世雄、钱国梁、田春桃、萧忠明、唐义球、王栋国、阳谦即，他们奋勇杀敌、视死如归的鲜活英雄事迹激励着上饶军民的抗战决心。1939年5月1日至11月13日，副刊《战地》连续发表了张恨水的连载小说1部、散文27篇，这些文章主要表现了抗日战争处于战略相持阶段陪都重庆的某一侧面，张恨水把他的所见所闻所想发表在《前线日报》上，对于抗战前线的将士了解后方、宣传抗日政策、激励抗战士气起到积极作用。宦乡也在百忙中为副刊写稿，他以“鑫毅”笔名发表的《河内到昆明》的长文，深得读者喜爱。由于宦乡精心策划，《前线日报》的副刊和专刊在整个战时办得特别活跃，始终保持宣传民主与科学、宣传抗日的文稿和画稿占绝对优势的局面，使《前线日报》享有“报纸杂志”之美称。

为了把《前线日报》办得更有特色，宦乡不仅特约了全国最大都市的专电和第三战区各战场的随军记者专稿，报社自建了电台，收译大量合众社、路透社、塔斯社和中央社电讯，并指派专人每晚监听伦敦广播，及时将外电报导的盟军作战动向和国外专栏作家有关国际政治军事的评论择要编译出来，以充实到有关栏目上。由此，《前线日报》的综合报导、战情分析、时事漫谈等栏目在关于战情动态和国际问题综合分析等方面，尤以“快、新”见长，深受读者欢迎。

由于宦乡的全力经营，《前线日报》渐显特色，声誉鹊起，并有了极大发展，到1942年浙赣战役爆发前，《前线日报》的发行已超出了第三战区所辖的闽浙赣苏皖五省范围，扩展到湖南衡阳、广西桂林，发行量由初创时的7000份猛增到2万余份。报社同时还发行前线通讯社稿件，成立了战地图书出版社，出版了有关政治、经济、军事、文艺等书籍数十种。随着业务的扩大，《前线日报》社在上饶城内设立了门市部，并买下铅山造纸厂，开办了第二印刷厂，相应的人员也大大地增加，职工多达300余人，成了战时东南五省报业界的佼佼者。《前线日报》脱颖而出，引起了战时报业界、军政界及众社团的瞩目，中外记者纷纷到报社来采访，新四军的石西民、黄源等人也来报社与宦乡联系。

二、誉满东南的国际问题专家

对国际问题的综合分析是宦乡的专长，《前线日报》社的国际问题述评和社论大多出自于宦乡的手笔，这些分析、评论往往是鞭辟入里，富有创见，颇得各方好评。

1941年8月，日军大本营陆军部为配合太平洋战争，决定继续执行对中国南方的作战计划，打通粤汉线。当时重庆军事当局则估计苏德战争爆发后，日军对中国战区的军事压力将趋缓解，其主力将攻苏联。而宦乡在《前线日报》的综合报导、战情分析、社论等栏目中撰文分析，日本陆军已大量消耗在中国，无力再进军辽阔的西伯利亚，日本海军则保持了相当大的力量。由于日本资源贫乏，战争消耗越来越大，南洋正是粮食、石油、橡胶、煤、铁等战略资源丰富的地区，占领南洋则可解救日本的经济危机，所以日军将继续南进而不会北向。果然不久，日军大举向东南亚进攻。事态的发展证实了宦乡的结论，这给第三战区长官部的震动很大，致使各方人士对宦乡关于国际问题的述评和战情分析刮目相看。此后，宦乡以《前线日报》总编辑室名义定期召开的国际形势座谈会，都得到各界人士及第三战区长官部的关注和支持，战区高参和军政首脑也很乐意出席这样的座谈会。

宦乡不仅擅长对国际问题的研究，更可贵的是他在《前线日报》撰写有关国际问题的述评和给各种训练班讲授国际形势的时候，能够坚持正确的立场和观点。例如，他在欧战爆发前分析形势时，着重强调了希特勒的侵略本性，指出英法祸水东引，纵容希特勒反苏是养虎遗患，始将搬起石头砸自己的脚；欧战爆发后，宦乡在他的文章和演讲中，明确地把世界划分为民主与侵略两大阵营，认为苏联是民主阵营中的重要成员，苏联在民主阵营中将起到决定性的作用[1]。苏联参战后，宦乡指出：从英德战争到苏德战争是欧战的转折点，世界战局的重心已转到了苏联，苏德战争最后胜利必然属于苏联[2]。为了扩大对苏联参战意义的宣传，宦乡在《前线日报》上组织了大量介绍苏联反法西斯战争的专稿和“盟国新闻照片展览”在第三战区内巡回展出，参展的照片突出了苏联反法西斯战争的战绩。这种与国民党当局极力贬低苏联的反共宣传截然不同的观点，在当时给人耳目一新的感觉，从而使很多读者和听众对苏联在大战中的地位与作用有了一种全新的认识。

1942年，世界反法西斯战争处于最艰难时刻，许多人对反法西斯战争的前景产生了悲观情绪。宦乡展望世界反法西斯形势，充满信心地指出：“在目前的黑暗中，正透露出光明。其一，自1918年以来即成为世界主要矛盾问题的英美苏、英美与中国之间的对立和矛盾，现在已完全消失；其二，在中日战争以及两年的欧战中，不断像鬼魂般出现的和平攻势，将永远不再出现；其三，过去民主国家存在的轻敌心理已被敌人的初期胜利一扫而空；其四，反侵略集团在人力、生产力以及任何一种战略资源的占绝对优势；其五，德意日动员的人力和物力已到极限，难以长久支撑。德意日虽然还能逞凶一时，打一些胜仗，但绝不可能在这次战争中得到最后的胜利。”[3]

关于对中国在反法西斯战争中地位和作用的认识，美英苏等盟国并没有真正把中国当作世界四强看待。在他们的眼里，中国在反法西斯战争中的牺牲固然很大，但作用并不大，因此中国在战后世界和亚太事务中，只能充当“国际领导制度”下的被领导的领导国。对此，宦乡不以为然。他认为：英美苏等盟国之所以这样轻视中国，就在于他们没有真正认清中国在整个亚太地区的重心地位，事实上，在这场全球性的的战争中，远东战局的重心在中国，中国战场是亚洲大陆反对日本侵略者的主要战场，中国抗日战争有力地支援了英美苏及世界各国的反法西斯战争。大战结束后，中国在亚太问题上仍将起决定性作用，如果不重视中国，任何亚太问题的解决方案，都不可能获得圆满的结果[4]。

对战后世界格局的认识，宦乡一针见血地指出：战后太平洋合作有两大忧虑，“一是美国孤立派的鬼魂复活，二是英国帝国主义的精神不死”；由于“英美世界”的理念，许多英美人士“畏惧中国的崛起”，主张“维持远东均势”。战后世界格局的根本在于：一是英美要摒弃均势政策；二是战后世界组织中不能由英美苏垄断领导权；三是战后世界组织领导国必须把中国算进去[5]。宦乡抗战时期对战后世界格局的分析一直影响到20世纪80年代，他在上饶荷叶街《前线日报》形成的“一个世界，两种制度，政治多极，竞争共处”理论，是20世纪后30年中国外交的统治理论，被世界有识之士称为中国关于国际格局最精辟的概括。

这一时期，宦乡对国际问题的论述，提出了许多精深独到的见解，在广大读者和听众中产生了巨大反响，受到社会各界的关注，宦乡因此誉满东南，奠定了他在国际关系研究领域中著名专家的地位。

三、杰出的外交家在这里炼成

宦乡学识渊博，精通英文，善于外交。整个战时，宦乡一直担任战区《前线日报》总编辑，并兼任第三战区司令长官顾祝同的国际关系顾问、长官部秘书、英文翻译和干训团教官。凭此优越身份，《前线日报》获得了相对的独立性，宦乡周旋于战区的达官贵人之间，纵横捭阖，折冲尊俎，能够经常直接从战区长官部情报处获取军事情报、政情动态、宣传纲要，并根据自己的分析判断，经常及时地向司令长官部提出一些很有参考价值的国际国内战情动态分析报告，深得第三战区司令长官顾祝同将军所倚重。

1939年4月，第三战区长官部由安徽屯溪迁往上饶，统领苏浙皖赣闽东南5省抗战，一直到抗战胜利，上饶是东南5省抗战的军事指挥中心。1944年豫湘桂会战后，日军打通了大陆交通线，第三战区辖区形成孤岛，独立承担东南抗战的大局，成为抗战后期中国最重要的战区。因此，盟军在上饶第三战区长官部专门派驻了顾问组，司令长官顾祝同与盟军顾问的联络，都是请宦乡当翻译，由此宦乡与盟军顾问建立了友好的联系。但凡盟国官员来第三战区联络视察，司令长官顾祝同也是指定宦乡随行翻译，宦乡俨然成了第三战区的兼职外交官，他的言谈举止和智慧才干为盟军顾问所赞誉。

1942年4月18日，美国空军詹姆斯·杜立特中校率领第17轰炸机大队16架B-25B轰炸机，从“大黄蜂”号航空母舰上起飞，超低空进入日本领空，分别轰炸东京、横滨、名古屋、大阪、神户目标，这就是著名的杜立特行动。原定16架B-25B轰炸机完成任务后降落浙江衢州、丽水和上饶玉山机场，由于杜立特行动提前了空袭时间，飞机航程不够，加上美军没有及时通知中方，衢州、丽水和玉山机场导航一直处于关闭状态，16架轰炸机只有8号机组降落苏联海参崴，其他15架飞机在浙江和江西全部坠机。16个机组共80名飞行员，其中64名在浙江和江西获救。第三战区组织了整个营救美国飞行员的行动，宦乡以战区《前线日报》总编辑和长官部秘书身份参加了营救联络工作。杜立特行动14号机组在上饶广丰地区上空弃机跳伞，5名飞行员安全着陆被营救。4月20日上午五名飞行员在机长希尔格的率领下来到第三战区长官部拜会顾祝同，宦乡全程陪同并作翻译，与希尔格建立了个人友谊。4月25日，衢州第13航空站为被营救的杜立特行动飞行员举行招待晚宴，宦乡陪同第三战区炮兵司令唐子长将军专程从上饶赶来参加晚宴。晚宴结束后，宦乡和唐子长将军护送第一批20名飞行员从衢州坐火车到鹰潭转车去桂林。4月27日杜立特行动指挥官杜立特中校与14号机组机长希尔格、副机长西姆斯一行来到上饶皂头第三战区长官部拜会顾祝同将军，宦乡全程担任翻译并陪同，晚上护送杜立特中校一行在上饶乘火车去衡阳。宦乡参加此次营救美国飞行员行动，处理各种复杂外交事务挥洒自如，左右逢源，充分展示了他的外交才干，炼成了他的外交家品格。

四、掩护和营救革命志士

宦乡在政治上不满国民党法西斯专制统治，同情和倾向共产党。他利用自己当时的特殊地位和声望，设法帮助和掩护一些因种种原因失去组织关系的中共党员及进步民主人士进入《前线日报》，有的在报社里还担任了要职：从上饶集中营逃出来的新四军干部朱万年担任了报社电台台长、中共地下党员徐立平任副社长、张若达任新闻室主任、邹今托任新闻编辑、殷梦萍任副刊编辑。这些中共党员和进步民主人士把《前线日报》作为开展革命活动的阵地，积极编排宣传抗日思想的进步文稿，联络进步人士，帮助和营救被捕入狱的革命志士。时隔50多年之后，笔者采访了从台湾回大陆定居的原国民党第三战区新闻检查官罗时新，他毫不掩饰地对笔者说："当时我早就注意到《前线日报》有几个共产党员，但这些人受到宦乡的庇护，我无可奈何。"

1942年2月，曾担任过左联党团书记的著名诗人、作家、革命文艺家冯雪峰在浙江义乌县神坛村被国民党特务逮捕，转送到上饶集中营茅家岭监狱关押。在狱中，冯雪峰编造了一个"上海商务印书馆历史编辑冯福春"的假履历，始终没有暴露真实身份。当时，远在延安的毛泽东获悉冯雪峰被捕入狱，特意指示有关人员设法营救。中共中央驻重庆办事处的董必武通过关系请著名人士胡秋原出面，担保冯雪峰出狱，但未办成。

冯雪峰入狱不久，染上了监狱里流行的回归热，病情日益严重，几近死去。幸亏同室难友郭静唐与宦乡交情甚笃，他向宦乡求救，由宦乡出面筹得款项，购了十几盒"六〇六"特效针药送进监狱，这才救活了包括冯雪峰在内的一些患病的狱中革命志士。冯雪峰病愈后的一天，他与郭静唐一道被敌宪兵押解到上饶城，路过荷叶街《前线日报》社时，他俩顺便进报社拜会宦乡。宦乡原不认识冯雪峰，经郭静唐介绍，两人一见如故，引为知己[6]。1942年6月，郭静唐利用各种关系打通关节，由宦乡出面做保获释。此后，宦乡与郭静唐多方找人交涉，担保冯雪峰。到11月，第三战区军统头子张超终于答应由宦乡和郭静唐两人具名担保冯雪峰"出狱就医"。被关押了9个月的冯雪峰出狱后，先在宦乡家住了两个星期，等身体有所恢复才回浙江。次年6月，冯雪峰经桂林到重庆，继续进行革命文化活动，并把他在茅家岭监狱中写的50多首诗作编成诗集出版，书名为《真实之歌》。宦乡在《前线日报》战地栏目上用整版的篇幅发表了署名于人的《评〈真实之歌〉》。集中营的特务这才如梦初醒，得知冯福春就是著名共产党人、革命文艺家冯雪峰，他们几次向宦乡要人，但被宦乡推得一干二净。

宦乡救出冯雪峰后，还想方设法担保囚禁在上饶集中营的浙江《民族日报》社长、中共党员王闻识出狱就医，当一切手续都已办妥时，王闻识却被敌人折磨致疾，病情加重，死于狱中，宦乡悲痛不已。

五、为知识劳动者呼吁

抗战时期，国统区恶性通货膨胀，物价狂涨，致使知识劳动者生活水平急剧下降，甚至难以维持最低限度的生活。面对知识劳动者的贫困化境况，宦乡表现出了一个社会活动家强烈的社会责任感。他深深地认识到：知识劳动者的贫困化现象是国家民族的耻辱和灾难，为了抗战前途，为了国家民族的长远利益，决不能允许知识劳动者贫困化现象继续存在下去。为此，他精心组织了一批反映知识劳动者贫困化的文稿在《前线日报》上发表，并在1941年12月短短一个多月时间里，连续在社论栏上发表了《知识劳动者的厄运》《小学教育的厄运》《安定教师的生活》《合理的看待》《治本与治标》《当前东南物价问题之对策》6篇社论，这些社论集中从四个方面论述了知识劳动者的贫困化问题，反映了上饶知识劳动者的呼声。

第一，披露了知识劳动者在经济上已沦为社会最底层的严酷现实。社论指出：抗战以来，地主提高粮价，商人提高利润，生产者提高产品卖价，唯独知识劳动者是在不断地廉价出卖自己的知识。随着战时物价的高涨，工人工资比战前提高了十多倍，其他从业者的收入也都相应有所提高，唯独知识劳动者的收入依然如故。最悲惨的是小学教师，不但薪水没有提高，甚至还经常被拖欠。一个小学教师每月薪水仅有七八十元，而一个农村长工每月能赚到四五百元。收入差距如此悬殊，致使每个知识劳动者都有一种“吾不如黄包车夫”“吾不如泥瓦匠”“吾不如农村长工”的感觉。

第二，抨击了负责当局对知识劳动者所处困境的冷漠和虚伪。文章指责负责当局犹如高坐在云端上的假观世音，他们自己摇着蒲扇，吹着凉风，却叫熏炙在热火里的知识劳动者咬紧牙根，要牺牲一切，忍耐着最后的痛苦。他们偶尔也讲一些同情的话，诸如：“教师真苦啊！生活程度这样高涨，七八十块钱一个月能够什么呢？要想办法救他们才好。”其实，这是虚伪的同情，这是给知识劳动者的画饼。因为真得要请这些假观世音解决问题，他们就会推说事情没有办法，或者摇身一变，腾云驾雾去了。

第三，强调了知识劳动者贫困化现象的危害性。因为知识劳动者的工作是在为国家民族的前途堆砌基石，如果不能维持他们最低限度的生活，就会使他们失去对工作的活力，失去自尊与自信，从而导致整个社会弥漫着知识劳动大贬值的风气。在这样的风气下，还会有谁去为国家民族的前途堆砌基石呢？

第四，提出了解决知识劳动者贫困化现象的合理建议。一是知识劳动者的薪俸应当与物价上张指数相齐驱；二是社会劳动报酬应当以工作性质作为尺度，知识劳动者的报酬应当略高于一般体力劳动者；三是机关之间，例如中央与地方、军队与行政、金融贸易与文化教育机关之间的劳动报酬应大致相衡，不能差距太大；四是知识劳动者应当自我组织起来共谋自身福利的保障。

在《前线日报》这样一份很有影响的官方军报上，尤其是在它的社论栏上专门就知识劳动者的贫困化问题向全社会发出呼吁，这在当时是十分罕见的。宦乡的这种刻意安排在一定程度上触动了当局者，引起社会各界对知识劳动者贫困化现象的注视，取得了很好的社会效果，尤其受到广大知识劳动者的欢迎。

六、曝光“中正堂”事件

1943年底，国民党上饶行政督察专员易希亮和7县官绅为给蒋介石祝寿，在上饶建成一座富丽堂皇的罗马式建筑，命名为“中正堂”。这是当时赣东北地区最大的建筑，占地1000多平方米，门楼两层，大理石的门楣上镌刻着国民党江西省政府主席熊式辉题写的“中正堂”三个大金字。虽然该建筑耗资巨大，美仑美奂，但由于负责施工的专署官员贪污受贿，偷工减料，所以建筑质量很差。1944年春节前，因连日大雪，屋顶倒塌。第三战区政治部主任邓文仪因与易希亮素有矛盾，便以此事发难，借题发挥。

宦乡则利用邓与易的矛盾，连夜组织《前线日报》的采、编、评三方人员，齐头并进，突击撰文写评。第二天的《前线日报》重要新闻版赫然出现了《偷工减料，上饶中正堂被雪压塌》的花边新闻，社会栏也一反官方军报过去一向不议论地方政治经济的成规，以“评中正堂倒塌”为主题，抨击负责施工的专署官员偷工减料，中饱私囊，造成国家财产重大损失，必须立即查办和严惩贪污枉法的有关人员。此论一出，社会舆论大哗，矛头直指上饶行政督察专员易希亮。

易希亮见状，心里发慌，一面托人四面说情，一面组织门下师爷赶写答辩，要求《前线日报》来函照登，以正视听。但宦乡一概置之不理，继续编排揭露“中正堂”贪污丑闻的文稿，省政府的某些要人也被涉及曝光。一连几天，新闻版接连不断地登出揭丑新闻，社论栏也相继推出“再论”“三论”，调子越论越激烈，提出要对某些包庇纵容、沆瀣一气的后台大人物彻查严惩。易希亮急向后台老板熊式辉求救，奈何事实俱在，义正词严，难以反驳，熊式辉只好劝易忍辱负重，与邓文仪修好，同时亲自出马，多方为易掩饰卸责，这才将事态平息下来。虽然“中正堂”的贪污问题最后不了了之，但宦乡主持编排的文稿揭露了当权者的腐败，击中了贪官污吏的要害，反映了民意，促进了抗战后期赣东北地区人民民主运动的发展。

抗战胜利后，第三战区撤销。1946年1月，宦乡离开《前线日报》，投入《文汇报》工作。1948年2月，宦乡与各民主党派、人民团体、社会科学界、文化艺术界、新闻界等方面有影响的爱国民主人士65人辗转到达解放区。同年5月，宦乡加入中国共产党，开始了他的新中国外交家的生涯。

注释：

[1] 邹今托回忆《抗战时期在江西新闻界战斗二三事》，载1985年《上饶市文史资料第四辑》;《欧洲无和平》，1939年11月7日《前线日报》社论。

[2] 宦乡:《德苏战争与世界大势——对目前国际形势的研究提纲》，1941年7月6日《前线日报》专论;《论目前世界战局》,1942年5月3日《前线日报》社论。

[3]《展望一九四二年》，1942年1月1日《前线日报》社论。

[4] 宦乡:《从顿巴敦橡树到旧金山》，1945年5月22—23日《前线日报》专论。

[5]《太平洋上之战争与和平》，1943年4月9日《前线日报》社论。

[6] 宦乡:《营救冯雪峰出狱及其他》，载中共上饶地委党史办公室1991年编撰《中共上饶市委党史资料》。

（作者简介：罗芸：上饶广播电视台记者。）

深沉伟美的力量，光明磊落的人格

——论雪峰诗集《真实之歌》

徐润润　徐楠

20世纪40年代初，正是抗战进入相持阶段的艰难时期，这时的诗坛上出现了一部风格奇异的潜在写作的佳作，它就是诗人冯雪峰于1941年至1942年被囚禁于上饶集中营时秘密写下的抒情诗集《真实之歌》。这些在“灰暗的日子”里写下的诗稿，和当时的狱中难友赖少其为诗稿所作的一些插画，曾秘密送往上饶由地下党员保管，后因局势动荡散失。1943年，雪峰被营救出狱后来到重庆，将遗留下的部分诗稿整理付梓，结集为《真实之歌》出版。该诗集共由38首长短抒情诗组成，其中的17首诗后又被选编成诗集《灵山歌》，于1946年在上海出版。

一

在文学创作中，作家总是自觉或不自觉地根据自己的美学理想去进行艺术实践的。一个成熟的作家，往往把自己独特的审美意识和艺术观融会在艺术作品中，渗透在作品的全部描写里。那些在文学史上留下芳名的作品，都是闪耀着作者独特的美学思想之光的。雪峰的《真实之歌》，就是一部鲜明地体现了诗人美学思想的优秀诗作。

崇高是美学理论中的一个重要范畴。它最主要的特征就是力与美的结合。作家往往在创作中通过塑造具有崇高特征的艺术境界来表现自己的美学理想，并由此次激发起读者壮美的情感体验，从而在精神上受到洗礼，在心灵上得到净化。《真实之歌》中有不少诗作通过描写自然景象来暗喻社会斗争，从而使诗作呈现出强烈的“崇高”特征，具有一种深沉伟美的艺术感染力。

选择自然界中形体巨大的事物作为征体进行描写，从不同角度或不同层次揭示征体崇高的外部特征，层层深入地展示深邃的艺术境界，从而曲折地表达自己的审美情感，是这类诗作的共同特点。这类诗作中最有代表性的名篇是《雪的歌》。诗中那飘黏在大地、山岩、沙漠、海面、屋脊上的白雪，不但在形体上纷纷扬扬，浩浩荡荡，使人惊赞，而且还具有神奇的本领和力量：雪能改妆大地、拥抱大地、支配大地：“我使白的山头宁静，在睡眠里微笑，／树木变成开着银色的花的梦树，／平野横卧着，在白丝绒的大到无际的大被之下，说着呓语，／道路都被覆盖，然而全世界反而连在一起，／我拥着沙漠，滋润它，使它做森林的梦，／海面成为橙绿色，海水静静地流”。

《灵山歌》和《雪的歌》有相似之处，都是以形体上具有崇高美的事物作为描写对象，但二者的艺术构思不同。《雪的歌》始终是以雪的飘飞、降落、消融、冷凝的变化过程为线索进行抒情，主干鲜明，绝无旁逸斜出；而《灵山歌》在赞美灵山的形体美时，是结合灵山“相传为太平军久驻之地”[1]88的历史进行抒情的。诗人在《灵山歌》中赞美灵山不愧是一座奇异的山：“崎岖、陡峭，一连串的高峰排矗在一起，／它顶上好像巨兽的嶙峋的脊骨；／而脚下，小山围护着，又如铁铸的城郭，／前面，田野跟着河流驰跑，／后面紧贴着神秘的蔚蓝的天壁”。诗作在描写自然属性具有“雄伟挺拔之美”[1]88的灵山时，将灵山在历史上发生过的太平军艰苦卓绝的斗争历史结合在一起，从而使得诗作的崇高特征表现得尤其突出。

设置具有崇高特征的艺术画面作为背景，将人物置于这一壮阔的背景之中，采用烘云托月的手法来塑造人物形象，从而曲折地抒发自己的胸襟和怀抱。这类诗作有《背影》《落日》和《风》等。这类诗作在处理人与自然的关系时，始终是以人物为中心，而对自然美的渲染和描绘都是为人物形象塑造服务的。在《背景》中，诗人为“你”设置的背景是在“高峰”上，当“你”与松树、苍天、群山、积雪、薄霭等众美融为一体时，“你”便显现出“一个独立的雄伟的身姿”。诗中出现的景物有的形体巨大，像千年松树、如浮的群山、山巅的积雪等；有的混沌朦胧，像苍高的天、绛纱似的薄霭等。它们都具有崇高的因素。在这些景物的衬托之下，“你”的身姿显得那样雄伟。从而使诗作表现出壮美的特色；在第二段诗中，画面由静态变为外静内动，你在“静默的摄取，力和血的蓄积”，产生着“未有的形态”，并凝结为“无比的美”，在夜间有如隆起如山峦的龙。至此，“你”的形象显得十分伟美；第三段诗的画面处于急剧的动态中：在呼啸的风砂卷起的尘雾中，我看见“你”在“无边的广大”里驰骋的“历史的身姿”！由于采用了层层递进、不断强化的手法，使诗中的“你”的形象显得越来越高大，像一座历史的丰碑矗立在读者的面前，具有一种不可阻挡的气势和压倒一切的力量，使人油然而生崇敬之感。

在《落日》一诗中，诗人展示了三幅自然景色：首先是落日西沉、云霞泛游时，田野中山丘泛彩的景致；接着是灰鸟投林之际，孤松峤立、针叶放光的图景；然后是在落日的余光中，衔着破草鞋的黄狗的画面。这三幅图画有如电影中采用的远景、中景、近景相衔接的表现手法，渐次被推到读者的眼前。在这三个画面中，荒凉的旷野、峤立的孤松、孤寂的黄狗都是以不同于一般形式美的粗砺的形态出现在诗中的，它使画面由“朦胧而又明丽”，变为“乔伟、美丽、遐远”，最后显得“苍茫”，这些都属于崇高的审美特征，只是在力度上表现出逐渐加强的趋势，使人觉得有力、粗犷、雄浑。正是在这样的旷野中，这样的时候，“友人”出现了，他面对着落日，有“不可侵犯的身份”和“非凡的自信”，显得多么高大。最后，诗篇在眼前的朦胧中展示出极其具有魅力的远景：“透过那苍茫的，是怎样的傲然的脚步！”“跟那最后凝视的朦胧，是怎样的光的无边的明远！”使诗篇的崇高特征格外鲜明。

《风》写的是自然界刮风时的情景。“风”吹过山野，使小草摇舞，山陵显出妩媚；“风”吹过沙地，卷起海浪似的尘雾，使沙地生辉；“风”摇撼着高峰的孤松，教松树发出壮勇的音乐。这一切，都充满了力感和磅礴的气势。而当“风”吹着你时，“它岂但吹走了你的虚伪和娇嫩，而且吹出了你的本色，闪耀着你的真实”，由此，我们不难领悟诗作的弦外之音：原来这里的“风”，明写的是大自然的气流，暗指的是社会斗争的考验。风越猛，斗争越剧烈，你越是能扬弃自己身上假丑恶的尘灰，使真善美熠熠闪光。这首诗是借人与自然的关系来表现诗人关于只有在艰苦的斗争环境中志士才能玉成的思想主题的。

和以上诗作处理方式稍显不同的是《燕子们》《火炬》和《火》。在这些诗中，背景对中心物象不是和谐地起映衬作用，尽管这些物象也是在诗人设置的抒情框架中活动的。环境和中心物象的关系是矛盾的，环境是在与中心物象产生严重冲突的过程中对它起反衬作用的。这三首诗的背景都是暴风雨来临前喧嚣的自然界或黝黑的夜空，显得十分险恶，带有可怕的因素。在这种背景中活动的物象，像燕子、火炬、火等，其本身的在形体上虽然算不上很大，但它们都是属于力量型的。像燕子要冲向、抵御、驾驭暴风雨；火炬和火要烧塌暗夜。因此，环境越恶劣可怕，中心物象越英勇顽强，它们之间的矛盾冲突越是尖锐激烈，诗作便越能强烈地表现出崇高的特性。

一些选用生动的意象来表现诗人探究友谊、爱、孤独等抽象概念的深刻内涵，作深邃的哲理思考的诗篇，同样也体现出了崇高的特色。在《分离歌》中，诗人为了表现自己豁达开朗的友谊观，选用了飞鸟在蓝天中飞来飞去、彩云在天空中聚散奔飞、海波的扑拢汇来和奔腾推开，星光的散落天际和璀璨耀眼等意象，来表现在动荡的岁月里志士的聚散离合是常见不鲜的道理。在这四种意象中，风云奔驰、惊涛汹涌，显得劲健有力；飞鸟如箭、星光明灭，更具雄浑色彩。

在《爱，一个接界？》中，诗人以大陆和海波的关系来表现自己对“爱”的真谛的理解。“爱可就是这么一个接界”——是海波对大陆的一个冲击和吸引，又是大陆对海波的沉潜的拥抱。它不是静止的馈赠品，而是施、受者双方的情感在矛盾和冲击中的交流和融汇。诗中所选用的意象：海波和大陆是具有崇高特色的。那“永远在滚着”，“奔腾着又顿挫着，呜咽又咆哮”的海波是狂放不羁的，它“永远在聚涌着、崩散着”，“击退着，而又冲击着”，显得气势雄伟。同样，大陆的踊跃的山峦和开阔的旷野更显得气势雄壮和威武静穆。不仅如此，诗篇最后一段在表现自己因海和陆的交界所悟得的生活奥秘，并审视过去和展望未来而产生的喜悦心情时，选用的意象“夕阳照射着孤耸的岩头，对着金色的森林”“飞鸟带着阳光和晴空的欢喜，消失到天和地的接界”，更使诗篇的崇高特征进一步得到强化。

在《孤独》一诗中，为了表现自己在狱中的孤独感受，诗篇采用了一系列的比喻：嘴唇滚烫、胸房灼热的嫉妒的烈性女人；心如火炙、嫉妒着世界的“我”，以及被一座森林盖着的一个独栖的豹等。或粗犷、或不平衡、或不和谐，都具有崇高因素，而这些意象表现的主题又恰是人的孤独感，更使诗篇的崇高特征得到凸显。

从以上诗作可以看到，诗人是很重视在诗中对自然美进行描绘的。那喧嚣的海浪、静穆的旷野、飞翔的禽鸟、茂密的森林，仿佛将读者引入大自然的怀抱之中。将这些诗作和晋宋间的山水诗比较可以看到，它们虽然都以自然景物作为抒情、描写的对象，但二者的旨趣是明显不同的。谢灵运的“明月照积雪”在勾描山水景物时渲染的是清新淡泊的氛围，表现的是自己闲雅悠然的心境，厌于人事纷争、追求无为静寂的志向，以及对人生短暂的感喟和对大自然永恒的向往。而雪峰在诗中之所以选取大自然中的苍天、高山、旷野、大海等物象作为诗料，目的是为了构设壮美的艺术画面，造设具有崇高特征的艺术境界，从而表现主题、抒发情感、阐明哲理。可见，诗人的真趣不在乎山水之间，而是借描写山水自然景物来表达自己对生活的艺术感受。诗中的山水草木也绝不是纯客观的，它们身上寄寓了诗人的深情厚意，诗中那不屈的山、洁白的雪，不正是诗人高尚的道德、顽强的意志、纯洁的人格的象征吗?

运用象征手法表现人民的苦难以及志士仁人为消除这种苦难而进行的斗争，展示斗争的艰苦卓绝、严酷险恶，揭示真、善、美必然胜利的历史趋势，歌颂志士仁人的不朽功绩和献身精神，这类诗篇的崇高特征表现得最为典型。

在《荒村》中，站在黄尘飞舞、没有色彩的荒野中心的小女孩，虽然她还是“一个小小的人儿，／然而已经饱尝浩大的辛苦！”“疲乏已使她迟钝，血腥使她单纯。”这些本应在阳光下开放的生命蓓蕾，尚未开放就行将枯萎。妇女、儿童遭受的苦难是如此的深重，不正反映了我们民族的遭遇有多么不幸吗！正是在这样“浑身血迹和光烂的年代”中（《夜望》）在这种夜色浓重得连“永远直立，永远孤贞”的屹崛的宝塔也为之悚然震动的日子里（《夜》），无数志士仁人为抗日救国，寻找真理，驱除黑暗，正在进行不懈的斗争。这种斗争是非常艰难困苦的，甚至是要付出牺牲才有可能取得胜利的。而诗篇中那些普罗米修士式的英雄，“那些幽锁在阴黑的魔窟里的灵魂”（《火炬》），那些“好梦的人那不怕在冰天雪地里赤足披发的人，那像饿兽找食似的愤怒着探索着的人，那虽囚居在暗室里，而他的智慧的勇敢的光仍然探照世界的人”(《雪的歌》)，不正是狱中受难者的象征吗？他们囚居在暗室、幽锁于魔窟，像饿兽般愤怒，在冰天雪地里赤足披发，不正是他们恶劣处境的艺术写照吗？黑暗势力是狂暴的，像排山般横走着的波涛，简直是一道道“庞大的坚固的墙”(《朋友，看那前面》)，志士仁人稍有不慎就有可能招致灭顶之灾。面对这样凶狠强悍的敌手，他们从未显示出怯懦；环境如此险恶，他们从未表现得悲观。它们是火，黑夜要吞没他们，然而火“偏要投出到黑夜去”燃烧；他们是燕子，当乌云翻滚，阴风骤起时，他们却冲向高空，向暴风雨挑战；他们是光明，当他们与黑暗搏斗时，黑暗总是落荒而逃，留下“荒土和血海作为他的偿还；/光明的胜利/　又怎能不因荒土和血海的获得而鼓舞？”(《搏斗》)。可见，狱中斗争是非常激烈的、严酷的，每一次斗争的胜利的取得都不是轻而易举的，而诗集中的每一篇作品都是这些斗争的艺术概括。

二

在诗集《真实之歌》中，塑造了一批引人注目的悲剧形象。这些不同类型的悲剧形象具有非常丰富的美学内涵，表现出深沉伟美的审美风格。

1. 敢于挑战暴君的悲剧英雄。《普洛米修士片断》就是一首借歌颂悲剧英雄来赞美抗日志士的短诗。普洛米修士是古希腊神话中一个偷盗火种给人类的天神，宙斯要对他施以最严厉的惩罚，将他绑在高加索悬崖上，让鹰鹫每天啄食他的肝脏。普罗米修士一直忍受着痛苦和折磨，决不屈服。几千年来，普洛米修士作为一个不畏强暴、勇于牺牲的叛逆者的形象一直受到人们的敬仰。诗篇以直抒胸臆的手法赞美普洛米修士忍耐、不屈的精神，勇敢、顽强的“天性”，和对暴君宙斯野蛮行径的愤怒，并以辛辣的口吻嘲讽、诅咒了这个象征着权力和暴虐的“神像”，表达了对旧世界主宰者的“恶德和卑怯”的鄙薄。诗中揭示了普洛米修士之所以这样做的原因在于：“这一切都是为了爱”。所以他才能面对暴怒的宙斯的“恶德”显得如此“镇定”。诗人通过歌颂古希腊神话中的悲剧英雄来赞美舍生取义的无私忘我精神，内中也寄寓了自己为了民族大业不惜牺牲一切的高尚情操。是的，对于坚持信仰、追求真理人来说，又有什么东西能吓倒他们呢？“雷电啊，你这天上的火和力的使者，你能奈他什么呢了？”即使是抛头颅、洒热血，抗日志士也是含着微笑赴刑场，为自己的献身感到骄傲的。正像《雷击死者》中所歌唱的主人公一样，那怕在“一秒钟的千分之一的时间 ／将生命投给了无限”，“他的毁灭，迅速于／一个星球的残落万万倍”，然而，他没有任何遗憾、痛苦和悔恨，因为他感到“一秒钟的千分之一时间的一个战栗，／将世界所要到达的尖峰，／全占领了，／多么高度的愉快的闪击呵！”诗中所表现的那种潇洒豁达的生死观，实际上是对那些不惮于为国捐躯的抗日志士的歌颂和赞美，对普罗米修斯式的悲剧英雄的致敬。

2. 为追求理想而倒毙的牺牲者。在《米色的鹿》中，有一位为追求光明、前途、春天，而在寒冬倒毙在荒野雪地的牺牲者。他年轻的尸体扑倒在野地上，“他僵硬了的两手，还做着快跑的姿势，／他露出的半边脸，还浮着不能收住的青春的微笑”，而冬日早晨的阳光正照射着他。这是一个至死还在追逐着理想的“圣者”，是一个殉难的前驱。诗人不但描绘了牺牲者含笑死去的安然神态，而且特地设置了一个净洁的境地来映衬死者的崇高，寄托自己的哀思，这不正是诗人对当时为了追求民族解放胜利而英勇牺牲的烈士们所表达的崇敬之意吗，这不也是对那些正在遭受虐杀、酷刑、苦役、饥饿、疾病和种种精神摧残的志士仁人们所给予的巨大的精神鼓励吗？

3. 无法战胜自我的雕塑家。在《雕像》一诗中，诗人通过“一个天才的青年雕塑家之死”，塑造了一个因无法拯救自己灵魂而倒下的艺术家的悲剧形象。诗作首节写的是一个在思想搏击中无法把控自己的艺术家的内心独白：“爱征服艺术，／然而我不能征服爱！”以及抒情主体见此情景的感受。诗作的第二节，通过抒情主体之口，为“天才的艺术家”由于“灵魂的矛盾”而“不能完竣一件天才的艺术品”发出深沉的感慨。这位天才的艺术家具有悲剧人物应有的正面素质：“清癯的脸”“直竖的头发”“锐利而梦幻的眼”“平和而决定的表情”；然而，他又是一个复杂的矛盾体：“年轻，却颤抖的手”，“活跃而哀愁的身影”，“黏贴着深忧的天色，／和浓浑的大地的背影”。他身上所带有的这些内外消极因素深深地制约了他，使他的艺术创作最终半途而废。第三节诗由之前对艺术作品夭折的议论发展为对艺术家本人艺术生命夭折的议论。抒情主人公觉得青年艺术家那一尊未完成的自雕像像沉甸甸的重石在压着自己的心头。早夭的重石不能成为完美的艺术品——青年艺术家的自雕像，是因为“缺少最后的一刀”；而天才的艺术家因为无力抛弃“历史的重荷，大地的阴气”，最终“不能战胜我自己”而无法为自雕像加上这一刀。他处在矛盾、彷徨、犹豫之中。“前景的明朗”，“世界的智慧”曾使他“狂跃而心驰”；然而，因为爱，他又“示软”，导致自我分裂。最后的结果是艺术家的作品夭折了，艺术家本人的艺术生命也夭折了。诗作对青年艺术家的悲剧命运表示了深深的惋惜。为了完成这个艺术品，抒情主人公决定愉快地“挥我们的刀”，“爽朗地按下去”，让他“马上成为智慧的浮雕”。诗作用这样的结尾含蓄地告诉读者，抒情主人公正是通过挥舞手中的刀来剖析青年艺术家的性格弱点和思想盲区，从而为天才的青年艺术家的自雕像同时也是为青年艺术家本人塑造理想化的、完美的艺术形象的。

4. 咏物言志型的悲剧形象。代表作为《灵山歌》。《灵山歌》一诗是因怀念这座山曾发生过的历史悲剧而作的。正像诗人在该诗注解中所说的：“灵山是有名的山，和我病室遥遥相对，其雄伟挺拔之美，令人神往。相传为太平军久驻之地而其残部亦在这里最后被歼。”[1]88 诗作借歌唱灵山的悲剧审美特征，表达了他对先辈的崇敬和哀悼。歌颂了先辈不屈的牺牲精神。诗作开篇描写了灵山奇异壮美的外景，接着借狱中难友之口，介绍了灵山当年的光辉历史：灵山“一个伟大的战场！……／伟大的先驱者，曾聚集了大军，／扯起大义的血旗”。不幸的是，太平军后来遭受了挫折，“就在这山，最后的转战，最后的败退，／最后的不屈！”“就在这里，他们流尽了血，这山，不幸而成为一个伟大的圣迹，一切继起者的灵地！”面对朝夕举首以望的灵山，诗人从它的辉煌历史中得到深刻的感悟：“从这山，我懂得了历史的悲剧的不可免，从这山，我懂得了我们为什么奔赴那悲剧而毫无惧色，而永不退屈！”正是从灵山的历史悲剧中，诗人吸取了力量，受到了鼓舞，增强了信心。最后，诗人赞美灵山是“一座不屈的山！／我们这代人的姿影。一个悲哀和一个圣迹，／然而一个号召，一个标记！”

5. 象征、隐喻型的悲剧艺术形象。《雪的歌》是此类诗作艺术成就最高的篇什之一。这首自叙诗式的咏物诗，构思非常新奇。诗人将雪拟人化，使雪有情感、有思维；又把人事物化，以“我”为雪，以抒情主人公的身份叙述、抒情。诗作叙述了雪短暂可贵的一生，歌颂了雪这个融汇了自己生平经历和理想的悲剧艺术形象。

洁白的雪花“从暗黑的天空，飘落到暗黑的地上”。勇敢无畏的雪，同自己的敌人——白的对立面——黑暗宣战，“弥天的暗黑被我所扰乱”；雪“以飘逸而奔放的旋午的姿态”，以君临一切的气势，按照美的法则来塑造人世，联结万物，洗刷尘垢，“改妆着大地”；雪“用自己的乳汁哺育万物，并引导“那不怕在冰天雪地赤足披发的人，那像饿兽找食似的愤怒着，探索着的人，那虽囚居在暗室里而他的智慧的勇敢的光仍能探照世界的人”，“ 到达到他们的幽境”；雪为改造世界、造福人类而竭尽全力。然而，雪的命运又是具有悲剧性的。当春天来到的时候，它最终要融化为水蒸气升腾到高空，又凝结为冰雪覆盖着高山之巅。但雪的高尚更在于她的不怕牺牲，即使在阳光的照射下要消融了时，她也要用生命的最后力量，让“ 春天在我身上转侧，从我的怀中跳起”。就像涅槃的凤凰在烈火中得到新生一样，雪在“ 大地上响着一片令人消融的幽妙的音乐”声中，“成为翠霭的蒸气”，“从大地升起”，飘向高空，最后，在山巅结晶，留下残骸。“人们敬仰着我，将我看作最高洁的表象。”这位伟大的牺牲者是多么的圣洁。我们把诗中歌颂的“以晶亮纯青的光，俯视着浓绿的大地”的高山积雪，以及在《背影》一诗中赞美的“登上了那高峰”，并与“冬天山巅的美洁的白雪”“ 春晨绛纱似的薄雾”“成为一体”的“融合在众美中的一个独立的雄伟的身姿”，同诗人自己取名“雪峰”的寓意联系起来看，内中的情趣不是十分耐人寻味吗?

6. 梦境中的悲剧形象。在写梦境和醒后情绪、感受的《醒后》一诗中的“我”，也是一个经历了劫难然而不屈不挠的斗士。诗中的抒情主人公“梦见高山崩倒，我压毙在里边，但又挖洞穿出”。这是一个多么令人悚然的噩梦，但“我”连山崩地裂也不怕，压毙了又再生，简直有百难不死的神力，并且还有遁地穿洞的本领，居然安然无恙。我们知道，梦是人们在睡觉时潜意识活动的产物，梦中显现的情景往往是神奇的、怪诞的、非理性的。但梦幻的产生又并不是毫无根据的，而往往与人的显意识思维活动的内容有千丝万缕的联系。正所谓日有所思，夜有所梦。梦境可以说是人的思想、情感等心理活动的一种变异的、特殊的表现形态。这首诗中描写的怪诞梦境，不止是家征了志士仁人虽身陷囹圄仍不屈服于白色恐怖的坚贞吗？“我”又是一个情操高尚、志趣脱俗的人。当我跑出山洞，看见一个在崩山的重压下竟无事似地躺着的人，以及一个茫然地站在山那边“回头凝视着”的人，不禁露出鄙弃的神色。对这两个分别象征着懦夫、旁观者的形象表示的蔑视，也从反面衬托了“我”的勇敢与坚毅。

7. 命运悲惨的妇女形象。在《霞光》这首题画诗中，抒情主人公关注的是该画的主体——一位迭遭劫难、面色憔悴的女人。“她是失去一切，甚至连她乳头上的孩子；／而剥夺，苦难，战争，灾害，／ 就使她经历着温顺，愤怒，……／然后达到绝望，痴呆！”她简直是我们灾难深重的祖国的象征。这个女人“坐在荒野的尽头”，“望着那天边的血红的云霞，／ 那由烟火结成的血块，／ 那在黑夜里照耀着的凄厉的光！”由于遭到彻底的剥夺和深重的精神磨难，她已麻木无言。然而，她心头希望的火种并没有熄灭，她的脸上竟然发出“一道圣洁的，希望的宏阔的返光”！多么顽强的生命力，多么倔强的灵魂，这不正是我们不屈、忍耐、坚韧的民族精神的象征吗？尽管抒情主人公为这位悲剧妇女脸上闪现的希望之光感到喜悦，但随之而来的是心情的突然下沉。抒情主人公的心理活动为什么会产生这样急剧的变化？为什么他不赞同画家这样的艺术处理呢？诗的结尾给出了含蓄而又肯定的回答：“我们是这样地懂得‘绝望’，／而‘希望’的来路是这样的阴湿！”诗人对画中迭遭劫难的女人的命运是怀有深刻的怜悯和同情心的，当他看到悲惨的女人脸上呈现出希望之光时，当然会为之一振；但是，现实的残酷、险恶，又让抒情主人公这个现实主义者清醒地意识到，这样的处理方式未免有些过于乐观，过于理想化，他怀疑这是悲剧妇女真实处境和命运的艺术写照，所以才“隐去我真实的同意”。诗作对所题之画的议论，表现了一个清醒的现实主义诗人深刻、真诚的悲剧艺术观。

艰苦的狱中生活，是诗人在作品中塑造悲剧形象的肥沃的生活土壤。当时，近千名抗日志士不是驰骋在抗日救国的战场，而是深囚于狱中；许多中华民族的优秀儿女不是为挽救民族危亡而献身，却是倒在内战的枪口下，这是一场历史悲剧。当诗人本身处于这样一个悲剧性的社会现实之中，无数难友的斗争实践和自己的坎坷经历便为他通过创造悲剧性的审美对象来表达自己的美学理想，激励自己，鼓舞同志，提供了极好的机会和条件。诗人笔下的这些悲剧形象，真实地表现了在特定条件下，人民群众、志士仁人在与黑暗势力激烈对抗、艰苦战斗过程中，不幸受到挫折、磨难，甚至壮烈牺牲的遭遇。但他们表现出来的那种英勇献身的精神、百折不回的勇气，却使人感奋、震惊，并起到激发人们的斗志、净化人的心灵的作用。

三

《真实之歌》之所以具有强大的艺术生命力，除了得力于美学思想的深刻性，还和内容的真实性息息相关。这一特点，从诗集题名《真实之歌》也可以得到证实。充溢在诗作中那种强烈的现实主义精神，有力地增强了诗篇那种深沉伟美的力量。诗人在诗作中毫无遮掩地抒发了自己的真实感情：虽然也有过郁积的苦闷、愤懑，但更多的是对生活的执着信念和希望；虽然曾有过迷茫、惶惑，但可贵的是迷茫后的清醒与更坚定的意志。它无须讳言和巧饰，也不是空洞的大话，而是发自心灵的呼喊和自白，是诗人情感之泉的自然流泻。读者不但可以从中了解诗人在艰苦岁月中所经受的苦难，更可以学习他那崇高的品格、坚贞的气节和严于解剖自我的精神。

诗人在诗集的《序言》中写道："这卷零散的抒情诗"，是"我在最灰暗日子中的破裂的心境之产物"。诗人"住在和人们隔离的荒凉山野中的病院里"（指被捕关押在狱中），"远隔朋友和亲人"，"心境早就变成非常之坏"。[1]48 为了使自己能平静下来，诗人努力地和这种紊乱破碎的情绪作斗争。这些诗作，就是诗人书写自己在狱中心绪变化历程的艺术结晶。

首先，诗人在诗作中表现了自己"对于生命的渴求"的迫切愿望。当鸟儿的喧噪带来天边的晓色，幽囚在暗室中的诗人通过"透暗的窗口"，热切地迎接第一线曙光。他看到"一切都因黎明而变化，而着色"，"一切都凝聚在一个颜色里，／一切都因一个真实而分明"，"一切都分有太阳的先驱者的面貌，／都显出智慧的美的面影！"这时，浮想联翩的诗人眼前产生了幻影，他好像寻找到"幼年的游玩的所在"，甚至还看见"幼年的永生的朋友"，"那永生的／碧玉的面影"。诗人因沉浸在想象当中而沉默，因沉默的回想而"真

实地喜悦”(《荒野的曙色》)

然而，这种喜悦的感觉是短暂的，这种幻觉也是贫乏可怜的。在狱中，诗人更多的是“感到生命的荒凉和现实的悲哀”。在《醒后》一诗中，抒情主人公刚从噩梦中醒来，虽然梦中那“深黑的遮布已经退远”，然而，他并没有感到轻松，因为一座“浓绿的墙又这样闷重地压着我”。诗人的心头时时沉甸甸的，“如有一块生铁，／压住灵魂”。此时，偏偏生命中最美的观念和姿影飞来偷袭我的灵魂。“哦哦，我实在疼痛”，“我几乎要哭出来！”诗人的心灵经常经受这样的刺激和煎熬，他热切地渴望着，能有一只春燕“从我这里飞去，／它在人们头上飞翔，又轻快，又怡悦”。(《午睡醒后》)

在《夜》一诗中，诗人展示了自己在浓重的夜色降临时，如何抚慰紊乱不安的心绪的过程。当沉重的夜色掷落到山峰，大地仿佛感觉到它的分量，连“屹崛的尖塔”也为之悚然一震。阴暗的牢房本来就黑森森的，再加上在这令人窒息的深暗夜色，抒情主人公的心境变得非常忧郁烦躁，简直想用“愤怒的手”，“抓来什么，紧紧握上，／向空中掷去”。但是，当诗人望到北天那晶莹的星斗时，这种躁动不安的情绪瞬时平息下来了，“我立即收回手，重新站直”，并且“我的心也澄净、明清。”那晶莹、澄清、明澈的“北天的星”为什么具有如此神奇的妙用，能使诗人顿时平息心境，心地澄明如镜呢？对一个在国统区“暗夜”之中被囚居的诗人来说，“北天的星”象征的不正是当时远在西北的延安和党中央吗？对于参加过二万五千里长征的仅有的五位作家之一的诗人来说，他不正是因此而觉得自己获得了巨大的精神力量，再也不会感到孤独和烦躁了吗？

当然，在精神上给它以力量和支持的还有他的“朋友”。他们是诗人在狱中互相扶携、患难与共的手足，正像《凝视》中写的那样:“好像大风刮过保育的大野，／是你对着我阿；／好像农夫弯着腰，扶起被风吹倒的作物，／是我对着你啊。／／那么，你么并没有离开我，／你们都并没有离开我！”在狱中，朋友的爱，就是鼓舞自己战胜孤独与烦闷的强大的精神力量。在他看来，朋友之间的爱，就像奔腾着的海波，对大陆的“一个攻击”；也是大陆对大海的“一个沉潜的拥抱”。就像夕阳照射着孤耸的岩头那样“永恒的静穆”；就像飞鸟飞到天地接界处一般“永远的活泼”。而无比珍贵的朋友之间的爱，“就是我们用眼前的喜悦／击沉了永远的悲哀”的武器。

尽管在狱中随时都有牺牲的可能性，但诗人并没有认为真理已经是过时的时髦品，诗人仍然执着地在黑暗中寻觅真理的光辉，经过“长期的失败，无底的！／无救的缺乏！”终于寻找到了“一个美的思想”。这是“一个惟一的会遇！／一个爱的互击！”抒情主人公大胆去“拥抱美的思想”，“沉浸在草绿色的愉悦里”（《一个美的思想》）。而当真理之光一旦照亮自己心灵角隅的时候，无异于“一个真实的爆炸，一个沉重的着落！／一团思想的迸发！”于是“多少思想的虚伪的烟，在那儿飘飞，迷荡！”（《一个思想，一个寻觅》）作为一个敢于直面生活、敢于正视现实的猛士，诗人是不会回避认识自己、解剖自己。“当我袭击着空虚，／当我深入黑暗的阵地，我碰见了我自己！／我于是俘获了我自己！／我于是根据自己心头的疼痛，／计算着我对空虚的掷击有多重！”（《奇迹》）诗人正是从自身思想斗争的痛苦体验来判断世界观改造的深浅程度的。诗人不惮于否定自己、改造自己，不断深入灵魂深处进行反省，努力锤炼自己头脑中的思想渣滓。在与黑暗势力搏斗时，时刻也不忘拂去心头的暗影。在改造客观世界的同时，也抓紧主观世界的改造。诗人在改造自己的主观世界时，其思想斗争的激烈程度绝不亚于改造客观世界的斗争。在《雕像》一诗中，诗人明确地表示：为了使自己能“成为智慧的浮雕”，他是不惮“在微光里，随着浓浑的暗影”，愉快地给自己的自雕像加上“残酷的、血淋淋的一刀”的，这种如松柏一样高洁的情操是非常令人钦佩的。

“哦，我所要把抓的，是怎样真实的世界！／而我果然将他抓住了。／这就是你，朋友，／这就是真实，／这就是美！”（《在山那边》）在诗人的美学理想中，美与真是不可分的，失去了真，也无所谓美。因此，在袒露自己的情感时，这些披肝沥胆的肺腑之言，便给人一种真诚质朴的美感。

注释：

[1] 冯雪峰：《雪峰文集》，北京：人民文学出版社1981年5月版。

（作者简介：徐润润，上饶师范学院文学与新闻传媒学院教授；徐楠，金华市广播电视大学讲师，文学硕士。）

【文学史料】

历代文献记载的陆羽

编者按：

唐代的陆羽是中国茶文化历史上第一人，称“茶圣”。他曾在信州侨寓三年，在城北茶山寺种茶、品茶、改定《茶经》，是信州文学的开拓者。他把饮茶活动推向全民，随之而有了茶道，为中华传统文化增加了新的内容。

陆羽是个弃儿，不知所生。唐玄宗开元二十一年（733），在复州竟陵（今湖北天门县），一个新生不久的婴儿被抛弃在竟陵龙盖寺西郊一座小桥。这个弃儿有幸被龙盖寺住持僧智积禅师拾得，并将其收养。

身处佛门，陆羽接受的自然是佛学教育。但陆羽并不愿皈依佛门，耻从削发。智积禅师坚持要教他佛教出世之业，而陆羽却希望学习孔圣之文。禅师耐心劝说，且坚“执释典不屈”，而陆羽也“执儒典不屈”。这使禅师很生气，让他“历试贱务。扫寺地，洁僧厕，践泥污墙，负瓦施屋，牧牛一百二十蹄”。陆羽并不因此气馁屈服。寺中无纸学字，他便以竹划牛背为字。他日，问字于学者，得张衡《南都赋》，他虽不能尽识其字，却危坐展卷，若成诵状。积公知道后，又把他禁闭寺中，令芟剪草莽，还派年长者管束。陆羽叹曰：“岁月往矣，奈何不知书！”呜咽不自胜。眨眼三年，陆羽12岁，觉得寺中日月难度，趁便逃出了龙盖寺，到一个戏班子里学演戏，做了优伶。后来还编写了三卷笑话书《谑谈》。天宝五年（746），河南尹李齐物贬竟陵太守，见陆羽，心异之，捉手拊背，亲授诗集。

他14岁离开了伶党，负书于火门山邹夫子别墅，开始较集中地阅读儒家经典。天宝十一年（752），礼部郎中崔国辅贬竟陵司马，陆与之游处三年。天宝十四年（755），身兼范阳、平卢、河东三节度使的安禄山在范阳起兵。天宝十五年占领了长安、洛阳，进入安史之乱的最高峰。至德元年（756），因避安史之乱，陆羽渡江南下，辗转至越中。上元元年（760），隐居于浙江吴兴苕溪之旁，闭关读书，不杂非类。与名僧释皎然为缁素忘年之交，谈谦永日，自称桑苧翁。他在这里受到湖州刺史颜真卿的推重，品茶论诗，相得甚欢。颜真卿为陆羽在吴兴杼山建三癸亭，后又把他推荐给朝廷，皇上下诏拜陆羽为太子文学。

他一生著书甚多，他自撰的《陆文学自传》记载了自己所著的书目："自禄山乱中原，为《四悲诗》，刘展窥江淮，作《天子未明赋》，皆见感激当时，行哭涕泗。著《君臣契》三卷、《源解》三十卷、《江表四姓谱》八卷、《南北人物志》十卷、《吴兴历官记》三卷、《湖州刺史记》一卷、《茶经》三卷、《占梦》上中下三卷，并贮于褐布囊。"此外，陆羽还曾撰《湖州图经》，他还参与编修颜真卿主编之《韵海镜源》。《新唐书·艺文志》三记录了陆羽所著《茶经》三卷、《警年》十卷。《宋史·艺文志》还载陆羽有《穷神记》《顾渚山记》《抒山记》《吴兴志》等多种。这次广泛搜寻陆羽史料，还发现新的史料，见于《咸淳临安志》和《无锡县志》。其中就有他的佚诗和佚文。

陆羽在唐代已属名人，唐权德舆称他"以词艺卓异为当时闻人"，他不仅写过《四悲诗》《天子未明赋》《吴兴历官记》《湖州刺史记》等文学著作，而且一生交游极广，与他同时代的文化名人颜真卿、权德舆、孟郊、潘述、戴叔伦、皇甫冉、皇甫曾、刘长卿、李季兰、崔辅国、道士吴筠、僧皎然等都与之交往甚密，多有诗歌唱和。且皇上也知其名，欲征为太子文学。由此可知，陆羽应当不只是茶学专家，还应当是个诗人、文学家。可惜的是，除《茶经》以外，他所有其他文史类书籍都散失莫存。

为了推进陆羽研究，我们从《四库全书》中搜寻了较多的史料，其中还有稀见之史料，供有志于陆羽研究者选用。（吴长庚）

陸文学自傳（载《文苑英華》）

陸子名羽，字鴻漸，不知何許人也。或云字羽名鴻漸，未知孰是。有仲宣、孟陽之貌陋，相如、子雲之口吃，而為人才辯篤信，為性褊躁多自用意。朋友規諫，豁然不惑。凡與人宴處，意有所適，不言而去。人或疑之，謂生多瞋。及與人為信，縱氷雪千里，虎狼當道，而不諐也。

上元初，結廬于苕溪之湄，閉關讀書，不雜非類。名僧高士，談宴永日。常扁舟往來山寺，隨身惟紗巾、藤鞵、短褐、犢鼻。往往獨行野中，誦佛經，吟古詩，杖擊林木，手弄流水，夷猶徘徊，自曙達旦。至日黒興盡，號泣而歸。故楚人相謂，陸子蓋今之接輿也。

始三歲，惸露，育乎竟陵太師積公之禪院。九歲學屬文。積公示以佛書出世之業，子答曰："終鮮兄弟，無復後嗣。染衣削髮，號為释氏，使儒者聞之，得稱為孝乎？羽將授孔聖之文。"公曰："善哉！子為孝，殊不知西方染削之道，其名大矣。"公執釋典不屈，子執儒典不屈。公因矯憐撫愛，歷試賤務。掃寺地，潔僧廁，踐泥污牆，負瓦施屋，牧牛一百二十蹄。竟陵西湖，無紙學書，以竹畫牛背為字。他日於學者，得張衡《南都賦》，不識其字。但於牧所倣青衿小兒，危坐展卷，口動而已。公知（一作擇，一作載）之，恐漸漬外典，去道日曠。又束於寺中，令芟剪卉莽，以門人之伯主焉。或時心記文字，懵然若有所遺，灰心木立，過日不作。主者以為慵惰，鞭之。因歎雲：恐歲月往矣，不知其書，嗚咽不自勝。主者以為蓄怒，又鞭其背，折其楚乃釋。因倦所役，捨主者而去。卷衣詣伶黨，著《謔談》三篇。以身為伶正，弄木人、假吏、藏珠之戲，公追之曰：念爾道喪，惜哉！吾本師有言，我弟子十二時中，許一時外學，令降伏外道也。以吾門人衆多，令從爾所欲，可捐樂工書。

天寶中，郢人酺於滄浪道，邑吏召子為伶正之師。時河南尹李公齊物黜守，見異。提手撫背，親授詩集。於是漢沔之俗亦異焉。後負書於火門山鄒夫子別墅。屬禮部郎中崔公國輔出竟陵，因與之遊處。凡三年，贈白驢烏幇一頭，文槐書函一枚，雲：白驢烏幇襄陽太守李憕見遺，文槐函故盧黃門侍郎所與，此物皆己之所惜也，宜野人乘蓄，故特以相贈。

洎至德初。泰人過江，子亦過江。與吳興釋皎然為緇素忘年之交。少好屬文，多所諷諭。見人為善，若己有之；見人不善，若己羞之；忠言逆耳，無所迴避。繇是俗人多忌之。

自祿山亂中原，為《四悲詩》，劉展窺江淮，作《天之未明賦》，皆見感激當時，行哭涕泗。著《君臣契》三卷，《源解》三十卷，《江表四姓譜》八卷，

《南北人物志》十卷,《吳興歷官記》三卷,《湖州刺史記》一卷,《茶經》三卷,《占夢》上中下三卷，並貯於褐布囊。

上元辛丑歲，子陽秋二十有九日。

集部，總集類，文苑英華，卷七百九十三

陸文學自傳（載《文章辨體彙選》）

陸子名羽，字鴻漸，不知何許人。有仲宣、孟陽之貌陋，相如、子雲之口吃，而為人才辯，篤信褊操，多自用意，朋友規諫，豁然不惑。凡與人宴處，意有所適，不言而去。人或疑之，謂生為真，及與人為信，雖氷雪千里，虎狼當道，而必行也。上元初，結廬於苕溪之濵，閉關對書，不雜非類。名僧高士，談宴永日。常扁舟往山寺，隨身惟紗巾藤鞋短褐犢鼻，往往獨行野中，誦佛經吟古詩，杖擊林木，手弄流水，夷猶徘徊，自曙達暮至日黒，興盡，號泣而歸。故楚人相謂，陸子蓋今之接輿也。始其家愺露，育乎竟陵大師積公之禪院。自幼學屬文，積公示以佛書出世之業，子答曰:“終鮮兄弟，無復後嗣。染衣削髪，號為釋氏。使儒者聞之，得稱為孝乎？自將援孔聖之文可乎？”公曰:“善哉！子為孝，殊不知西方之道其名大矣。”公執釋典不屈，子執儒典不屈。公用矯憐，無變。歷試賤務，掃寺地，潔僧厠，踐泥汚墻，具瓦施屋，牧牛一百二十蹄。竟陵西湖無紙，學書以竹畫牛背為字。他日问字於學者，得張衡《南都賦》，不識其字，但於牧所，倣青衿小兒危坐展卷，口動而已。公知之，恐漸漬外典，去道日曠，又求於寺中，令其剪榛莽，以門入之然。或時心記文字，懵焉若有所遺。灰心木立，過日不作，主者以為慵惰，鞭之。因歎，歲月往矣，恐不知其書，嗚呼不自勝。主者以為蓄怒，又鞭其背，折其楚，乃釋。困倦所投，舍主者而去。卷衣詣伶當者，謔談三氏，以身為伶正，弄木人假吏藏珠之戲。公追之曰:“念爾道喪，惜哉！吾本師有言，我弟子十二時中，許一時外學，令降伏外道也。以我門人衆多，今從爾所欲，可緝學工書。”天寳中，郢人酺於滄浪道，邑吏召子為伶正之師。時河南尹李公齊物出守，見異，捉手拊背，親授詩集。於是漢沔之俗亦異焉。後負書於火門山鄒夫子墅，屬禮部郎中崔公國輔出守竟陵，因與之遊處，凡三年，贈白驢烏幇一頭，文槐書函一枚，雲白驢烏幇。襄陽太守李憕見遺文槐函，故盧黃門侍郎所與，此物皆已之所惜也，宜野人乘蓄，故特以相贈。洎至德初，秦人過江，子亦過江，與吳興釋皎然為緇素忘年之交。少好學文，多所諷諭。見人為善，若己有之。見人不善，若己羞之。苦言逆耳，無所迴避，由是俗人多之。自祿山亂中原，為《四悲詩》，劉展窺江淮，作《天之未明賦》，皆見感激當時，行哭涕泗。著《君臣契》三卷，《源解》三十卷，《吳興歷官記》三卷，《湖州刺史記》一卷《茶經》三卷《占夢》上中下三卷，並貯於褐布囊。上元辛丑歲子陽秋二十有九日。

《四库全書》集部，總集類，文章辨體彙選，卷五百四十二

陸羽传

陸羽，字鴻漸，一名疾，字季疵，復州竟陵人。不知所生，或言有僧得諸水濵，畜之。既長，以《易》自筮，得《蹇》之《漸》，曰：“鴻漸於陸，其羽可用為儀。”乃以陸為氏，名而字之。

幼時，其師教以旁行書，答曰：“終鮮兄弟，而絕後嗣，得為孝乎？”師怒，使執糞除圬塓以苦之，又使牧牛三十。羽潛以竹畫牛背為字，得張衡《南都賦》，不能讀，危坐効羣兒囁嚅若成誦狀。師拘之，令薙草莽。當其記文字，懵懵若有遺，過日不作。主者鞭苦，因歎曰：“歲月往矣，奈何不知書？”嗚咽不自勝，因亡去，匿為優人，作詼諧数千言。

天寶中，州人酺，吏署羽伶師，太守李齊物見，異之，授以書，遂廬火門山。貌侻陋，口吃而辯，聞人善，若在己，見有過者，規切至忤人。朋友燕處，意有所行輒去，人疑其多嗔。與人期，雨雪虎狼不避也。上元初，更隐苕溪，自稱桑苎翁，闔門著書。或獨行野中，誦詩擊木，裴回不得意，或慟哭而歸。故時謂“今接輿也”。久之，詔拜羽太子文學，徙太常寺太祝，不就職。貞元末，卒。

羽嗜茶，著經三篇，言茶之源、之法、之具尤備，天下益知飲茶矣。時鬻茶者，至陶羽形置煬突間，祀為茶神。有常伯熊者，因羽論復廣著茶之功。御史大夫李季卿宣慰江南，次臨淮，知伯熊善煮茶，召之。伯熊執器前，季卿為再舉杯。至江南，又有荐羽者，召之，羽衣野服，挈具而入。季卿不為禮。羽愧之，更著《毀茶論》。其後尚茶成風，時回紇入朝，始驅馬市茶。

《四库全書》史部，正史類，新唐書，卷一百九十六

陸羽传（载《續通志》）

陸羽，字鴻漸，一名疾，字季疵，復州竟陵人。不知所生，或言有僧得諸水濵，撫之既長，以《易》自筮，得蹇之漸，曰：“鴻漸於陸，其羽可用為儀。”乃以陸為氏，名而字之。幼時其師教以旁行書，答曰：“終鮮兄弟，而絶後嗣，得為孝乎？”師怒，使執糞除圬墁以苦之，又使牧牛。羽潛以竹畫牛背為字，得張衡《南都賦》，不能讀，危坐效羣兒囁嚅，若成誦狀。師拘之令薙草莽。當其記文字，懵懵若有遺，過日不作。主者鞭苦，因歎曰：“歲月徃矣，奈何不知書？”嗚咽不自勝，因亡去，匿為優人，作詼諧数千言。天寶中，州人酺吏署羽伶師，太守李齊物見異之，授以書，遂廬火門山。貌侻陋口吃而辯，聞人善若在已，見有過者規切至忤人，朋友燕處，意有所行輒去。人疑其多嗔，與人期，雨雪虎狼不避也。上元初，更隱苕溪，自稱桑苧翁，闔門著書，或獨行野中，誦詩擊木。裴回不得意，或慟哭而歸。久之詔拜羽太子文學，徙太常寺太祝，不就職。貞元末卒。羽嗜茶，著經三篇，言茶之源、之法、之具尤備，天下益知飲茶矣。時鬻茶者，至陶羽形，置煬突間，祀為茶神。有常伯熊者，因羽論，復廣著茶之功。御史大夫李季卿宣慰江南，次臨淮，知伯熊善煑茶，召之。伯熊執器前，季卿為再舉杯。至江南，又有荐羽者，召之。羽衣野服，挈具而入。季卿不為禮，羽愧之，更著《毁茶論》，其後尚茶成風，時回紇入朝，始驅馬市茶。

《四库全書》史部，別史類，欽定續通志，卷五百六十八

陸羽（载《唐才子傳》）

羽，字鴻漸，不知所生。初，竟陵禪師智積得嬰兒於水濵，育為弟子。及長，恥從削髮，以《易》自筮，得《蹇》之《漸》曰：“鴻漸於陸，其羽可用為儀。”始為姓名。有學，愧一事不盡其妙。性詼諧，少年匿優人中，撰《談笑》萬言。天寶間，署羽伶師，後遁去，古人所謂“潔其行而穢其跡”者也。

上元初，結廬苕溪上，閉門讀書，名僧高士，談宴終日。貌寢，口吃而辯，聞人善，若在已，與人期，雖阻虎狼不避也。自稱“桑苧翁”，又號“東岡子”。工古調歌詩，興極閒雅，著書甚多。扁舟徃山寺，唯紗巾藤鞋，短褐

犢鼻，擊林木，弄流水。或行曠野中，誦古詩，裴回至月黑，興盡慟哭而返。當時以比接輿也。與皎然上人為忘言之交，有詔拜太子文學。羽嗜茶，著《茶經》三卷，言茶之原、之法、之具，時號“茶仙”，天下益知飲茶矣。鬻茶家以瓷陶羽形，祀為神，買十茶器，得一鴻漸。

初，御史大夫李季卿宣慰江南，喜茶，知羽，召之，羽野服挈具而入。李曰：“陸君善茶，天下所知。揚子中泠，水又殊絶，今二妙千載一遇，山人不可轻失也。”茶畢，命奴子與錢，羽愧之，更著《毁茶論》。與皇甫補闕善，時鮑尚書防在越，羽往依焉，冉送以序曰：“君子究孔、釋之名理，窮歌詩之麗則，遠墅孤島，通舟必行；魚梁釣磯，隨意而往。夫越地稱山水之鄉，轅門當節鉞之重。鮑侯，知子愛子者，將解衣推食，豈徒鱠鏡水之魚，宿耶溪之月而已。”集併《茶經》，今傳。

《四库全書》史部，傳記類，總錄之屬，唐才子傳，卷八

附 僧皎然

皎然字清晝，吳興人，俗姓謝，宋靈運之十世孫也。初入道，肄業杼山，與靈徹、陸羽同居妙喜寺。羽於寺傍創亭，以癸丑歲、癸卯朔、癸亥日落成，湖州刺史顔真卿名以“三癸”。皎然賦詩，時稱三絶。真卿嘗於郡斋集文士，撰《韻海鏡源》，與其論著，由是聲價籍甚。貞元中，集贤御書院，取高僧集得上人文十卷藏之，刺史於頔為之序。李端在匡岳，依止稱門生，一時名公俱相友善，題雲“清晝上人”是也。時韋應物以古淡矯俗，公嘗拟其格，得数解為贄。韋心疑之，明日又録舊製以見，始被領略，曰：“人各有長，蓋自天分。子而為我，失故步矣。但以所詣自名可也。”公心服之。往時住西林寺，定餘多暇，因撰序作詩體式，兼評古今人詩，為晝公詩式五卷，及撰詩評三卷，皆議論精當，取舍從公，整頓狂瀾，出色騷雅。公性放逸，不縛於常律。初房太尉琯，早歲隱終南峻壁之下，往往聞湫中龍吟，聲清而靜，滌人雅想。時有僧，潛戛三金以寫之，惟銅酷似房公。他日至山寺，聞林嶺間有聲，因命僧出其器，嘆曰：“此真龍吟也！”大歷間，有秦僧傳至桐江，皎然戛銅椀效之以警，深寂緇人有獻譏者，公曰：此達僧之事，可以嬉禪，爾曹胡凝滯於物，而以瑣行自拘耶！時人高之。公外學超然興會，閒適居第一流不疑也。

史部，傳記類，總錄之屬，唐才子傳，卷八

附 李季蘭

李季蘭名冶，以字行，峡中人，女道士也。美姿容，神情蕭散，专心翰墨，善彈琴，尤工格律。當時才子頗誇纖麗，殊少荒艷之態。始年六歲時，作薔薇詩雲："經時不架却，心緒亂纵横。"其父見曰："此女聰黠非常，恐為失行婦人。"後以交遊文士，微泄風聲，皆出乎轻薄之口。夫士有百行，女唯四德。季蘭則不然，形氣既雄，詩意亦蕩。自鮑昭以下，罕有其倫。時往來剡中，與山人陸羽、上人皎然，意甚相得。皎然嘗有詩雲："天女來相試，將花欲染衣。禪心竟不起，還捧舊花歸。"其謔浪至此。又嘗会諸贤於烏程開元寺，知河間劉長卿有陰重之疾，誚曰："山氣日夕佳。"劉應聲曰："衆鳥欣有託。"舉坐大笑，論者兩美之。天寶間，玄宗聞其詩才，詔赴闕留宫中月餘，優賜甚厚，遣歸故山。評者謂：上比班姬則不足，下比韓英則有餘。亦一俊姬也，有集今傳於世。史部，傳記類，總錄之屬，唐才子傳，卷八

太平寰宇記載　上饒靈山石人，先無廟，自貞元六年禮部侍郎劉太真典郡，其年亢旱，禱雨足，因出俸錢立廟。陸鴻漸宅在縣東五里，郡國記云：陸羽字鴻漸，居吳興號竟陵子，居此號東岡子。史部，地理類，總志之屬，太平寰宇記，卷一百七

陸羽泉　在吴縣西北九里。鴻漸以此泉為天下第三水〇王元之詩：甃石封苔百尺深，試茶嘗味少知音。唯餘半夜泉中月，留得先生一片心。史部，地理類，總志之屬，方輿勝览，卷二

人物　陸羽號竟陵子，有煎茶碢。舊傳雁橋乃得陸羽處。初見羣雁翔集，覆小兒拎下，僧史種師得而育之。既長，以易筮之，得蹇之漸，曰：鴻漸於陸，其羽可用為儀。史部，地理類，總志之屬，方輿勝览，卷三十一

陸羽　唐復州人。初未知生，長以易筮之，得蹇之漸，曰：鴻漸於陸，其羽可用為儀。因曰陸羽。上元初，隱苕溪，自稱桑苎翁，又號竟陵子。闔門著書，或獨行野中，誦詩擊木，裴回不得意；或慟哭而歸。羽嗜茶，著經三篇。史部，地理類，總志之屬，明一統志，卷四十

陆羽竈　在冠山，唐陸羽鑿石為竈，取越溪水煎茶於此。史部，地理類，總志之屬，明一統志，卷五十

流寓　陸羽，唐復州竟陵人，詔拜太子文學，徙太常太祝，不就，寓居信州城北，號東岡子。性嗜茶，環植数畆，著《茶經》三篇，後人祀為茶神。史部，地理類，總志之屬，明一統志，卷五十一

陆羽泉　在虎邱山塘，張又新吳中水品第三。吴郡志：在劍池旁，面濶丈餘，上有石轆轤，四旁皆石壁，鱗皴天成。下連石底，泉出石脈中。郡守沈揆作亭於井旁，以為宴坐之所。盧熊府志：即藏殿側石井，俗名觀音泉。乾隆二十二年，翠華南巡，御製雜詠吳下古蹟，有陸羽泉詩。史部，地理類，總志之屬，大清一統志，卷五十四

陆羽宅　在上饒縣東五里。唐孟郊有《题陸鴻漸上饒新開山舍詩》。史部，地理類，總志之屬，大清一統志，卷二百四十二

陆羽　復州竟陵人，拜太子文學，徙太常寺太祝，不就。寓居信城北三里，自號東岡子。性嗜茶，環居多植茶，因號茶山御史。史部，地理類，總志之屬，大清一統志，卷二百四十二

唐陸羽，字鴻漸，竟陵人。不知所生，有僧得諸水濱。既長，以易自筮，得蹇之漸，曰：鴻漸於陸，其羽可用為儀。乃以陸為氏，名而字之。幼時其師教以旁行書，答曰：終鮮兄弟，而絶後嗣，得為孝乎？師怒，使執糞除圬以苦之，又使牧牛，潜以竹畫牛背為字，得張衡《兩都賦》，不能讀，嘆曰：歲月往矣，奈何不知書？嗚咽不自勝，因亡去，為優人作詼諧数千言。太守李齊物異之，授以書，遂廬火門山。聞人善若在已，見有過者規切至忤人。闔門著書，久之，詔拜太子文學。徙太常寺太祝，不就職。嘗隱苕溪，自號桑苎翁，又號竟陵子。貞元末卒。羽嗜茶，著《茶經》三篇。史部，地理類，總志之屬，大清一統志，卷二百六十六

《吴郡志》载陆羽诗　宋范成大撰園亭晉辟疆園。自西晉以來，□之池馆林泉之勝，號吳中第一。辟疆姓顧氏。晉唐人題詠甚多。陸羽詩雲：“辟疆舊林園，怪石紛相向。”史部，地理類，都會郡縣之屬，吳郡志，卷十四

泉品　陸羽水品二十，劉伯芻水品七，品藻天下名泉也。余盡取剡中潭谷水入茶，三歎茶非水不可，水得茶方神耳。盧天驥《玉虹亭試茶詩》：乍見

飛泉眼即明，玉虹垂地半天聲。何時閒散無公事，洗鉢重來汲淺清。又：航湖未逐鴟夷子，得水今同桑苧翁。試遣茶甌作花乳，從教兩腋起清風。斯人殊有風度，作泉品。史部，地理類，都會郡縣之屬，剡錄，卷十

鍾山水 事跡李衛公《浮槎山水記》云：李侯以鎮東留後出守廬州，因游金陵蔣山，飲其水，既又登浮槎，至其上，有石池涓涓可愛，蓋陸羽所謂乳泉。漫流者飲之甘，則鍾山水，與浮槎之水其味同也。史部，地理類，都會郡縣之屬，景定建康志，卷十九

石門澗 陸羽《二寺記》云：南有巉巖，舊有卧龍，石橫澗中。慈雲法師種松於此，連巖棧、伏龍棧，過石門。澗之南為連巖棧，今廢。伏龍者又連巖棧之次也。陸羽《二寺記》雲：皆靈隱山泉澗中恠石之狀。史部，地理類，都會郡縣之屬，咸淳臨安志，卷二十三

理公巖 在天竺山靈鷲院之右，陸羽記雲：昔慧理宴息於下，後有僧於巖上周廻鐫小羅漢佛菩薩像，慈雲法師所謂訪慧理之禪巖，弔客兒之山馆是也。近主僧行果始作阁道，屬之巖中，以祠理公。史部，地理類，都會郡縣之屬，咸淳臨安志，卷二十三

呼猿洞 陸羽云：宋僧智一善嘯。有哀松之韻。嘗養猿於山間，臨澗長嘯，衆猿畢集，謂之猿父。又遵式白猿峰詩序雲：西天僧慧理蓄白猿於靈隱寺。詩雲：引水穿廊走，呼猿繞檻跳。澗則有飯猿臺寺。僧舊施食於此。史部，地理類，都會郡縣之屬，咸淳臨安志，卷二十三

葛塢朱墅 晏元獻公《輿地志》：葛塢在靈隱寺，吴方士葛孝先所居也。陸羽寺記雲：晉葛洪亦曾居此。朱墅者，梁隱士鹽官朱世卿之别墅。史部，地理類，都會郡縣之屬，咸淳臨安志，卷二十三

醴泉 陸羽寺記：大歷六年，忽出醴泉，酌之療疾。又有卧犀泉，暖泉，一名渦渚東嶼，見陸羽二寺記。史部，地理類，都會郡縣之屬，咸淳臨安志，卷二十三

袁君亭 陸羽記云：刺史袁仁敬造。史部，地理類，都會郡縣之屬，咸淳臨安志，卷二十三

夢謝亭 晏公《輿地志》晉謝靈運會稽人，其家不宜子，乃寄養於錢塘。杜明師夜夢東南有贤人相訪，翌日靈運至，故號夢謝亭。陸羽記云：一名客

兒亭，在靈隱山間。盧刺史元輔靈隱寺詩云：長松晉家樹，絶頂客兒亭。

丹竈亭 陸羽記云：葛洪煉丹之所。

隱居堂 晏公《輿地志》云：陸瑋字文該，納祿隱居於靈隱山間，澗南造隱居堂。陸羽《二寺記》云：後漢陸文該學易於隱居堂，圖淮南王劉安及九師之像於屋壁東西。又名九師堂。

許迈思真堂 陸羽《二寺記》云：許迈字遠遊，一名映詳，具方外門。右自虚白亭以下並廢，以前贤遺跡，姑仍舊志記文。史部，地理類，都會郡縣之屬，咸淳臨安志，卷二十三

秦王纜船石 在錢塘門外，相傳秦始皇東遊望海，舟於此。陸羽《武林山記》云：自錢塘門至秦皇纜船石，俗呼西石頭，北闞僧思浄刻大石佛於此。舊傳西湖本通海，東至沙河塘向南一岸，皆大江也。故始皇纜舟於此。史部，地理類，都會郡縣之屬，咸淳臨安志，卷三十

石門澗 陸羽《靈隱寺記》：舊有卧龍石横澗中。题詠，郭祥正詩云：啟閉何人見，湍流一澗分。仙家無路入，空鎖石楼雲。史部，地理類，都會郡縣之屬，咸淳臨安志，卷三十六

大石佛院 陸羽《武林山記》云：自錢塘門至秦皇纜船石，俗名西石頭。宣和中僧思浄就石鐫成大佛半身。淳祐七年，趙安撫與□重修。舊有二尊，殿臨湖，就石琢二佛。今在私圃中，與院相近。史部，地理類，都會郡縣之屬，咸淳臨安志，卷七十九

景德靈隱寺 在武林山。東晉咸和元年，梵僧慧理建，舊名靈隱。景德四年改景德靈隱禪寺。靈隱、天竺兩山，由一門而入。陸羽記云：南天竺，北靈隱，有百尺彌勒阁、蓮峰堂、白雲菴、千佛殿、巢雲亭、延賓水阁、望海阁。史部，地理類，都會郡縣之屬，咸淳臨安志，卷八十

陸羽惠山寺記云：惠山當秦時，大産鉛錫。至漢興，錫方殫，故剙無錫縣。是無錫為縣，自前漢始。王莽世，錫復出，改曰有錫縣。漢中興，錫止仍復舊名。東漢光武時，始陞無錫為侯國。至順帝時，分会稽置吳郡，縣仍屬焉。史部，地理類，都會郡縣之屬，無錫縣志，卷一

然觀南徐記所云：是山南北数十里，則縣西之山與惠山同脈者，皆可以惠山稱。而陸羽記又云：是山連亘二百餘里，則又知太湖諸山與惠山勢若相

接者，皆可稱為恵山，又不獨指同脈之山也。史部，地理類，都會郡縣之屬，無錫縣志，卷二

陸羽恵山記云：西神山聯峯疊嶂之中，有柯山者，吳公子仲雍六世孫柯相所治之處。故山以柯名。史部，地理類，都會郡縣之屬，無錫縣志，卷二

陸羽恵山記云：恵山東北九里，有上湖，一名射貴湖，一名芙蓉湖。其湖南控長洲，東洞江陰，北掩晉陵，蒼蒼渺渺，迫於軒戸。故恵山有望湖阁。蓋自山下百餘里，目極荷花不斷，以為江南煙水之盛。史部，地理類，都會郡縣之屬，無錫縣志，卷二

唐陸羽，字鴻漸，未知所生。及長，以易自筮，得蹇之漸，曰：鴻漸於陸，其羽可用為儀，吉。乃以陸為氏，名羽而以鴻漸字之。嗜茶，著《茶經》三篇。鬻茶者至陶羽形，祀為茶神。上元初，隱居苕溪，自稱桑苧翁，又號竟陵子。在隴西公幕府，自號東園先生，又號東岡子。嘗品水味，列無錫恵山泉第二，至今稱為陸子泉。泉上有祠，祀羽畫像。史部，地理類，都會郡縣之屬，無錫縣志，卷三上

三贤祠 在恵山寺内泉亭上。三贤為晉長史湛茂之、唐相李紳、桑苧翁陸羽也。史部，地理類，都會郡縣之屬，無錫縣志，卷三下

陸羽恵山記云：前有曲水亭，一名憩亭，以為遊人憩息之所。其水九曲，甃以文甓。今基亦亡。寺門外復有亭，製作甚古，號魯班亭。史部，地理類，都會郡縣之屬，無錫縣志，卷三下

《送陸羽歸恵山》 顧况

千山待逋客，香茗復叢生。采摘知深處，烟霞羡獨行。幽期山寺遠，野飯石泉清。寂寂然灯夜，相思磬一聲。

《訪陸羽處士不遇》 僧皎然

太湖東西路，吳王故山前。所思不可見，歸鴻自翩翩。何山賞春茗，何處弄春泉。莫是滄浪子，悠然一釣船。

史部，地理類，都會郡縣之屬，無錫縣志，卷四上

《恵山寺新泉記》 獨孤及

此寺居吳西神山之足，山小多泉，其高可憑而上。山下有靈池異花，載在方志。山上有真僧隱客遺事故跡，而披勝録異者淺近不書。無錫令敬澄，

字源深，以割雞之餘考古，按圖葺之築之，乃飾乃圬。有客竟陵陸羽，多識名山大川之名，與此峯白雲相為賓主。乃稽厥創始之所以而志之。談者然後知此山之方廣勝掩佗境，其泉伏涌潛泄，潗滀舍下，無沚無竇，蓄而不注，深源因地勢以順，水性始雙壑衺丈之沼，疏為懸流，使瀑布下鍾，甘溜湍激，若醴灑乳噴，及於禪床，周於僧房，灌注於德地，經營於法堂。潺潺有聲，聆之耳清。濯其源，飲其泉，使貪者讓，躁者静，静者勤道，道者堅固，境净故也。夫物不自美，因人異之。泉出於山，發於自然。非夫人疏之鑿之之工，則水之時用不廣。亦猶無錫之政煩民貧，深源導之，則千室襦袴，仁智之所及。功用之所格，動若響荅，其揆一也。余飲其泉而悅之，乃志羡於石。

史部，地理類，都會郡縣之屬，無錫縣志，卷四中

《惠山寺記》 陸羽

惠山古華山也。顧歡《吳地記》云：華山在吳城西一百里，釋寶唱名，僧傳云：沙門僧顯，宋元徽中過江，住京師彌陀寺。後入吳，憩華山精舍。華山有方池，池中生千葉蓮花，服之羽化。老子《枕中記》所謂吳西神山是也。山東峰當周秦間，大産鉛錫。至漢興，錫方殫，故創無錫縣，屬會稽。後漢有樵客於山下得銘云：有錫兵，天下争；無錫寧，天下清。有錫沴天下弊，無錫乂天下濟。自光武至孝順之世，錫果竭。順帝更為無錫縣，屬吳郡，故東山謂之錫山，此則錫山之岑嶔也。

南朝多以北方山川郡邑之名，權創其地。又以此山為歷山，以拟帝舜所耕者。其山有九隴，俗謂之九隴山，或雲九龍山，或雲鬭龍山。九龍者言山隴之形若倉虬縹螭合沓然；鬭龍者，相傳雲，隋大業末，山上有龍鬭六十日，因以名之。九聮峯沓嶂之中，有柯山、華陂、古洞陽觀、秦始皇塢。柯山者吳子仲雍五世孫柯相所治也；華陂者齊孝子華寶所築也；古洞陽觀下有洞穴潛通包山，其觀以梁天監年置，隋大業年廢；秦始皇塢者，柯墅之異名。昔始皇東巡會稽，望氣者以金陵太湖之間有天子氣，故掘而厭之。梁大同中有青蓮花育於此山，因以古華山精舍為惠山寺。

寺在無錫縣西七里，宋司徒右長史湛茂之家此山下。故南平王鑠有贈荅之詩，江淹、劉孝標、周文信並遊焉。寺前有曲水亭，一名憩亭，一名歇馬亭，以備士庶投息之所。其水九曲，甃以文甎龕甓，瀹淪潺湲，濯漱移日。

寺中有方池，一名千葉蓮花池，一名纑塘，亦名浣沼。歲集山姬野婦，漂紗滌縷，其皎皎之色，彼耶溪鏡湖不逾也。池上有大同殿，以梁大同年置，因名之。從大同殿直上，至望湖阁，東北九里有北湖，一名射貴湖，一名芙蓉湖。其湖南控長洲，東洞江陰，北淹晉陵，周回一萬五千三百頃，蒼蒼渺渺，迫於軒户。阁西有黄公澗，昔楚考烈王之時，封春申君黄歇於吳之故墟，則此也。其祠宇享以醪酒，樂以皷舞，禪流道伴，不勝淬噪，遷於山東南林墅之中。

夫江南山淺土薄，不有流水。而此山泉源，倣注崖谷，下溉田十餘頃。此山又當太湖之西北隅，縈疎四十餘里，唯中峯有叢篁灌木，餘盡古石嵌崒而已。九煙嵐所集，發於蘿薜。今石山横亘，濃翠可掬。昔周柱史伯陽謂之西神山，豈虚言哉！傷其至靈，無當世之名；惜其至異，為訛俗所棄。無當世之名，以其棟宇不完也。為訛俗所棄，必其聞見不遠也。

且如㠯西之虎丘、丹徒之鶴林；錢塘之天竺，以其臺殿楼榭，崇崇業業，車輿荐至，是有嘉名。不然，何以與此山為儔列耶？若以鶴林望江，天竺觀海，虎丘平眺，郡郭以為雄，則曷若此山絶頂下瞰五湖，彼大雷小雷、洞庭諸山，以掌睨可矣！向若引修廊，開邃宇，飛簷眺檻，凌煙架日，則江淮之地，著名之寺，斯為最也。此山亦猶人之秉，至行負淳德無冠裳鐘鼎流也。苟無其源，流將安發？予敦其源，亦伺其流，希他日之營立為後世之洪。注云：錫山銘二首，後世無名人。有錫兵，天下争；無錫寧，天下清。有錫沴，天下弊；無錫乂，天下濟。

史部，地理類，都會郡縣之屬，無錫縣志，卷四中

陸羽《警年》十卷，《窮神記》十卷，《茶記》一卷，《教坊錄》一卷。**史部，地理類，都會郡縣之屬，吳興備志，卷二十二**

陸鴻漸宅 《明一統志》：在府城西北，唐陸羽嘗居此，號東岡子。刺史姚驥嘗詣其所居，鑿沼為溟渤之狀，積石為嵩華之形。後□士沈洪喬葺而居之。《圖經》：羽性嗜茶，環居有茶園数畝。陸羽泉一勺，今為茶山寺。**史部，地理類，都會郡縣之屬，江西通志，卷四十**

（以上史料由吴长庚整理点校）

韩元吉及其诗词作品

编者按：

韩元吉（1118—1187），南宋诗人。字无咎，号南涧。开封雍邱人，宋室南渡后，寓居信州上饶（今江西上饶信州区）。绍兴二十三年（1155），韩元吉应知信州黄仁荣之聘，到信州幕府供职。绍兴二十八年（1158）曾为建安县令。隆兴间，官至吏部尚书。乾道九年（1173）为礼部尚书出使金国。淳熙初，曾二次出守婺州，一次出守建宁。封颍川郡公，后归老于信州南涧，自号南涧翁。平生交游甚广，与陆游、朱熹、辛弃疾、陈亮等当代名流和爱国志士相善，多有诗词唱和。著有《南涧甲乙稿》《南涧诗余》。存词80余首。

开封韩氏乃世家大族。韩元吉的五世祖韩亿在宋仁宗朝官至参知政事。韩亿有八子，第五子韩维即元吉的四世祖。韩元吉是尹焞的学生。继承了尹焞的学风，弘实笃行。是程颐的二传弟子。

宋钦宗靖康二年，也即宋高宗建炎元年（1127），金人陷落两京，中原大乱，宋室南迁，韩氏一门避地江南，时韩元吉只有10岁。元吉一家则迁至福建邵武。至元吉27岁时，再迁至福建建安（今建瓯）。绍兴十四年（1146），28岁的韩元吉第一次出闽，参加进士考试，落第。绍兴十八年（1150），再次应试又不第，但因先祖的关系，遂以门荫顶吏部之选。《四朝见闻录》卷二说："韩元吉虽袭门荫，而学问远过于进士。"而《梁溪漫志》卷二也载曰："北站西掖之除，儒者之荣事也。其有不由科第但以文章进者，世尤指以为荣……乾道淳熙以来韩元吉、王嘉叟、刘正夫皆以门荫特命摄西掖。"可见，韩元吉"以文章进”的声誉反比“由科第进”更显得荣光。

绍兴十九年，韩元吉赴处州龙泉县主簿任。绍兴二十三年（1155）秋，韩元吉应信州刺史黄仁荣之聘，到信州幕府供职。信州幕府的四年，是韩元吉认识信州、爱上信州，并决定定居信州的重要原因。四年中，他对信州的山水、风土、人情都有了全面而深入的了解，信州四年是他南迁以来人生中的一站。因为有这第一站，他晚年从政坛上退休以后，还毫不犹豫地选择定居上饶，也就顺理成章了。

绍兴二十八年（1159），韩元吉知福建建安县，颇有政声。绍兴二十九年（1160）秋八月，与朱熹等4人召赴行在。绍兴三十一年（1162）八月，在临安任司农寺主簿。孝宗隆兴元年（1163）正月，朝廷以张浚为枢密使，都督江淮东西路军马，十二月，汤思退与张浚并相。入朝觐见孝宗时，屡奏恢复之事。韩元吉却对此有不同看法。他把想法以长书投呈张浚，言和、战、守三事，书中详细分析了当下形势、敌我兵力、战将谋略等因素，最后提出“和为疑之之策，以守为自强之计，以战为后日之图”。隆兴二年（1164）闰十一月，韩元吉因赴镇江看望母亲，与陆游再次相逢。相聚达60日，唱和歌诗计有30余篇。乾道元年正月以后，韩元吉以考功郎征，任江东转运使。乾道四年（1168）以朝散郎入守大理少卿，但于五月二十一日，旋知福建建宁，仅一个月，又改知江州。乾道五年（1169），母亲在宣城去世，元吉乃往奔丧，丁忧居上饶。乾道六年（1170）七月，朱熹因母亲丧葬所需，致书韩元吉借钱。元吉回复说：“贷金荷不外，某穷悴，止江东有少俸，连遣二女子，且置得数亩饭米，去岁了两处葬事，今年从假借矣。他时稍有余，尚当相助。”信中所言“连遣二女子”，指他的两个女儿相继出嫁。乾道七年，丁忧除服，元吉回临安复官。乾道八年（1172），权吏部侍郎。这一年，朝廷派韩元吉出使金国，贺万春节。乾道九年，韩元吉除吏部尚书。淳熙元年（1174）二月因遭劾以待制出知婺州。同年十二月三日，又改知福建建宁府。这使韩元吉与朱熹有更多的见面机会。淳熙三年（1176）二月，元吉调离建宁，入都复为吏部尚书，途径崇安再会朱熹，两人相谈甚欢。

淳熙五年（1178），元吉力请外任，离开朝廷，乃以龙图阁学士身份，再知婺州。这一年他60周岁。按此前他自我规定，不到60岁，不著书，故此前并无著作。至此才有《系辞解》问世。两年后，便致仕归家，开始了晚年在上饶的闲居生活。

韩元吉在上饶的闲居生活也是丰富多彩的。有一群相知交好的朋友活动在周围，经常有机会聚会，喝酒谈诗，登高览胜。他一生交往的人物数百，其中重要者有4人。吕祖谦是他的女婿，经常往来于金华与上饶，可惜就在韩元吉退归上饶的第二年去世了。陆游是他交往时间最长的朋友。朱熹是他学术上的诤友，而辛弃疾则是他退居上饶时来往最密切的朋友。淳熙八年，辛弃疾因受弹劾，官职被罢，而他的带湖新居正好落成，辛弃疾回到上饶，开始了他中年以后的闲居生活。对辛弃疾而言，韩元吉是政坛和文坛的老前辈，事实上，韩元吉是当时上饶文坛的盟主，辛弃疾对韩元吉非常尊重。在《稼轩词》中，就有5首给韩元吉祝寿之词，又有5首与韩元吉唱和之词，足见两人交往情深。

韩元吉的学问渊源颇为纯正。当时，与韩元吉以诗文倡和者如叶梦得、张浚、曾几、曾丰、陈岩、肖龚、颐正、章甫、陈亮、陆游、赵蕃诸人，皆当代胜流。故文章矩矱，亦具有师承。他的女婿吕祖谦亦为当世名儒，他的儿子名淲，亦清苦自持，以诗名于宋季，与赵蕃并称“二泉”。《朱子语类》有云：“无咎诗做着者尽和平，有中原之旧，无南方啁哳之音，诚定评也。”他的文集原有70卷，又自编其词为《焦尾集》1卷，《文献通考》并著录。他不喜“纤艳”的诗和杂以“鄙俚”的歌词。曾将自己所作歌词“未免于俗者取而焚之”（《焦尾集序》），自编词集1卷，题为《焦尾集》。现存词80首。其词往往流露出“神州陆沉之慨”（黄蓼园《蓼园诗话》）。他很眷恋北方，曾在词中写道：“梦绕神州归路”（《水调歌头·寄陆务观》）；“中原何在，极目千里暮云重”（《水调歌头·雨花台》）。他不忘北伐抗金，多次写到“鸡鸣起舞”和“勒功燕然”；也常有英雄迟暮、功业无成的感叹。其词风雄浑、豪放，与辛弃疾很接近。陆游称赞他的作品“落笔天成，不事雕镌。如先秦书，气充力全”（《祭韩无咎尚书文》）。词中亦有婉丽之作，如《六州歌头》“东风著意”等。

南宋黄昇尝称韩元吉“文献、政事、文学为一代冠冕”（《中兴以来绝妙词选》）。方回在《瀛奎律髓》中说：“当是时，巨儒文士盛称无咎与茶山”，便指韩元吉与曾几。方回还认为，在江西诗派流行的当日，韩元吉诗不落流行，自成一家，实为难得。韩元吉的诗文后来不传，到清代《四库全书》编者才从《水乐大典》中辑录到22卷，即今存于《四库全书》中的《南涧甲乙稿》。继方回之后,《四库》馆臣对元吉的评价是符合历史事实且最为重要的。《提要》云:“统观全集，诗体文格均有欧苏之遗，不在南宋诸人之下，而湮没不传，殆不可解。然沉晦数百年，忽出于世，炳然发翰墨之光，岂非精神光彩终有不可磨灭者，故灵物撝诃，得以复显于今欤？”(《四库提要》卷一百六十)

本集文史专辑收集了韩元吉的有关史料，选录了信州的诗词作品，可供文史爱好者选用。(吴长庚)

桐阴旧话提要

《桐阴旧话》一卷，宋韩元吉撰。元吉字无咎，宰相维之元孙。以任子仕，历龙图阁学士，吏部尚书。尝居广信溪南，自号南涧居士。此书《宋志》云十卷，陈振孙《书录解题》亦同。《续百川学海》所录，乃衹此一卷。其条数亦与此本同。盖全书久佚，从诸书抄撮成编也。书中所记韩亿、韩综、韩绛、韩绎、韩维、韩缜杂事。共存十三条，皆其家世旧闻，以京师第门有桐木，故云《桐阴旧话》。葢北宋两韩氏并盛，世以桐木韩家，别于魏国韩琦云。编修程晋芳家藏本。

南涧甲乙稿提要

《南涧甲乙稿》二十二卷，宋韩元吉撰。元吉有《桐阴旧话》，巳著录。案陈振孙《书录解题》称爲门下侍郎韩维元孙,《江西通志》则以爲韩维之子。

考《宋史》维本传称，卒于元符元年。而集中《南劍道中诗》注称其生于戊戌，至甲子年二十七。戊戌爲徽宗重和元年，上距元符元年戊寅凡二十年，安得爲维之子。集中又有高祖宫师文编序，称绍圣中公谪均州，又称建中靖国以来追复原官，与维事迹一一相符，知《江西通志》爲误，当以陈氏爲是矣。

陈氏又称其初与从兄元龙皆试词科不利，后官至吏部尚书，而不详其事迹。今据其赴信幕诗，知初爲幕僚，据其送连必达序，知尝爲南劍州主簿。据其凌风亭题名，知尝知建安县。据其谢表状札，知在外尝爲江东转运判官。两《永乐大典》本知婺州，又知建宁府，在内尝权中书舍人，守大理寺少卿，爲龙图阁学士，爲待制，爲吏部侍郎。中间一使金国，两提举太平兴国宫，及爲吏部尙书，又晋封颍川郡公，而归老于南涧，因自号南涧翁，并以名集。

南涧者，一在建安城南，爲郑氏别业，见本集诗序。一在广信溪南，见《书录解题》，详其南涧新居成，建醮青词，似乎非建安之南涧，当以广信爲是也。

元吉本文献世家，据其跋尹焞手迹，自称门人，则距程子仅再传。又与朱子最善，尝举以自代，其状今载集中。故其学问渊源，颇爲醇正。其他以诗文倡和者如叶梦得、张浚、曾几、曾丰、陈巖、肖龚、颐正、章甫、陈亮、陆游、赵蕃诸人，皆当代胜流。故文章矩矱，亦具有师承。其壻吕祖谦爲世名儒，其子名淲，字仲止者，亦淸苦自持，以诗名于宋季，葢有由矣。《朱子语类》云：无咎诗做着者尽和平，有中原之旧，无南方啁哳之音，诚定评也。集本七十卷，又自编其词爲焦尾集一卷，《文献通考》并著录，岁久散佚，今从《永乐大典》所载，总裒爲诗七卷，词一卷，文十四卷。

统观全集，诗体文格均有欧苏之遗，不在南宋诸人下。而湮没不传，殆不可解。然沉晦数百年，忽出于世，炳然发翰墨之光，岂非精神光采，终有不可磨灭者。故灵物撝诃，得以复显于今欤。附，四库全书总目，钦定四库全书总目，卷一百六十。

韩元吉开封人，维之子宋南渡后，寓居上饶，号南涧先生。仕至吏部尚书，师事尹焞，与朱文公相善。得吕祖谦为壻，师友渊源，为诸儒所推敬。著《愚戇録》《周易系辞》等书。史部，地理类，总志之属，明一统志，卷五十一。

韩元吉字无咎，开封人，维之子。仕至吏部尚书，龙图阁学士，封颍川公。尝师尹焞，得吕祖谦为壻，师友渊源，为诸儒所推重。徙居上饶，所居之前有涧水，号南涧。涧南有园，筑亭竹间，号苍筤。与兄元隆俱登甲第。卒葬城东，所著有《愚戇録》《周易系辞》等书。子琥，字仲止，号涧泉。与赵奉泉同时有诗名，称二泉先生。方虚谷诗“上饶有二泉”，指此。史部，地理类，都会郡县之属，江西通志，卷九十六。

望灵山　韩元吉

嶽鎮古所録，兹山諒其遺。憶從西江來。恍惚欣见之。
初疑春雨晴，云物出怪奇。稍稍對巖壁，森森面嶺奇。
紛紜类列障，散漫如連帷。磅礴千里間，衆景皆奔馳。
頗訝地軸湧，未覺天柱虧。不讓崑崙高，遂使泰華移。
諸峯七十二，磊砢略可推。駢觀擁佛髻，遠睇凝蛾眉。
大或覆鐘鼎，細亦銛刀錐。石櫃一何高，梯天此为墀。
崩騰鐵馬羣，中有大將旂。身居萬石貴，氣壓累卵危。
雄傑亦莫床，清深亦餘姿。蛟螭护絶磴，草木忘四时。
豈知水晶宫，閟藏神所司。陰崖彼何灵，頸斷不敢悲。

集部，别集类，南宋建炎至德祐，南澗甲乙稿，卷一

陪曾吉甫游中山　韩元吉

去天尺五城南寺，目极层轩得此游。山阔雨收云点缀，江清日淡柳风流。
僧扉缭绕牛鸣地，楼阁参差斗大州。公自蓬莱旧仙伯，一麾真复占鳌头。

次韵曾吉甫题画屏风　韩元吉

何许江山发兴长，浑疑庐阜对彭郎。胸中丘壑元萧爽，笔下烟波故渺茫。
落落疏松长映座，冥冥飞雨欲侵床。冷然已作华胥梦，便有群仙到枕旁。

丹青阁　韩元吉

傑阁跨虚壑，危欄轉層峯。城郭麗朝暉，山水涵秋容。
幽尋适暇日，况有佳客從。微官厭趨走，野性便疎慵。
少攄泉石願，一洗塵埃胷。卻上陆羽亭，褰裳踏風松。
东軒俯喬木，高花爛芙蓉。感此節物换，愧爾樵漁蹤。
清談且蕭散，酌飲亦时供。興闌勿遽嘆，勝遊當復重。

集部，别集类，南宋建炎至德祐，南澗甲乙稿，卷一

云洞　韩元吉

揮策度絶壑，撑空见楼臺。丹崖幾千仞，中有佛寺開。
老僧如遠公，麿門走蒿萊。下馬问所适，褰衣指崔嵬。

飛闌倚石磴，曠蕩無纖埃。坐久意頗愜，爽氣生樽罍。
仙棺是何人，蜕骨藏莓苔。舉酒一酹之，慨然興我懷。
丹砂固未就，白鶴何时來。不如生前樂，長嘯且銜盃。

（原注：在信州西。案，此詩据《廣信府志》補入）

初至上饒寄子云　韩元吉

险阻艱難客路賒，东西南北问生涯。秋聲瑟縮生梧葉，野景蕭疎上菊花。去國已驚身老大，無家空有淚横斜。遙知載酒齊山寺，應憶年时醉月華。

集部，別集类，南宋建炎至德祐，南澗甲乙稿，卷四

吕伯恭挽词　韩元吉

青云塗路本青氈，聖願相期四十年。臺阁久嗟君卧疾，山林空嘆我華顛。傷心二女同新穴，拭目諸生續舊编。斗酒無因相沃酹，朔風东望涕潸然。

集部，別集类，南宋建炎至德祐，南澗甲乙稿，卷五

李彭元携曾吉甫诗卷数帖见过　韩元吉

十年松竹暗茶山，君有诗声旧将坛。食荠谁如东野苦，无毡不奈广文寒。闭门久咏高轩过，弹铗今嗟行路难。我亦凋零旧宾客，遗编聊共拂尘看。

浣溪沙·次韵曾吉甫席上　韩元吉

莫惜清尊领客同。已无花伴舞衣红。强歌归去莫匆匆。
细雨弄烟烟弄日，断云黏水水黏空。酴醾飞下晚来风。

好事近·辛幼安席上　韩元吉

华屋翠云深，云外晚山千叠。眼底无穷春事，对杨枝桃叶。
老来沈醉为花狂，霜鬓未须镊。几许夜阑清梦，任翻成胡蝶。

水龙吟·寿辛侍郎　韩元吉

南风五月江波，使君莫袖平戎手。燕然未勒，渡泸声在，宸衷怀旧。卧占湖山，楼横百尺，诗成千首。正菖蒲叶老，芙蕖香嫩，高门瑞、人知否。

凉夜光躔牛斗。梦初回、长庚如昼。明年看取，纛旗南下，六

嬴西走。功画凌烟，万钉宝带，百壶清酒。便留公剩馥，蟠桃分我，作归来寿。

（原注：仆贱生后一日也，故有分我蟠桃之戏。）

瑞鹤仙·自寿　韩元吉

好山横翠幕。更一水流烟，嫩阴成幄。薰风转林薄。笑劳生底事，漫嗟离索。霞觞细酌。尽流年、青镜易觉。算芙蓉、玉井香翻，不减旧阶红药。

寂寞。草玄空老，问字人稀，也胜投阁。骑鲸后约。追汗漫，记寥廓。便风帆高挂，云涛千里，谁道蓬壶水弱。任蟠桃、满路千花，自开自落。

醉落魄·乙未自寿　韩元吉

红蕖漾月。蕃风特地生梧叶。一年风月今宵别。隐隐笙鸾，何处有炎热。

凤凰山下榴花发。一杯香露融春雪。幔亭有路通瑶阙。知我丹成，容我醉时节。

霜天晓角　韩元吉

倚天绝壁。直下江千尺。天际两蛾凝黛，愁与恨、几时极。

怒潮风正急。酒醒闻塞笛。试问谪仙何处，青天外、远烟碧。

霜天晓角　韩元吉

几声残角。月照梅花薄。花下有人同醉，风满槛、波明阁。

夜寂香透幕。酒深寒未著。莫把玉肌相映，愁花见、也羞落。

菩萨蛮　韩元吉

诏书昨夜先春到，留公一共梅花笑。青琐凤凰池，十年归已迟。

灵溪霜后水。的的清无比。比似使君清，要知清更明。

谒金门　韩元吉

春尚浅。谁把玉英裁翦。尽道梅梢开未遍。卷帘花满院。

楼上酒融歌暖，楼下水平烟远。却似涌金门外见，絮飞波影乱。

秦楼月　韩元吉

莺声寂。春风欲去难踪迹。难踪迹，几枝红叶，万金消得。

青铜镜里朱阑侧，照人也似倾城色。倾城色，一尊莫负，赏心良夕。

西江月　韩元吉

山路冥冥雨暗，溪桥阵阵花飞。一年寂寂又春归。白发自惊尘世。

不惜障泥渡水，且寻团扇题诗。杜鹃休绕暮烟啼。我欲风前重醉。

虞美人　韩元吉

诏书昨夜催春到，绿野花争早。几枝先见海棠开，全胜陇头冲雪、寄江梅。

破寒滴滴娇如醉，不比春饶睡。万红千紫莫嫌迟，看取满城花送、衮衣归。

水调歌头　韩元吉

世事不须问，我老但宜仙。南溪一曲，独对苍翠与孱颜。月白风清长夏，醉里相逢林下，欲辩已忘言。无客问生死，有竹报平安。

少年期，功名事，觅燕然。如今憔悴，萧萧华发抱尘编。万里蓬莱归路，一醉瑶台风露，因酒得天全。笑指云阶梦，今夕是何年。

念奴娇　韩元吉

湖山泥影，弄晴丝、目送天涯鸿鹄。春水移船花似雾，醉里题诗刻烛。离别经年，相逢犹健，底恨光阴速。壮怀浑在，浩然起舞相属。

长记入洛声名，风流觞咏，有兰亭修竹。绝唱人间知不知，零落金貂谁续。北固烟锺，西州雪岸，且共杯中绿。紫台青琐，看君归上群玉。

水龙吟 韩元吉

乱山深处逢春，断魂更入桃源路。双双翠羽，溅溅流水，濛濛香雾。花里莺啼，水边人去，落红无数。恨刘郎鬓点，星星华发，空回首、伤春暮。

寂寞云间洞户。问当年、佳期何处。虹桥望断，琼楼深锁，如今谁住。绿满千岩，浣衣石上，倚风凝伫。料多情好在，也应笑我，却匆匆去。

送陆务观福建提仓 韩元吉

觥船相对百分空，京口追随一梦中。落纸云烟君似旧，盈市霜雪我成翁。
春来茗叶还争白，腊近梅梢尽破红。领略溪山须妙语，少迂使节上凌风。

送朱元晦 韩元吉

前年恨君不肯來，今年惜君不肯住。朝廷多事四十年，愚智由來各千慮。
君來正值求言日，三策直前真諫疏。詆訶百事推聖学，請復國讐施一怒。
天高聽遠語不酬，袖手翩然尋故步。我知君是諫諍才，主上聰明得無悞。
一紙底用教鶡冠，百戰應當啓戎輅。江山千里正風雪，崴月崢嶸倏將暮。
有田可耕屋蓋頭，君計未疎吾亦去。君歸为谢武夷君，白馬摇鞭定何处。

辛弃疾的信州诗词

编者按：

辛弃疾原字坦夫，后改字幼安，号稼轩，山东历城人。他在金人占领区山东历城出生，23岁率众归宋。历任江西安抚使、福建安抚使等职。由于与当政的主和派政见不合，被弹劾落职，退隐山居。开禧北伐前后，相继被起用为绍兴知府、镇江知府、枢密都承旨等职。开禧三年（1207）病逝，年六十八。后赠少师，谥号“忠敏”。

淳熙八年（1181），他在信州上饶带湖营建稼轩，新居落成，才有了南归后较为稳定的新家。淳熙十二年（1185）他又看中了信州铅山棋思之瓢泉，而有卜居瓢泉之念，历数年建成。庆元二年（1196），因带湖失火，辛弃疾乃举家搬往瓢泉，直至终老。算起来，辛弃疾在南归45年中，就有26年是家于信州上饶的，他的老家早已沦陷，上饶便是他的第二故乡。他一生作词600多首中，就有370多首都在上饶铅山这一带创作的。

辛弃疾是中国文学史上的一流作家，也是一生以全力写词的重要作家，在今存稼轩词作中，词人反映了社会、政治，发抒了思辩哲理，刻画了田园风光，抒写了幽怨闲逸，他通过他的词作，记载了一个叱咤风云的英雄人物在那风雨飘摇的时代里所走过的壮心消磨被迫无为的艰难历程。他的满腔爱国深情，报国雄心；他的千古遗怨，忧愁风雨；他的醉中欢笑，托兴田园；种种情感，都通过他所创造一个个、一组组的意象而清晰地浮现于词境之中。他的词作豪放雄杰而又空灵蕴藉、宛转缠绵而又沉郁幽深，其多重艺术风格，也就在意象的不同选择和组合的过程中显现出来。

以带湖为中心，他游遍了上饶的名胜古迹，并撰写了大量的词作。他的词以丰富多彩的笔触，写到带湖、鹅湖、期思、瓢泉、雨岩、南岩、西岩、云洞，写到博山道中、云岩道中、黄沙道中、峡石道中，写到雪楼、翠微楼，写到鹅湖寺、博山寺、崇福寺，写到杜鹃、腊梅、芙蓉、牡丹等。他的农村词清新脱俗、引人入胜，如《西江月·夜行黄沙道中》，至今传诵人口。而其中大量的抒情词、交往词，则以豪放的笔触，表达了渴望收复失地、抨击投降卖国、抒写壮志难伸的爱国情怀。此外，宋代还有很多诗人名家来过信州，如朱熹、陈亮、杨万里、陆游、郑刚中、吕祖谦等，他们之间都有不少相互酬唱的佳作。

上饶宋时称信州。南宋建都临安，上饶就是浙西的门户。辛弃疾择居信州应当有多方面原因，而最主要的是离临安很近，交通便利。《广信府志》载："信之为郡，江以东望镇也。其地上于饶，其俗美于广，牙闽控粤，襟淮面浙，隐然为冲要之会。"洪迈《稼轩记》也指出："国家行在武林，广信最密迩畿辅。东舟西车，蜂午错出，势处便近，士大夫乐寄焉。"同时，上饶青山绿水，风光秀丽，土沃俗淳，甲于他郡。朱熹《济南辛氏宗图旧序》即谓"稼轩辛公，其来出济南中州，历诸显任……得大观山水。察风土之异，知土沃风淳，山水之胜，举无若西江信州者，遂爱而退居信之上饶"。其实，当时中原南迁的贤士大夫进退出处，都喜欢选择与都城临安不即不离的上饶，如韩元吉侨寓南涧，晁谦之避地信州。还有郑望之、王洋、尹穑都寓居于信州水南。所以，戴表元说："广信为江闽二浙往来之交，异时中原贤士大夫南徙，都侨居焉。"（《稼轩书院兴造记》，《剡溪集》卷一）

对辛弃疾和稼轩词的研究，历年来以上饶和山东两地为最活跃。上饶师范学院多次举办了全国性的学术会议，大大推动了研究的进程。（吴长庚）

辛弃疾传　續通志，卷三百九十五

辛棄疾字幼安，齊之歷城人。少師蔡伯堅，與黨懷英同学，號辛黨。始筮仕，决以蓍，懷英遇坎，因留事金。棄疾得離，遂决意南歸。海陵殂，中原豪傑並起，耿京聚兵山东，稱天平節度使，節制山东河北忠義軍馬。棄疾为掌书記，即勸京决策南向。僧義端者，喜談兵，棄疾間與之遊。及在京軍中，義端亦聚衆千餘，説下之，使隸京。義端一夕竊印以逃，京大怒欲殺棄疾，棄疾曰：匄我三日，期不獲，就死未晚。揣僧必以虚實，奔告金帥。急追獲之。義端曰：我識君眞相，乃青兕也，力能殺人，幸勿殺我。棄疾斬其首，歸報京，益壯之。

紹興三十二年，京令棄疾奉表歸宋。高宗勞師建康，召见，嘉納之，授承務郎，天平節度掌书記，併以節使印告召京。會張安國、邵进已殺京降金，棄疾還至海州，與衆謀曰：我緣主帥來歸朝，不期事變，何以復命？乃約統制王世隆及忠義人馬全福等，徑趨金營。安國方與金將酣飲，即衆中縛之以歸。金將追之不及，獻俘行在，斬安國于市。仍授前官，改差江陰僉判，棄疾时年二十三。

乾道四年，通判建康府。六年，孝宗召對延和殿。时虞允文當國，帝鋭意恢復，棄疾因論南北形勢及三國晉漢人才，持論勁直，不为迎合，作《九議》并應问三篇，《美芹十論》獻于朝，言逆順之理，消長之勢，技之長短，地之要害甚備。以講和方定，議不行。遷司農寺主簿，出知滁州。州罹兵燼，井邑凋殘，棄疾寛征薄賦，招流散，教民兵，議屯田，乃剏奠枕楼、繁雄馆，辟江东安撫司参議官，留守葉衡雅重之。衡入相，力荐棄疾慷慨有大略，召见，遷倉部郎官，提点江西刑獄。平劇盗頼文政有功，加祕阁修撰。調京西轉運判官。差知江陵府兼湖北安撫，遷知隆興府兼江西安撫。以大理少卿召，出为湖北轉運副使，改湖南，尋知潭州，兼湖南安撫。盗連起湖湘，棄疾悉讨平之。

疏曰：比年李全、賴文政、陳子明、李峒相繼竊發，皆能一呼嘯聚千百，殺掠吏民，死且不顧，至煩大兵翦滅。良由田野之民，郡以聚斂，縣以科率，吏以乞取，豪民以兼并，盗賊以剽奪害之。夫民为國本，而貪吏廹使为盗，今年剿除，明年剗盪，譬之木焉，日刻月削，不損則折。望陛下申飭州縣，以惠養元元为意，有違法貪冒者，使諸司各揚其職，無徒按舉小吏以應故事。又以湖南控帶二廣，與溪峒蠻獠接連，草竊間作。豈惟風俗頑悍，抑武備空虚所致。乞依廣东摧鋒，荆南神勁，福建左翼例，别剏一軍，以湖南飛虎为名，止撥属二牙密院，専聽帥臣節制調度，庶使夷獠知有軍威，望風懾服。詔委以规畫。

迺度馬殷營壘故基，起蓋砦栅，招步軍二千人，馬軍五百人。傔人在外，戰馬鐵甲皆備。先以緡錢五萬于廣西買馬五百匹，詔廣西安撫司歲帶買三千匹。时樞府□沮撓之。棄疾行愈力，卒不能奪。經度費鉅萬計，棄疾善幹旋，事皆立辦。議者以聚斂闻，降御前金字牌，俾日下住罷。棄疾受而藏之，出責監辦者：期一月飛虎營柵成，違坐軍制。如期落成，開陳本末，繪圖繳进。帝遂释然。时秋霖幾月，所司言造瓦不易。问须瓦幾何？曰二十萬。棄疾令廂官，自官舍神祠外應居民家取溝心瓦二，不二日，皆具。僚属歎伏。軍成，雄鎮一方，为江上諸軍之冠。加右文殿修撰，差知隆興府，兼江西安撫。

时江右大饑，詔任責荒政。始至，榜通衢曰："閉糴者配，彊糴者斬"。次令盡出公家官錢銀器，召官吏儒生商賈市民，各舉有幹實者，量借錢物，逮其責領運糴，不取子錢，期終月至城下發糶。于是，連檣而至，其直自減，民賴以濟。时信守谢源明乞米捄助，幕属不從，棄疾曰：均为赤子，皆王民也。即以米舟十之三予信，帝嘉之，进一秩。以言者落職。久之，主管冲佑觀。

紹熙二年，起福建提点刑獄。召见，遷大理少卿，加集英殿修撰，知福州，兼福建安撫使。棄疾为憲时，常攝帥，每歎曰；福州前枕大海，为賊之淵。上四郡民頑獷易乱，帥臣空竭，急緩奈何？至是，務为鎮静，未期，歲積鏹至五十萬緡。榜曰：備安库。谓閩中土狹民稠，歲儉則糴于廣，今幸連稔，宗室及軍人入倉請米，出即糶之。□秋賈賤，以備安錢，糴二萬石則有備無患矣。又欲造萬鎧，招强壮補軍額，嚴訓練，则盗賊可以無虞。事未行，臺臣王藺劾其"用錢如泥沙，殺人如草芥，旦夕望端坐閩王殿"，遂丐祠歸。

慶元元年，落職。四年，復主管冲佑觀。久之，起知紹興府，兼浙东安撫使。寧宗召见，言鹽法，加寶謨阁待制，提舉佑神觀。奉朝請，尋差知鎮江府，进寶文阁待制，又进龍圖阁，知江陵府。令赴行在奏事，試兵部侍郎。辞免，进樞密都承旨，未受命而卒，賜對衣，金□，守龍圖阁待制致仕。特贈四官。

棄疾豪爽，尚氣節，識拔英俊，所交多海内知名士。嘗跋紹興間詔书曰：使此詔出于紹興之前，可以無事讎之大耻；使此詔行于隆興之后，可以卒不世之大功。帥長沙时，士人或愬考試官濫取第十七名，春秋卷。棄疾察之信然，索亞牓春秋卷兩易之，啓名則趙鼎也。棄疾歎曰：佐國元勲，忠簡一人，胡为又一趙鼎，擲之地。次閱禮記卷，棄疾曰：觀其議論必豪傑士也，此不可失。啓之乃趙方也。嘗谓人生在勤，當以力田为先。北方之人養生之具，不求于人，是以無甚富甚貧之家。南方多末作，以病農而兼并之，患興貧富，斯不侔矣。故以稼名軒。为大理卿时，同僚吳交如死，無棺斂。棄疾歎曰：身为列卿，而貧若此，是廉介之士也。既厚賻之，復言于執政，詔賜銀絹。棄疾嘗同朱熹遊武夷山，賦九曲櫂歌。熹书“克己復禮”“夙興夜寐”題其二斋室。熹殁，偽学禁方嚴，門生故舊，至無送葬者。棄疾为文往哭之，曰：所不朽者，垂萬世名；孰谓公死，凛凛猶生。

棄疾雅善長短句，悲壮激烈。紹定六年，贈光禄大夫。咸淳間，史馆校勘谢枋得過棄疾墓旁僧舍，有疾聲大呼于堂上，若鳴其不平，自昏暮至三鼓不絶聲。枋得秉燭作文，旦且祭之。文成，而聲始息。德祐初，枋得請于朝，加贈少帥，謚忠敏。

史部，别史类，欽定續通志，卷三百九十五

朱晦菴殁，偽学之禁方嚴，門生故舊至無敢送葬。惟辛棄疾为文往哭之，曰：孰谓公死，凛凛猶生。

子部，儒家类，人譜·人譜类記，卷下

棄疾嘗同朱熹遊武夷山，賦《九曲櫂歌》，熹书“克已復禮”“夙興夜寐”題其二斋室。熹殁，偽学禁方嚴，門生故舊，至無送葬者。棄疾为文往哭之曰：“所不朽者垂萬世名，孰谓公死？凛凛猶生。”棄疾雅善長短句，悲壮激烈，有《稼軒集》行世。紹定六年，贈光禄大夫。咸淳間，史馆校勘谢枋得過棄疾墓旁僧舍，有疾聲大呼于堂上，若鳴其不平。自昏暮至三鼓不絶聲。枋得秉燭作文，旦且祭之。文成，而聲始息。德祐初，枋得請于朝，加贈少師，謚忠敏。

史部，正史类，宋史，卷四百一

辛棄疾帥湖南，賑濟榜文秖用八字曰：“刼禾者斬，閉糴者配。”臣按，朱熹谓棄疾做兩榜，便乱道。蓋欲其兼禁之也。蓋荒歉之年，民間閉糴固是不仁，然當此際，米價翔涌，正小人射利之时也，而必閉之者，蓋彼亦自量其家口之衆多，恐嗣歲之不繼耳。彼有何罪，而配之耶？若夫刼禾之舉，此盗賊之端，禍乱之萌也。周人荒政，除盜賊正以此耳。小人乏食，計出無聊，谓飢死與殺死等死耳，與其飢而死，不若殺而死。况又未必殺耶！闻粟所在，羣趨而赴之，哀告求貸，苟有不從，即肆刼奪。自諉曰：我非盜也，迫于飢餓不得已耳！嗚呼，白晝攫人所有，谓之非盜可乎？渐不可長，彼知其負罪于官，因之鳥駭鼠竄，竊弄鋤梃以扞遊徼之吏，不幸而傷一人焉，勢不容己，遂至變乱。亦或有之臣，願明敕有司，遇有旱災之歲，勢必至飢窘，必先牓示，禁其刼奪。谕之不從，痛懲首惡，以警餘衆。决不可行姑息之政，此非但救飢荒，乃弭禍乱之先務也。然則富民閉糶，何以处之？曰：必先谕之以惠鄰，次開之以積福，许其隨时取直，禁人侵其所有。民之無力者，官與之劵，许其取息，待熟之后，官为追償。苟積粟之家，丁口頗衆，亦必为之計筭，推其赢餘，以濟匱乏。若彼僅僅自足，亦不可强也。然亦嚴为之限，凡有所積不肯發者，非至豐穰，禁不许出糶。彼见得利，恐其后时，自計有餘，亦不能以不發矣。

子部，儒家类，大学衍義補，卷十六

辛棄疾頗諳曉兵事，云兵老弱不汰，可慮。向在湖南收茶冦，令統領揀人，要一可當十者。押得來便看不得，盡是老弱。问何故如此，云只揀得如此，間有稍壮者，諸处借事去。州郡兵既弱，皆以大軍可恃，又如此。为今之計，大段著揀汰，但所汰者又未有頓处。某向见張魏公，説以分兵殺敵之勢，只縁敵人調發極難，完顏要犯江南，整整兩年，方調發得聚。彼中雖是號令簡，無此間许多周遮。但彼中人纔逼廹得太急，亦易變，所以要調發甚難。只有沿淮有许多捍禦之兵。为吾之計，莫若分幾軍趨關陝，他必擁兵于關陝；又分幾軍向西京，他必擁兵于西京；又分幾軍望淮北，他必擁兵于淮北。其他去处必空弱，又使海道兵擣海上，他又著擁兵捍海上。吾密揀精兵幾萬在此，度其勢力既分，于是乘其稍弱处一直收山东，虜人首尾相應不及，再調發來添助。彼卒未聚，而吾已據山东。纔據山东，中原及燕京自不消得大段用力。盖精鋭萃于山东，而敵勢已截成兩段去。又先下明詔，使中原豪傑，自为響應。是时魏公答以某，只受一方之命，此事恐不能主之。蔡云：今兵政如此，終當如何？曰：湏有道理。蔡曰：莫著改更法制？曰：這如何得？如同父云，将今法制重新洗換一番方好，某看來若便使改，換得井牧其田，民皆为兵，若無人統率之，其为乱道一也。然則如之何？曰：只就這腔裏自有道理，這極易，只呼吸之間，便可以弱为强，變怯为勇，振柔为剛，易敗为勝，直如反掌耳。賀孫子部，儒家类，朱子語类，卷一百十

田田、錢錢，辛棄疾二妾也。皆因其姓而名之，皆善筆札，常代棄疾答尺牍。

子部，藝術类，书畫之属，书史會要，卷六

稼軒词□词曲类提要

臣等謹案，稼軒词四卷，宋辛棄疾撰。棄疾有《南燼紀闻》，已著錄。其词慷慨纵横，有不可一世之概。于倚聲家为變調，而異軍特起，能于翦紅刻翠之外，屹然別立一宗，迄今不廢。觀其才氣俊迈，雖似乎奮筆而成，然岳珂《桯史》記棄疾自誦《賀新涼》《永遇樂》二词，使座客指摘其失。珂谓《賀新涼》词首尾二腔，語句相似。《永遇樂》词用事太多。棄疾乃自改其語，日数十易，累月猶未竟，其刻意如此。云云，則未始不由苦思得矣。《书錄解题》載稼軒词四卷，又云信州本十二卷，視長沙本为多。此本为毛晉所刻，亦为四卷，而其总目又注：原本十二卷，殆即就信州本而合併之歟！其集舊多訛，词集之属臣異，如二卷内《醜奴兒近》一闋，前半是本調，殘闕不全，自“飛流萬壑”以下，則全首係《洞仙歌》，蓋因《洞仙歌》五闋即在此調之后，舊本遂誤割第一首，以補前词之闕，而五闋之《洞仙歌》遂止存其四。近萬樹《词律》中辨之甚明。此本尚未及訂正，其中“歎轻衫帽幾许紅塵”句，据其文義，帽字上尚有一脱字，樹亦未經勘及。斯足證掃葉之喻矣，今並詳为勘定，其必不可通而無別本可證者，則姑從闕疑之義焉。乾隆四十四年二月恭校上。

集部，词曲类，词集之属，稼軒词，提要

沁园春·灵山齊菴賦时築偃湖未成

疊嶂西馳，萬馬回旋，衆山欲东。正驚湍直下，跳珠倒濺；小橋横截，缺月初弓。老合投閒，天教多事，检校長生十萬松。吾廬小，在龍蛇影外，風雨聲中。　　爭先见面重重。看爽氣朝來三四峰。似谢家子弟，衣冠磊落；

相如庭户，車騎雍容。我覺其間，雄深雅健，如對文章太史公。新堤路，问偃湖何日，煙水濛濛。

集部，词曲类，词集之属，稼軒词，卷一

沁园春·期思卜築

一水西來，千丈晴虹，十里翠屏。喜草堂經歲，重來杜老；斜川好景，不負淵明。老鶴高飛，一枝移宿，長笑蝸牛戴屋行。平章了、待十分佳处，著箇茅亭。　　青山意氣崢嶸，似为我歸來嫵媚生。解頻教花鳥，前歌后舞；更催云水，暮送朝迎。酒聖詩豪，可能無勢，我乃而今駕馭卿。清溪上，被山灵却笑，白髮歸耕。

集部，词曲类，词集之属，稼軒词，卷一

水调歌头·盟鸥

帶湖吾甚愛，千丈翠奩開。先生杖屨無事，一日走千回。凡我同盟鷗鷺，今日既盟之后，來往莫相猜。白鶴在何处，嘗試與偕來。　　破青萍，排翠藻，立蒼苔。窺魚笑汝癡計，不解舉吾盃。廢沼荒丘疇昔，明月清風此夜，人世幾歡哀。东岸綠陰少，楊柳更须栽。

集部，词曲类，词集之属，稼軒词，卷一

水调歌头·九日遊云洞和韓南澗尚书韻

今日復何日，黄菊为誰開？淵明謾愛重九，胷次正崔嵬。酒亦關人何事，政自不能不爾，誰遣白衣來？醉把西風扇，隨处障塵埃。　　为公飲，须一日，三百盃。此心高处东望，云氣见蓬萊。翳鳳驂鸞公去，落佩倒冠吾事，抱病且登臺。歸路踏明月，人影共徘徊。

集部，词曲类，词集之属，稼軒词，卷一

水调歌头·再用韻呈南澗

千古老蟾口，云洞插天開。漲痕當日何事，洶湧到崔嵬。攫土摶沙兒戲，翠谷蒼崖幾變，風雨化人來。萬里须臾耳，野馬驟空埃。　　笑年來，蕉鹿梦，畫蛇盃。黄花憔悴風露，野碧漲荒萊。此会明年誰健，后日猶今視昔，歌舞只空臺。愛酒陶元亮，無酒正徘徊。

集部，词曲类，词集之属，稼軒词，卷一

水调歌头・慶韓南澗尚书七十

上古八千歲，纔是一春秋。不應此日剛把，七十壽君侯。看取垂天云翼，九萬里風在下，與造物同游。君欲計歲月，嘗試问莊周。　　醉淋浪，歌窈窕，舞温柔。從今杖屨南澗，白日为君留。闻道鈞天帝所，頻上玉卮春酒，冠蓋擁龍楼。快上星辰去，名姓動金甌。

集部，词曲类，词集之属，稼軒词，卷一

水调歌头・公以双鶴见壽席上用黄德和推官韻壽南澗

上界足官府，公是地行僊。青氊劍履舊物，玉立近天顏。莫怪新來白髮，恐是當年柱下，道德五千言。南澗舊活計，猿鶴且相安。　　歌秦缶，寶康瓠，世皆然。不知清廟鐘磬，零落有誰编？莫问行藏用舍，畢竟山林鐘鼎，底事有虧全。再拜荷公賜，双鶴一千年。

水调歌头・和信守鄭舜舉蔗菴韻

萬事到白髮，日月幾西东。羊腸九折岐路，我老慣經從。竹樹前溪風月，雞酒东家父老，一笑偶相逢。此樂竟誰覺，天外有冥鸿。　　味平生，公與我，定無同。玉堂金馬自有，佳处著詩翁。好鎖云烟窗戶，怕入丹青圖畫，飛去了無蹤。此語更癡絶，真有虎頭風。

水调歌头・送守信王桂發

酒罷且勿起，重挽使君鬚。一身都是和氣，别去意何如。我輩情鍾休问，父老田頭說尹，淚落獨憐渠。秋水见毛髮，千尺定無魚。　　望青闕，左黄阁，右紫樞。东風桃李陌上，下馬拜除书。屈指吾生餘幾，多病妨人痛飲，此事正愁余。江湖有歸鴈，能寄草堂無。

水调歌头・元日投宿博山寺见者驚歎其老

頭白牙齒缺，君勿笑衰翁。無窮天地今古，人在四之中。臭腐神奇俱盡，貴賤贤愚等耳，造物也兒童。老佛更堪笑，談妙說虛空。　　坐堆豗，行答飒，立龍鍾。有时三盞兩盞，淡酒醉濛鸿。四十九年前事，一百八盤狹路，拄杖倚牆东。老景竟何似，只與少年同。

水调歌头·趙昌父用东坡韻敘太白东坡事见寄過相褒借因用韻为谢兼寄吳子似

我志在寥濶，疇昔梦登天。摩娑素用人世，俛仰已千年。有客驂鸞翳鳳，云遇青山赤壁，相約上高寒。酌酒援北斗，我亦蝨其間。　少歌曰，神甚放，形則眠。鸿鵠一再高舉，天地睹方圓。欲重歌兮梦覺，推枕惘然獨念，人事底虧全。有美人可語，秋水隔嬋娟。（以上均见稼軒词，卷一）

满江红·遊南巖和范先之韻

笑拍洪崖，问千丈，翠巖誰削？依舊是，西風白鳥，北村南郭。似整復斜僧屋乱，欲吞還吐林煙薄。覺人間萬事，到秋來，都摇落。　呼斗酒，同君酌。更小隱，尋幽約。且丁寧，休負北山猿鶴。有鹿從渠求鹿梦，非魚定未知魚樂。正仰看，飛鳥却應人，回頭錯。

集部，词曲类，词集之属，稼軒词，卷二

满江红·游清風峽和趙晉臣敷文

兩峽嶄巖，问誰占，清風舊築？满眼裏，云來鳥去，澗紅山綠。世上無人供笑傲，門前有客休迎肅。怕凄涼無物，伴君时，多栽竹。　風采妙，凝冰玉。詩句好，餘膏馥。嘆只今，人物一夔應足。人似秋鸿無定住，事如飛彈须圓熟。笑君侯，陪酒又陪歌，阳春曲。

集部，词曲类，词集之属，稼軒词，卷二

题上饒州圃翠微楼

舊时楼上客，愛把酒對南山。笑白髮如今，天教放浪，來往其間。登楼更誰念我，却回頭，西北望層欄。云雨珠簾畫棟，笙歌霧鬢風鬟。　近來堪入畫圖，看父老，願公歡。甚拄笏悠然，朝來爽氣，正爾相關。難忘使君后日，便一花一草報平安。與客携壺且醉，雁飛秋影江寒。

集部，词曲类，词集之属，稼軒词，卷二

水龍吟·甲辰歲壽韓南澗尚书

渡江天馬南來，幾人真是經綸手。長安父老，新亭風景，可憐依舊。夷甫諸人，神州沈陆，幾曾回首。算平戎萬里，功名本是，真儒事，公知否？　況有文章山斗，對桐陰满庭清晝。當年墮地，而今試看，風云犇走。

綠野風煙，平泉草木，东山歌酒。待他年、整頓乾坤事了，为先生壽。

水龍吟·次年南澗用韻为僕與公生日相去一日再和以壽南澗

玉皇殿阁微涼，看公重試薰風手。高門畫戟，桐陰闻道，青青如舊。兰佩空芳，蛾眉誰妒，無言搔首。甚年年却有，呼韓塞上，人争问，公安否？　金印明年如斗，向中州錦衣行晝。依然盛事，貂蟬前后，鳳麟飛走。富貴浮云，我評軒冕，不如杯酒。待從公，痛飲八千餘歲，伴莊椿壽。

水龍吟·题雨巖巖类今所畫觀音普陁巖中有泉飛出如風雨聲

普陀大士虛空，翠巖記取飛來处。蜂房萬點，似穿如碍，玲瓏窗戶。石髓千年，已垂未落，嶙峋冰柱。有怒濤聲遠，落花香在，人疑是，桃源路。　又說春雷鼻息，是卧龍彎環如许。不然應是，洞庭張樂，湘灵來去。我意長松，倒生陰壑，細吟風雨。竟茫茫，未曉只應白髮，是開山祖。

水龍吟·瓢泉

稼軒何必長貧，放泉簷外瓊珠瀉。樂天知命，古來誰會，行藏用舍。人不堪憂，一瓢自樂，贤哉回也。料當年嘗问，飯疏飲水，何为是，栖栖者。　且對浮云山上，莫匆匆、去流山下。蒼顏照影，故應零落，轻裘肥馬。遶齒冰霜，满懷芳乳，先生飲罷。笑挂瓢風樹，一鳴渠碎，问何如啞。

集部，词曲类，词集之属，稼軒词，卷二

水龍吟·用瓢泉韻戲仁和兼諸葛元亮且督和词

被公驚倒瓢泉，倒流三峽词源瀉。長安紙貴，流傳一字，千金争舍。割肉懷歸，先生自笑，又何廉也。但衔杯莫问，人間豈有，如孺子，長貧者。　誰識稼軒心事，似風乎舞雩之下。回頭落日，蒼茫萬里，塵埃野馬。更想隆中，卧龍千尺，高吟纔罷。倩何人，與間雷鳴瓦釜，甚黄鍾啞。

集部，词曲类，词集之属，稼軒词，卷二

水龍吟·過南澗雙溪楼

舉頭西北浮云，倚天萬里须長劍。人言此地，夜深長见，斗牛光焰。我覺山高，潭空水冷，月明星淡。待燃犀下看，凭欄却怕，風雷怒，魚龍惨。　峡東蒼江對起，過危楼欲飛還斂。元龍老矣，不妨高卧，冰壺涼簟。

千古興亡，百年悲笑，一时登览。问何人，又卸片帆沙岸，繫斜阳纜。

集部，词曲类，词集之属，稼軒词，卷二

摸魚兒・賦雨巖

有石狀甚怪，取離騷九歌名曰山鬼。因賦摸魚兒，改名山鬼謡。石浪菴外巨石也，長三十餘丈。

问何年、此山來此，西風落日無語。看君似是羲皇上，直作太虛名汝。溪上住，算只有紅塵不到今猶古，一杯誰舉。笑我醉呼君，崔嵬未起，山鳥覆杯去。　　须記取，昨夜龍湫風雨，門前石浪掀舞。四更山鬼吹灯嘯，驚倒世間兒女。依然处。還问我，清遊杖屨，公良苦。神交心许，待萬里攜君，鞭笞鸞鳳，送我遠遊赋。

歸朝歡・灵山齊菴菖蒲港

皆長松茂林，獨野櫻花一株，山上盛開，照映可愛。不数日，風雨催敗殆盡，意有感。因效介菴體为賦，且以菖蒲綠名之，丙辰歲三月三日也。

山下千林花太俗，山上一枝看不足。春風正在此花邊，菖蒲自蘸清溪綠。與花同草木，问誰風雨飄零速。莫悲歌，夜深巖下，驚動白云宿。　　病怯殘年頻自卜，老愛遺篇難細讀。苦無妙手畫于菟，人間雕刻真成鵠。梦中人似玉，覺來更憶腰如束。许多愁，问君有酒，何不曰絲竹。

瑞鶴仙・壽上饒倅洪莘之时攝郡事且將赴漕舉

黄金堆到斗，怎得似，長年晝堂勸酒。蛾眉最明秀，向水沈煙裏，兩行紅袖。笙歌擁就，爭說道，明年时候。被姮娥做了慇懃，仙桂一枝入手。　　知否？風流別駕，近日人呼，文章太守。天長地久，歲上酒翁壽。記從來，人道相門出相，金印纍纍儘有。但直须，周公拜前，魯公拜后。

集部，词曲类，词集之属，稼軒词，卷二

辛棄疾　棄疾字幼安 號稼軒 歷城人。耿京聚兵山东，節制忠義軍馬，留掌书記。奉表來歸，高宗召见，授承務郎，差簽判江陰，累官浙东安撫，加龍圖阁待制，樞密院都承旨。德祐初，以谢枋得請，贈少師，謚忠敏，有稼軒長短句十二卷 。劉后邨云：公所作大聲鏜鞳，小聲鏗鍧，横絶六合，掃空萬古。其穠麗綿密者，亦不在小晏秦郎之下。

集部，词曲类，词選之属，絕妙好词箋，卷一

祝英臺近

寶釵分，桃葉渡。煙柳暗南浦。怕上層楼，十日九風雨。斷腸點點，飛紅都無人管，倩誰勸，啼鶯聲住。　鬢邊覷，應把花卜歸期，纔簪又重数。羅帳灯昏，哽咽梦中語。是他春帶愁来，春歸何处，却不解帶將愁去。

《貴耳集》云：吕婆吕正己之妻，正己为京畿漕，有女事辛幼安，因以微事觸其怒，竟逐之。今稼軒《桃葉渡词》因此而作，词旨警句：應把花卜歸期，纔簪又重数。是他春帶愁來，春歸何处？却不解帶將愁去。

《歸潛志》党懷英：辛棄疾少同舍，属金國。初乱，辛率数千騎南渡，顯于宋。党在北，擢第入翰林。二公皆有榮寵。后辛退閑，有《鷓鴣天》云：壯歲旌旗擁萬夫，錦襜突騎渡江初。燕兵夜捉銀胡𩎟，漢箭朝飛金僕姑。思往事，歎金吾，春風不染白髭鬚。都將萬字平戎策，換得东郊種樹书。

《清波别志》：稼軒在上饒，属其室病，呼醫對脈，吹笛婢名整整者侍側，乃指以谓醫曰：老妻病安，以此人为贈。不数日，果勿藥，乃踐前約。整整去，因口占《好事近》云：醫者索酬勞，那得许多錢帛？只有一箇整整。也合盤盛得，下官歌舞。轉凄凉，賸得幾枝笛？覷著者般火色，告媽媽將息。一时戲謔，風調不羣。

《太平清話》：鉛山縣南二里许，有稼軒书院，分水嶺下，厥墓在焉。張埜《古山樂府・水龍吟・酹辛稼軒墓》云：嶺頭一片青山，可能埋沒淩云氣？遐方異域，當年滴盡，英雄清淚。星斗撑腸，云煙盈紙，纵横遊戲。謾人間，留得阳春白雪。千載下，無人繼。不见戟門華第，见蕭蕭竹枯松悴。问誰料理，帶湖煙景，瓢泉風味。萬里中原不堪，回首人生如寄。且臨風高唱，逍遥舊曲，为先生醉。

集部，词曲类，词選之属，絕妙好词箋，卷一

曾几生平及诗词作品

编者按：

宋室南渡后，南宋初期的诗坛上，形成了以黄庭坚、陈师道、陈与义为代表的江西派诗人。在这派诗人中，有一位居上饶7年之久的诗人，他是爱国诗人陆游的老师。他死后12年，陆游为他写了墓志铭，评价他“平生取物，一断于义，三任岭外，家无南物”；“治经学道”，“发于文章，雅正纯粹，而诗尤工”。陆游认为，这位诗人在南宋吕本中等“诸公继殁”之后，“岿然独存”，“独擅天下”。这位在江西派诗人中举足轻重的人物，就是住在上饶茶山寺的曾几。

曾几（1084—1166），字吉甫，号茶山居士，赣州（今江西赣县）人，后徙居河南府（今河南洛阳）。政和五年，曾几因铨试优等第一人，赐上舍出身，擢国子正兼钦慈皇后宅教授，其后历任应天府少尹、淮南东路茶盐公事、广西转运使等职。时秦桧当政，兄曾开为礼部侍郎，与秦桧力争和议，桧怒而罢开，曾几受其兄牵连，也被秦桧罢免。罢免期间，曾几寓居于上饶茶山寺，自号茶山居士。秦桧死后，曾几才复被启用。后来历任浙江提刑、礼部侍郎等职。隆兴二年（1164），以左通议大夫致仕。乾道二年（1166），卒，赠光禄大夫，谥文清。《宋史》卷三八二有传。

曾几是南宋初期两三个重要诗人之一。早年从舅氏孔文仲、孔武仲讲学，文从刘安世、胡安国游，其学识渊博，勤于政事。学问精粹，为文纯正雅健，而诗尤工。他的诗学杜甫和黄庭坚为南渡诗人一大宗。曾几其诗的特点讲究用字炼句，作诗不用奇字、僻韵，咏物重神似。另外，其诗风格清淡，活泼流动，词意明白，语言流爽轻快，形象也较为生动，内容多写个人日常生活，亦有抒写爱国抗金之作。后有人将其列入江西诗派，但他并不属于江西诗派，却又与江西诗派的巨子有密切关系；他与《江西诗社宗派图》作者吕本中同年生，既是师友又是亲戚，其间缄札往来，显示了江西派诗论的许多要旨。他的得意门生、大诗人陆游的诗歌成就跟他有很深的关系。曾几死后，陆游为他写了墓志铭，称其“道学既为儒者宗，而诗益高，遂擅天下”，可见极为推崇。《茶山集》中之诗多属抒情遣兴、唱酬题赠之作，闲雅清淡。五、七言律诗讲究对仗自然，气韵疏畅。

对曾几文学及学术的研究，目前还不太多，尤其在上饶，对这位在文学史上颇有盛名的人物研究不多，宣传甚少。因此，我们在《信州文史》的文学专辑中，专门搜集查找到曾几的相关资料，并从《茶山集》中，选录了他在上饶的一些诗词作品，以供研究之要。 （吴长庚）

茶山集八卷，钦定四库全书总目，卷一百五十八

宋曾幾撰，幾字吉甫，贛縣人，徙居河南。以兄弼衈，恩授將仕郎。試吏部優等，賜上舍出身，授校书郎。高宗朝，歷官江西、浙西提刑，忤秦檜去位，僑寓上饒茶山寺，自號茶山居士。檜死，召爲秘书少監，權禮部侍郎，提舉玉隆觀，致仕卒謚文清。

陆游爲作墓誌，云：公治經学道之餘，發于文章，而詩尤工，以杜甫、黄庭堅爲宗。魏慶之《詩人玉屑》則云：茶山之学出于韓子蒼，其說小異。然韓駒雖蘇氏之徒，而名列江西詩派中，其格法實近于黄，殊塗同歸，實亦一而已矣。后幾之学傳于陆游，加以研練，面目略殊，遂爲南渡大宗。又《詩人玉屑》載趙庚夫題茶山集曰：清于月白初三夜，淡似湯烹第一泉。咄咄逼人門弟子，劍南已见一灯傳。其句律淵源，固灼然可考也。又游跋幾奏議稿曰：紹興末，先生居會稽禹跡精舍，某自勑局歸，無三日不进见，见必闻憂國之言。先生时年過七十，聚族百口，未嘗以爲憂，憂國而已。据此，則幾之一飯不忘君，殆與杜甫之忠愛等。故發之文章，具有根柢，不得僅以詩人目之，求諸字句間矣。《墓誌》稱有文集三十卷，易释象五卷。易释象已不傳，文集則《书錄解題》及《宋史藝义志》均作十五卷，是當时已佚其半。自明以來，并十五卷亦佚，僅僅散见各书，偶存一二。兹從《永樂大典》中搜采编辑，勒爲八卷。凡得古今體五百五十八首，雖不足盡幾之長，然較劉克莊《后村詩話》所記九百一十篇之数，所佚者不過三百五十二篇耳。殘膏賸馥，要足沾丐無窮也。

大象衍義一卷，曾幾。史部，正史类，宋史，卷二百二。論語贅言二卷，曾幾

《宋史本传》

曾幾字吉甫，其先贛州人，徙河南府。幼有識度，事親孝，母死，蔬食十五年。入太学有聲。兄弼，提舉京西南路学事，按部溺死無后，特命幾将仕郎，試吏部，考官異其文，置優等，賜上舍出身，擢國子正兼欽慈皇后宅教授。遷辟雍博士，除校书郎。

林灵素得幸，作符书，號神霄録，朝士争趨之。幾與李剛、傅崧卿皆稱疾不往視。久之，为應天少尹，庭無留訟。閹人得旨取金，而無文书。府尹徐处仁與之，幾力争不得。靖康初，提舉淮东茶鹽。高宗即位，改提舉湖北，徙廣西運判，江西提刑，又改浙西。会兄開为禮部侍郎，與秦檜力爭和議，檜怒，開去，幾亦罷。逾月，除廣西轉運副使，徙京南路。盗駱科起郴之宜章，郴桂皆澒洞，宣撫司調兵未至，譿以捷闻。幾疏其實，朝廷遣他将平之。請閒，得崇道觀。復为廣西運判，固辞。僑居上饒七年。

檜死，起为浙西提刑，知台州。治尚清净，民安之。黄巖令受賄，为兩吏所持，令械吏置獄，一夕皆死。幾詰其罪，或曰令丞相沈該客也，治之益急。賀允中荐召對，以疾辞，除直祕阁，歸故治。未幾復召對，幾言士氣久不振，陛下欲起之于一朝。矯枉者必過直，雖有折檻断鞅，牽裾還笏，若賣直干譽者，願加優容。时帝懲檜擅權之罪，方開言路，應詔者衆。幾懼有獲戾者，先事陳之。帝大悦，授祕书少監。幾承平时已为舘職，去三十八年而復至，须鬢皓白，衣冠偉然。每会同舍，多談前輩言行。台阁典章，荐紳推重焉。

詔脩《神宗寶訓》，书成奏荐，帝稱善，命權禮部侍郎。兄楙、開皆嘗貳春官，幾復为之，人以为榮。吳越大水地震，幾舉唐貞元故事，反覆論奏，帝韙其言。他日，谓幾曰：前所进陆贄事甚切，已遣漕臣振濟矣。引年請谢，上曰：卿氣貌不类老人，姑为朕留。谢曰：臣無補萬一，惟进退有禮，尚不負陛下拔擢。上閔勞，以事提舉玉隆觀。紹興二十七年也，除集英殿脩撰。又三年，升敷文阁待制。

金犯塞，中外大震。帝召楊存中偕宰執對便殿，諭以将散百官，浮海避之。左僕射陳康伯持不可。存中言：敵空國遠来，已闖淮甸，此止贤智馳騖不足之时，臣願率先将士北首死敵。帝喜，遂定議親征，下詔进讨。有欲遣使詣敵求緩師者，幾疏言：增幣請和，無小益有大害。为朝廷計，正當嘗膽枕戈，専務節儉經武，外一切置之。如是，雖北取中原可也。且前日詔諸将傳檄，数金君臣如叱奴，何辞可與之和耶？帝壮之。孝宗受禪，幾又上疏数千言。将召，屢請老，乃遷通奉大夫致仕，擢其子逮为浙西提刑，以便養。乾道二年卒，年八十二，謚文清。

幾三仕嶺表，家無長物，人稱其廉。早從舅氏孔文仲、武仲講学。初佐應天，时諫官劉安世亡恙，黨禁方厲，無敢窺其門者。幾獨從之，談經論事，與之合。避地衡嶽，又從胡安國遊。其学益粹，为文純正雅健，詩尤工。有《經説》二十卷，文集三十卷。二子，逢仕至司農卿，逮亦終敷文阁待制。而逢最以学稱。

史部，正史类，宋史，卷三百八十二

論曰：宋既南渡，日以徽宗梓宫及韋后为念。秦檜主和，甘心屈己。張燾連章論列，謀深慮遠，其言取必于天，豈忘宗社之讎哉！亦曰相时而動耳。惜其利澤専于蜀也。黄中不黨不阿，明察料敵，立朝忠實，退不忘君。道夫受知張浚，憂國而不为身謀。曾幾積学潔行，風節凛凛。陳嘗膽枕戈之言，以贊親征，亦壮矣哉！勾濤直節正論，不受檜私，潔身歸老。彌遜曽開，同沮和議，廢絀以沒，無怨懟心，所谓臨大節而不可奪者歟。

史部，正史类，宋史，卷三百八十二

吏部侍郎陳康伯奏　權禮部侍郎兼侍講賀允中奏：左朝奉大夫知吉州曽幾多識典故，宜在本朝。四月甲辰，辞召，命除直祕阁。

史部，编年类，建炎以來繫年要錄，卷一百七十六

戊申，直秘阁知台州曾幾守秘书少監幾入對言：士氣久不振，陛下欲起之于一朝，矯枉者必過直，雖有折檻斷鞍、牽裾還笏、若賣直沽名者，宜皆優容奬激之。上大悦，遂有是命。幾承平时已为馆職。去三十八年而再用。鬚鬢皓白。衣冠甚偉。每與同舍会，多言前輩言行，臺阁典故，荐紳皆推重焉。

史部，编年类，建炎以來繫年要錄，卷一百七十八

《續通志》论曾几

曾幾字吉甫，其先贛州人，徙河南府。幼有識度，事親孝，入太学有聲，賜上舍出身。擢國子正，遷辟雍博士，除校书郎，久之，为應天少尹，庭無留訟。閹人得旨取金而無文书，府尹徐处仁與之，幾力争不得。

靖康初，提舉淮东茶鹽。高宗即位，改提舉湖北、江西、浙西提刑。会兄開为禮部侍郎，與秦檜力争和議，檜怒，開去，幾亦罷。逾月，除廣西轉運副使，徙京南路。盗駱科起郴之宜章，郴桂皆澒洞，宣撫司調兵未至，謾以捷闻。幾疏其實，朝廷遣他將平之。請祠，得崇道觀。僑居上饒七年。

檜死，起为浙西提刑，知台州。治尚清淨，民安之。黄巖令受賄，为兩吏所持，令械吏寘獄，一夕皆死。幾詰其罪，或曰令丞相沈該客也。治之益急。賀允中荐，召對，以疾辞，除直秘阁。歸故治。未幾復召對，幾言：士氣久不振，陛下欲起之于一朝。矯枉者必過直，若賣直干譽者願加優容。时帝懲檜擅權之弊，方開言路，應詔者衆。幾懼有獲戾者先事陳之，帝大悦。授祕书少監。幾承平时已为馆職，去三十八年而復至。每会同舍，多談前輩言行，臺阁典章，荐紳推重焉。

詔修《神宗寳訓》，书成，權禮部侍郎。兄楙、開皆嘗貳春官，幾復为之，人以为榮。呉越大水地震，幾舉唐貞元故事，反覆論奏，帝韙其言。他日谓幾曰：前所进陆贄事甚切，已遣漕臣振濟矣。引年請告，帝留之，提舉玉隆觀，除集英殿修撰。又三年，升敷文阁待制。

金兵來，中外大震。帝召楊存中偕宰執對便殿，論以将散百官，浮海避之。左僕射陳康伯持不可。存中言敵空國遠來，已闖淮甸，此正贤智馳騖不足之时，臣願率先将士從師死敵。帝喜，遂定議親征。有欲遣使詣敵求緩師者，幾疏言：增幣請和有大害，为朝廷計，正當嘗膽枕戈。且前日詔諸将傳檄，数金君臣之過，何辞可與之和耶？帝壯之。孝宗受禪，幾又上疏数千言，将召，屢請老，乃遷通奉大夫致仕。擢其子逮为浙西提刑，以便養。乾道二年卒，年八十二，謚文清。二子逢、逮。

史部，别史类，欽定續通志，卷三百八十二

曾幾 其先贛州人，徙河南府。学粹文純，高宗时累官敷文阁待制。嘗三仕嶺表，家無南物。兄開，亦善属文，累官禮部侍郎兼直学士院，以忤秦檜罷，開嘗師游酢及劉安世，故立朝遇事，臨大節而不可奪。

史部，地理类，总志之属，明一統志，卷二十九

曾幾，開弟。幼有識度，事親孝。紹興間历官浙西提刑。秦檜怒開，幾亦罷。及檜死，起知台州，尋授秘书少監，脩寳訓，书成，權禮部侍郎。卒謚文清。幾为文純正，詩尤工，有集五十卷。

史部，地理类，总志之属，明一統志，卷五十八

曾幾字吉甫，開弟。幼有識度，事親孝。初授校书郎，林灵素得幸，朝士爭趨之，幾不往。高宗即位，歷浙江提刑。会兄開與秦檜力爭和議，檜怒，開去，幾亦罷，僑居上饒七年。檜死，起知台州。召對，授祕书少監。幾承平时已歷馆職，去二十八年而復至，鬚鬢皓白，衣冠偉然，荐紳推重焉。詔修仁宗寳訓，书成，權禮部侍郎，屢有建白。孝宗初致仕，卒謚文清。幾嘗從劉安世談經論事，又從胡安國游，其学益粹。为文純正雅健，詩尤工。有經説二十卷，文集三十卷。

史部，地理类，总志之属，大清一統志，卷二百五十四

曾幾河南人，避地衡嶽，又從胡安國遊，其学益粹。为文純正雅健，詩尤工。

史部，地理类，总志之属，大清一統志，卷二百八十一

曾幾字吉甫，其先贛州人，徙河南府。兄弼，提舉京西南路学事，按部溺死，無后，特命幾將仕郎。試吏部，賜上舍出身，擢國子正，除校书郎。林灵素得幸，作符书，號神霄録，朝士爭趨之。幾與李纲、傅崧卿皆不往視。

久之，为應天少尹。靖康初，提舉淮东茶鹽。高宗即位，提舉湖北江西提刑，又改浙西。会兄開为禮部侍郎，與秦檜力爭和議。檜怒，開去，幾亦罷。逾月，除廣西轉運副使，徙京南路，請間，得崇道觀，僑居上饒七年。

檜死，起知台州。召對，以疾辞，除直祕阁，歸故治，未幾復召對。时帝懲檜擅權之弊，方開言路。應詔者衆，幾懼有獲罪者，先事陳之。帝大悦，授祕书少監。幾承平时已为馆職，去三十八年而復至，须鬢皓白，衣冠偉然。每会同舍，多談前輩言行、臺阁典章，荐紳推重焉。

詔修神宗寶訓，书成，權禮部侍郎。兄楙、開皆嘗貳春官，幾復为之，人以为榮。引年，請谢，上曰：卿氣貌不类老人，姑为朕留。谢曰：臣無補萬一，惟进退有禮，尚不負陛下拔擢。上閔勞，以事除集英殿修撰。又三年，陞敷文阁待制。金入塞，中外大震。帝定議親征，有欲遣使詣敵求緩師者。幾疏言：增幣請和，無小益，有大害。为朝廷計，正當嘗膽枕戈，专務節儉。經武外一切置之，如是雖北取中原可也。且前日詔諸將傳檄，数金君臣如叱奴隸，何辞可與之和耶？帝壯之。孝宗受禪，幾又上疏数千言，將召，屢請老，乃遷通奉大夫致仕。擢其子逮为浙西提刑，以便養。卒年八十二，謚文清。

初，佐應天时，諫官劉安世亡恙，学禁方厲，無敢窺其門者。幾獨從之談經論事，又從胡安國游，其学益粹。为文純正雅健，詩尤工。有經說二十卷，文集三十卷。二子逢仕至司農卿，逮終敷文阁待制，而逢最以学稱。

按，曾幾其先贛人，據史傳，其徙河南，當非一世。幾曾僑居上饒茶山寺七年，未闻一至贛上也。向來志书皆援其父子兄弟入贛州人物，姑仍之。同上，原跋。

史部，地理类，都會郡縣之属，江西通志，卷九十四

曾幾妻李氏，贛縣人，家教嚴肅，生子逢、逮，貴而有贤行。陳傅良嘗曰：吾不及见文清公，然獲從六卿原伯侍郎仲躬遊甚久，憶在都下时，文清夫人尚無恙，生日當壽，余與高炳如博士修拜毋之敬，见諸婦各年六七十，盛服夾侍夫人出對客。已而，原伯兄弟帥婦及諸孫羅拜奉觴，且徧飲客，乃罷。故家孝敬之風，可觀也、原伯逢，宇仲躬。逮字。

史部，地理类，都會郡縣之属，江西通志，卷一百二

茶山先生云：徐師川拟荆公“細数落花因坐久，緩尋芳草得歸遲”云：細落李花那可数，偶行芳草步應遲。初不解其意，久乃得之。蓋師川专師淵明者也，淵明之詩皆适然寓意，而不留于物，如悠然见南山，东坡所以知其决非望南山也。今云細数落花、緩尋芳草，留意甚矣，故易之。**老学菴筆記**

曾文清吉甫，孔毅父之甥也。早從学于毅父。文清以蔭入仕，大觀初以銓試合格，五百人为魁，用故事。賜进士出身，紹興中，明清以啓贄见，云：傳經外氏，早侍仲尼之閒居；提筆文場，曾寵平津之为首。文清讀之喜曰：可谓著题矣。后與明清詩云：吾宗擇壻得羲之，令子傳家又絶奇。甥舅從来多酷似，弟兄如此信難为。徐敦立览之，笑云：此乃用前日之啓为禮，修報耳。**揮麈后録**

曾吉甫侍郎藏子瞻和錢穆父詩真本，所谓"大筆推君西漢手，一言置我二劉間"，其自註云：穆父嘗草某答詔，以歆向见喻，故有此句。而廣川董彦遠待制，乃譏子瞻不當用高光事，過矣。**周必大二老堂詩話**

曾幾学士，兒皆早慧。中子纔十歲，一日谓父曰：孔子死时，宰予必不行心喪三年。问何以驗之，答曰：予親喪，以期为久，况師乎！其娣曰：只恐闻于汝安乎之語不敢違也。乃兄從旁對曰：記得夫子歿，宰予已先亡矣。**方勺泊宅编**

曾文清夙興誦論語一篇，終身未嘗廢。同前。

以上均见《江西通志》，卷一百六十

曾幾《宋史本傳》字吉甫，其先贛州人，徙河南府。賜上舍出身，高宗时为浙西提刑。會兄開與秦檜力爭和議，開去幾亦罷。檜死，起为浙西提刑知台州。治尚清靜，民安之。黄巖令受賄，为兩吏所持，令械吏置獄，一夕皆死，幾詰其罪。或曰：令丞相沈該客也。治之益急。除直秘阁，孝宗初，遷通奉大夫致仕，謚文靖。謹按《嘉靖浙江通志》云：幾起提點浙江东路刑獄，时已老而精力不衰，去大猾吏張鎬，一路稱快。本傳不載其事，附識于此。

史部，地理类，都會郡縣之属，浙江通志，卷一百四十六

曾幾字吉甫，河南人。兄禮部侍郎開，與秦檜力爭和議，去位，幾亦罷。逾月，除廣西轉運副使，徙京南路。請閒，得崇道觀。復为廣西運判，固辞。幾事親孝，母死，蔬食十五年。三任嶺表，家無南物，人稱其廉。早從舅氏孔文仲、武仲講学，又從劉安世、胡安國遊，其学益粹。为文純正雅健。詩尤工、有《經說》二十卷，文集三十卷。

宋史史部，地理类，都會郡縣之属，廣西通志，卷八十六

曾幾字吉甫，贑人也。紹興間兩为運判，一遷副使。治尚清净，不携土物，人稱其廉。贑志谓幾为文醇正雅健，尤工詩。

史部，地理类，山水之属，桂故，卷五

曾幾字吉甫，赣州人。政和五年，因銓試優等第一人，賜上舍出身。治书二十七年，十月除。二十八年七月为權禮部侍郎。

史部，職官类，官制之属，南宋馆阁錄，卷七

曾文清集十五卷，陳氏曰：禮部侍郎章貢曾幾吉父撰。本朝曾氏三望。最初温陵宣靖公公亮明仲，次南豐舍人鞏子固兄弟，然其祖致堯，起家又在温陵之先矣。其后則幾之族也。自贛徙河南，與其兄楙叔夏、開天游，皆嘗貳春官。楙至尚书，開沮和議，得罪，並有名于世。又有長兄弼，为湖北提舉学事，渡江溺死。幾以其遺澤補官，銓試第一，賜上舍出身，清江三孔之甥也。紹興末，幾以老始擢用。乾道中，年八十三以死，號茶山先生。其子逢、逮，皆顯于时。

史部，政书类，通制之属，文獻通考，卷二百四十五

今考韓淲《澗泉日記》稱:（王）洋在信州城居，有荷花水木之趣，因號王南池。闢宴坐一室，號半僧寮。清貧，衣服窶甚，善詩篇云云。《江西通志》亦稱洋僑寓上饒，與曾幾相唱和。以二书所載與集序参考之，蓋亦南渡之清流也。

附，四库全书总目，欽定四库全书总目，卷一百五十六

《論語義》二卷，禮部侍郎章貢曾幾吉父撰。胡文定門人也《胡氏傳家錄》五卷，曾幾吉父徐时動舜鄰楊訓子中所記胡安國康侯问答之語，及其子寧和仲所錄家庭之訓。

史部，目錄類，經籍之属，直斋书錄解題，卷九

《曾氏周易释象》,《宋志》五卷，佚。中興舘阁録：曾幾字吉甫，赣州人。政和五年因銓試優等第一人，賜上舍出身。紹興二十七年十月，除秘书少監，二十八年七月權禮部侍郎。陳振孫曰：吉甫紹興末年已老，始擢用。乾道中，年八十三以卒，號茶山先生。

史部，目錄類，經籍之属，經義考，卷二十三

曾氏《論語義》,《宋志》二卷佚。朱子曰：曾文清《論語解》，其中極有好处，亦有先儒道不到处。鄭可学曰：文清每日必正衣冠讀《論語》一篇。

陳振孫曰：禮部侍郎曾幾吉甫撰，胡文定公門人也。

史部，目錄類，經籍之屬，經義考，卷二百十五

附録：吕祖谦《年譜》紹興七年丁巳，公外祖文清公曾幾轉運廣西，公之父倉部侍游，三月十七日公生于桂林甥馆，年十二歲，以祖駕部致仕，恩補將仕郎。十九。

子部，儒家类，黄氏日抄，卷四十

曾幾事親孝，母死，蔬食十五年。

子部，儒家类，御定孝經衍義，卷八十二

糟蟹 曾幾诗："風味端宜配麴生，無腸公子藉糟成。可憐不作空虛腹，尚想能为郭索行。張翰蓴鱸休發興，洞庭蝦蟹可忘情。君看醉死真奇事，不受人間五鼎烹。"

子部，譜錄类，草木禽魚之属，蟹略，卷四

陆游《曾文清公墓誌銘》

公讳幾、字吉甫。其先贑人，徙河南之河南縣（今洛阳）。曾祖識，泰州軍事推官，妣祖氏、寧晉縣君李氏；祖平，衢州軍事判官，贈朝散大夫，妣慈利縣君劉氏；考準，朝請郎贈少師，妣魏國太夫人孔氏。公有器度，舅（父）禮部侍郎孔武仲（字：常父）、祕阁挍理平仲（字：毅父），歎譽以为奇童。未冠從兄官鄆州（故址今山东郓城县），補試州学为第一，教授孫勰亦贑人，異时讀諸生程試，意不滿輒曰：吾江西人属文不爾。諸生初未谕，及是持公所試文矜，語諸生曰：吾江西人之文也。乃皆大服，已而入太学屢中高等，聲籍甚會。

兄弼，提舉京西南路学事，按部，溺死無后，特恩補公将仕郎。公以太夫人命不敢辞，試吏部銓中優等，賜上舍出身，擢國子正兼欽慈皇后宅教授，遷辟雍博士兼编修道史检閱官。时禁元祐学術甚厲，而以剽剝穨闒熟爛为文，博士弟子更相授受，無敢異一，少自激昂，輒擯弗取，曰：是元祐體也。公獨，憤歎思一洗之。一日得經義絶倫者，而他塲已用元祐體见黜，公爭之不可，明日會堂上出其文誦之，一坐聳聽稱善，爭者亦奪氣，及啓封則内舍生陳元有也，元有遂释褐，文體为少變，学者相賀。改宣義郎，入祕书为校书郎。道士林灵素以方得幸，尊寵用事，作符书號《神霄籙》，自公卿以下羣造其廬拜受，獨故相李纲、故給事中傅崧卿及公俱移疾不行。出为應天少尹，尹故相徐处仁敬待公，公甞决疑獄，徐公谢曰：始徒谓君儒者，乃精吏道如是邪。一日，有中貴人傳中旨取库金，而不齎文书，徐公用府寮議将姑许之，公力爭至謁告不出，徐公雖不果用，而尤以此服。

公丁内艱（守母丧）服除，主管南外宗室財用。靖康初提舉淮南东路茶鹽公事。女真入侵，都城受圍，太府鹽钞無自得，商賈不行，公乃便宜为太府钞給之，比賊退，得緡錢六十萬，侵乱之餘，國用賴是以濟，而公不自以为功也。改提舉荆湖北路茶鹽公事。羣盗大起，湖北諸郡皆破，獨辰、沅、靖三州僅存。有封樁鹽，公以與蠻獠貨易，得錢数鉅萬，間道上行在所。賊孔彦舟據鼎州，川陕宣撫使司幕官有傅雱者，輙假彦舟湖北副总管，彦舟因自稱官軍，而殺掠四出，自若也。俄以总管檄，檄公求鹽給軍食，官属震恐，請與以紓禍，公卒拒不予。其后有为鼎澧鎮撫使者，怙權暴横，復欲得鹽，公曰：使吾畏死則輸彦舟矣，亦卒不予。以疾乞閒，主管臨安府洞霄宫，起为福建路轉運判官，未赴。改廣南西路。廣南支郡賦入悉轉運司歲度所用給之，吏緣为奸，公獨親其事，吏不得與。文书下，諸郡愜服，徙江南西路提点刑獄公事，改兩浙西路。故太師秦檜用事，與敵和。士大夫議其不可者輙斥。公兄为禮部侍郎，爭尤力，首斥，而公亦罷。时秦氏专國柄未久，猶憚天下議，復除公廣南西路轉運副使，以慰士心。徙荆湖南路，賊駱科起，郴州宜章縣郴道桂阳皆警，且度嶺，詔湖北宣撫司遣将逐捕。賊引歸宜章之臨武峒，宣撫司遂以平賊闻，公獨奏其實，朝廷始命他将讨平之。

主管台州崇道觀，起提舉湖北茶鹽，未赴，改廣西轉運判官。公雖益左遷，然於进退從容自若，人莫能窺其涯。復主管崇道觀，寓上饒七年，讀书賦詩盖将終焉。

紹興二十五年檜卒，太上皇帝當宁，慨然盡斥其子孫姻亲，而收用耆舊與一时名士。十一月起公提点兩浙东路刑獄，公老矣而精明不少衰，去大猾吏張鎬，一路稱快。明年知台州，公娶錢氏，有郡酒官者，夫人族子也。大为奸利，且恣横。患苦里閭，公亟捕繫獄，奏廢为民。黄巖令用兩吏为囊橐以受賕，吏持之，令不勝怒，械吏置獄，一夕皆死，公發其罪，或以书抵公曰：令左丞相客也。公治益急，亦坐廢。踰年，召赴行在所，力以疾辞，除直祕阁，歸故官。数月復召，既對，太上皇帝勞问甚渥，曰：闻卿名久矣。公因論士氣不振既久，陛下興起之，扵一朝矯枉者必過直，雖有折檻斷鞅，牽裾還笏若賣直沽名者，願皆優容奨激之。时太上懲秦氏专政之后，開言路、奨孤直，應詔論事者衆。公懼或有以激訐獲戾者，故先事反覆，極論以開廣上意。太上大悦，除祕书少監。先是少監選轻，士至不樂入馆，公既以老臣自外超用，名震京都。及入朝，鬢须皓然，衣冠甚偉，雖都人老吏皆感欷，以为太平之象。扵是公去馆中三十有八年矣。舉故事，與同舍賦詩飲酒，纵談前輩言行，臺阁典章，從容每竟日。故相湯思退嘗語客曰：恨进用偶在前，不得當斯时從曾公遊也。其为荐紳歆慕如此。擢尚书禮部侍郎。初公兄楙历禮部侍郎至尚书，兄開亦为禮部侍郎，至是公復繼之，衣冠尤以为盛事。

二十七年吴越大水，公極論消復災變之道，及言賑濟之令當以时下，太上皆嘉納。时将郊祀，公力請對言：臣老筋力弗支矣，陛下郊天，若禮官失儀亦足辱國。太上曰：卿氣貌不类老人姑为朕留。公再拜谢曰：臣無補萬分一，惟进退有禮，尚不負陛下拔擢，不然且为清議罪人。乃以集英殿修撰提舉洪州玉隆觀，又三歲，除敷文阁待制。金主亮盗塞下，詔进讨，已而敵大入。或欲通使，以緩其来，公方病卧，闻之奮起，上疏曰：遣使請和，增幣獻城，終無小益，而有大害。为朝廷計，當嘗膽枕戈，专務節儉整軍，經武之外一切置之。如是，雖北取中原可也。且前日陛下降詔諸将，傳檄数金人君臣，直訴罵耳，何词復和邪？今上初受内禪，公又上疏，累数千言，大槩如前疏，而加詳，既封奏具衣冠，遡闕再拜乃發。公自宣義郎十一遷为左中大夫，至是以即位恩遷左太中大夫，執政欲起公入侍經筵，度不可致，乃以公子逮为提点浙西刑獄，以便養。隆興二年公上章谢事，遷左通議大夫致仕。莊文太子立，群臣为父后者，得加封其親，公子逢請扵朝，而有司疑公官高，詔特遷左通奉大夫。乾道二年（1166）五月戊辰卒扵平江府逮之官舍，享年八十三。爵至河南縣開國伯，食邑至七伯户。

公平生燕居莊敬如斋，至沒不少變。九月辛酉，逢等葬公扵紹興府山陰縣鳳凰山之原，詔贈左光禄大夫。有司謚曰：文清。娶故翰林学士錢勰之孫、朝請郎东美之女，封魯國太夫人，男三人：逢、朝散大夫尚书左司郎中；逮、朝奉大夫充集英殿修撰知湖州；迅、通直郎主管台州崇道觀。女一人，嫁右朝散郎知吉州吕大器。孫男七人：槩、廸功郎監户部贍軍烏盆酒库；桌、承務郎新知平江府長洲縣；梁、從政郎監户部贍軍諸暨酒库；桀、廸功郎監建康府提領所激賞酒库；槩、宣教郎；棐、修職郎監明州支鹽倉；棠、廸功郎新湖州長興縣尉。孫女九人：長适從事郎衢州江山縣丞李孟傳、次适通直郎新通判楊州軍州事朱輅、次适宣義郎新浙东提舉常平司幹辦公事詹徽之、次适從政郎新婺州金華縣丞邢世材、次适宣教郎幹辦行在諸軍審計司葉子强、次适修職郎吕祖儉、次适文林郎湖州長興縣丞丁松年、次适廸功郎前明州慈谿縣主簿王中行、次适廸功郎監衢州比較務張震。曾孫男女十三人。

公貫通六經（旧以《诗经》《尚书》《仪礼》《乐经》《周易》《春秋》为六经），尤長扵《易》《論語》，夙興正衣冠讀《論語》一篇，迨老不廢。孝悌忠信，剛毅質直，篤扵为義，勇扵疾惡，是是非非，終身不假人以色词。少師（指其父准公）捐馆舍（指辞世），公才十餘歲，已能執丧如禮，終丧不肉食，及遭内艰（母丧），则既祥犹蔬食，凡十有四年，至得疾颠眴乃已。每生日，拜家庙，未尝不流涕也。平生取与，一断以义。三仕岭外，家无南物，或求沉水香者，虽权贵人不与。守台州，以属县并海，产蚶菜，比去官，终不食。

初佐应天时，元祐谏臣刘安世无恙，党禁方厉，仕者不敢闯其门，公独日从之游，论经义及天下事，皆不期而合。避乱寓南岳，从故给事中胡安国推明子孟子不传之绝学。后数年，时相倡程氏学，凡名其学者，不历岁取通显，后学至或矫托干进。公源委实自程氏，顾深闭远引，务自晦匿。及时相去位，为程氏学者益少，而公独以诚敬倡导学者。吴越之间，翕然师尊，然后士皆以公笃学力行，不哗世取宠为法。公治经学道之余，发于文章，雅正纯粹，而诗尤工。以杜甫、黄庭坚为宗，推而上之，由黄初建安，以极于《离骚》《雅》《颂》、虞、夏之际。初与端明殿学士徐俯、中书舍人韩驹、吕本中游。诸公继没，公岿然独存，道学既为儒者宗，而诗益高，遂擅天下。有文集三十卷，《易释象》五卷，他论著未诠次者尚数十卷。

某（作者陆游自称）从公十余年，公称其文辞有古作者余风，及疾革之日，犹作书遗某，若永诀者，投笔而逝。故公之子以铭属某。会某客巴蜀，久乃归。铭之岁，实淳熙五年（1178），去公之殁十二年矣。

銘曰：圣人既沒，道裂千岁。士誦遺经，用鮮弗戾。孰如文清，得拎絶传。耄期躬行，知我者天。秉礼蹈义，篤敬以终。病不惰蝓，大学之功。仕豈不逢，施則未究。刻銘拎丘，維以詔后。（摘自《渭南文集》卷三十二）

次范益謙遷居九江經過上饒见贈韻

君为九江行，意有風雨快。維舟玉溪畔，未割故人愛。

停杯一问我，請以所闻對。九江萬事好，賞詠看前輩。

巖巖匡俗廬，（案后漢书郡國志注：释慧遠《廬山記略》有匡俗先生，出殷周之際，隐居此山。时谓所止为仙人之廬而命焉。又案《豫章舊志》匡俗字君平，夏禹之苗裔也。原本避宋太祖諱，作正俗今校改）頂踵極高大。其中藏曲折，

願勿遺瑣碎。煙波溢浦游，風月庾楼會。以兹供筆硯，

安得有蕪累。矧君著幽禪，直欲入三昧。飽参山南北，

毋问人顯晦。歸來亦何云，聖处果何在。要知方策間，

即有文字外。我今如是說，初不墮荒怪。屋漏實臨之，

斯言尚無愧。

集部，别集类，南宋建炎至德祐，茶山集，卷一

东軒小室即事五首

卷书坐东軒，有竹甚魁偉。清風過其間，戞戞鳴不已。

寫之以素琴，音節淡如水。不惜为人彈，臨流须洗耳。

鼠跡印塵几，蝸涎篆书帷。兒童勿除去，佳处正在兹。

人言有何好，此段眞成癡。俗子徒敗意，幽懐定誰知。

去聖未云遠，故在黄卷中。孰能領其要，直用一理通。

森羅廢興事，瑩若磨青銅。使我见萬古，敬谢典午公。

烹茗破睡境，炷香玩詩编。问詩誰所作，其人久沈泉。

工部百世祖，涪翁一灯傳。閒無用心处，参此如参禪。

有客過丈室，呼兒具爐薰。清談似微馥，妙处渠應闻。
沈水已成燼，博山尚停云。斯须客辞去，趺坐對餘芬。
集部，别集类，南宋建炎至德祐，茶山集，卷二

盛夏东軒偶成五首

一堂既虚閒，一室可息偃。松篁度風清，牕戸去日遠。
幽禪過亭午，凉氣生薄晚。闔内即妻孥，更深遂忘返。

攜簟入深竹，脱巾挂低枝。無令兒輩覺，更恐俗客知。
清風何故來，口詠淵明詩。凉冷似太過，還從徑中歸。

松風夏逾清，竹日午更淨。蕭然松竹間，得此林壑性。
異哉今日暑，無復有晨暝。疲薾安所逃，茅斋入僧定。

因病不舉酒，况當朱明天。客至但茗椀，談詩復談禪。
甘寒百尺井，舊日陆子泉。安得僧舍雪，霏微濕茶烟。

澗蒲上九節，不受塵土姿。清泉自澡潔，白石相因依。
種蕉水中央，佳处略似之。誰能后彫賞，惟有歲寒知。
集部，别集类，南宋建炎至德祐，茶山集，卷二

山 房

竹樹轉深徑，茶山給孤園。禪流打包去，舊日單寮存。
堂堂十八公，不知幾寒温。其誰晤對汝，冷落依頹垣。
有客占作室，此公正當軒。風聲落天半，似與幽人言。
已矣復焉往，佳哉略無喧。在昔公擇父，實惟謫仙孫。
讀书廬山中，仰視五老尊。頭白不歸來，高議排金門。
（吾敢效前輩，分應守丘樊。何憂蕙帳缺，悵望鶴與猿。）
集部，别集类，南宋建炎至德祐，茶山集，卷二

横碧軒

道山心已灰，但有愛山癖。移家過溪住，政为数峯碧。
空濛梅子雨，了不见顔色。朝來忽獻狀，欣若對佳客。
晴牕卷书坐，葱翠長在側。似为神所憐，持用慰岑寂。
曾登此山頭，卻望水南北。煙樹有無間，吾廬應可識。
幾嘗居孔雀僧院东廡小室，榜曰横碧軒。有諸公唱酬之作。

集部，别集类，南宋建炎至德祐，茶山集，卷二

七月一日復大雨用前韻

山頭一寸云，山下一尺雨。青天在層陰，未用遽披覩。
懸知壠畝間，不著蓑笠禦。呼兒趣秧稻，喚婦催釀黍。
使君同戚休，有味勝鼎俎。似闻小人言，無復怨詈汝。
行看黄云翻，不獨翠浪舞。飭廚辦千觴，飲客醉一舉。
不知城东湖，今復深幾许。鷗鷺莫相疑，龜魚且为主。

集部，别集类，南宋建炎至德祐，茶山集，卷二

郡中迎懷玉山應眞請雨得之未霑足

憫雨連三月，为霖抵萬金。小垂開士手，足慰老農心。
果欲千倉積，猶须一尺深。病夫渾不聽，危坐聽佳音。

集部，别集类，南宋建炎至德祐，茶山集，卷四

次曾宏甫见過二首韻

客有過兰若，交情似竹林。野花無可落，村酒不宜斟。
又得清新句，如闻謦欬音。南坡盟好在，为问幾时尋。
鶯啼花落后，芳草緑陰初。良會日不足，清談風有餘。
飢餐聊當肉，嬾出坐無車。勿以貧兼病，相過跡也疏。

集部，别集类，南宋建炎至德祐，茶山集，卷四

次曾宏甫见寄韻

今晨尺书至，令我寸心寬。老去光陰速，人生會合難。
竹輿云洞暖，釣艇玉溪寒。小憩饒阳否，吾衰合掛冠。

集部，别集类，南宋建炎至德祐，茶山集，卷四

又二首

一紙寢丘书，僧牕屢卷舒。無因浮左蠡，況復度匡廬。

政以相望遠，非關自作疎。梦成飛鳥去，千里不躊躇。

政喜溪南宅（宏甫卜築溪南），還乘剡縣船（予將适越上）。

歸來知底日，老去惜餘年。觴詠雖休矣，音书未寂然。

省郎君舊物，消息已真傳。

集部，別集类，南宋建炎至德祐，茶山集，卷四

種 竹

近郊蕃竹樹，手種満庭隅。餘子不足数，此君何可無。

風來當一笑，雪壓要相扶。莫作封侯相，生來鄙木奴。

集部，別集类，南宋建炎至德祐，茶山集，卷四

竹軒出筍

问訊东軒竹，新萌頗不齊。文章藏霧豹，頭角觸藩羝。

逸氣先騰上，長鞭半落西。后來堪底用，采掇付山妻。

集部，別集类，南宋建炎至德祐，茶山集，卷四

逮子作亭于官舍明清堂后種竹殆千竿余名其亭以留客取老杜竹深留客处之句因题二小詩云

行到竹窮处，有亭佳可遊。境因吾子勝，客为此君留。

娟淨經时雨，蕭梢六月秋。豈無他草樹，涇渭不同流。

種竹無他事，林間與客遊。自應攜手入，安用閉門留。

靜可過僧夏，清宜對奕秋。衰翁九節杖，來往亦風流。

集部，別集类，南宋建炎至德祐，茶山集，卷四

寓廣教僧寺

似病元非病，求閒方得閒。殘僧六七輩，敗屋兩三間。

野外無供給，城中斷往還。同參木上座，與汝住茶山。

集部，別集类，南宋建炎至德祐，茶山集，卷四

自廣西歸上饒閲所藏书

久矣山人去，懷哉屋壁藏。侵陵閲梅雨，調護乏芸香。

次第繙經集，呼兒理在亡。乞歸全为此，何愛橐中裝。

初還信州呈寓居諸公

萬事不稱意，一生長損心。稍知閒有味，又覺老相侵。

田舍那能问，溪山未暇尋。清歌一杯酒，聊與故人斟。

集部，别集类，南宋建炎至德祐，茶山集，卷四

造姪寄建茶

汝已去閩嶺，茶酒猶粲然。買應從聚处（姪居三衢，俗言所出不如所聚）

寄不下常年。洗滌盧仝椀，提攜陆羽泉（予所居茶山）。

泉名分得好，更憶仲容贤。

曾同季餉建溪顧渚新茶

雨潤梅黄后，風薰麥秀初。不持新茗椀，空枉故人书。

顧渚瓊糜似，閩溪玉食餘。吾宗重盟好，併以遺閒居。

集部，别集类，南宋建炎至德祐，茶山集，卷四

逮子赴湖南漕司舉寄之

舉子忙如此，槐花細細開。吾兒承詔去，有客附书來。

鶴髮風前帽，雞頭月下杯。衰年餘幾许，勝日不同陪。

逮子以今歲正月十六日之毗陵而以十二月十五日還舍銓試第二且得新雛以詩示之

不见吾兒久，今朝慰眼前。分襟灯火夜，回櫂雪霜天。

中鵠令人喜，將雛得我憐。一杯歡笑后，急急理塵编。

戲同諸孫課春日遲遲

晝漏今多少，人閒只自知。簾垂春色静，窓度日華遲。

柳影徐徐轉，花陰緩緩移。助成耕野事，添得讀书时。

醉著三竿睡，憂來一局棊。吾徒须愛惜，看郎是冬曦。

集部，别集类，南宋建炎至德祐，茶山集，卷四

雪中陆務觀数來问訊用其韻奉贈

江湖迥不见飛禽，陆子殷勤有使臨。问我家居誰暖眼，为言憂國只寒心。官軍渡口戰復戰，賊壘淮壖深又深。坐看天威掃除了，一壺相賀小叢林。（務觀所結菴號小叢林云）

集部，别集类，南宋建炎至德祐，茶山集，卷五

喜闻天兵已臨衢寇

野宿溪行各晏然，吳頭楚尾接風烟。豈知苻澤深为祟，不道柯山最近天。境上音郵多浪語，殿前兵馬是真傳。未能日報书三捷，竹簟紗厨到曉眠。

至日述事时江海大捷

觀臺四望楚氛開，云物輪囷瑞九垓。大雪山陰消得盡，微阳井底放令回。江心阜幟千艘沒，海角黄旗一騎來。想像天顔知有喜，正衙入賀荐金罍。

集部，别集类，南宋建炎至德祐，茶山集，卷五

寄信守徐穉山侍郎

歸去來兮莫问津，有船即買繫江濱。自應一学陶元亮，不用更呼祁孔賓。已卜春前春后日，重尋水北水南人。使君为我新茅棟，数有书來意甚真。

集部，别集类，南宋建炎至德祐，茶山集，卷五

题巾山廣軒次韓无咎韻

鈴斋偪仄未銷憂，暇日聊为帢幘遊。喬木中間藏古寺，籃輿直上得名流。豈無云水連孤嶼，亦有山林望一州。后日玉霄峯頂去，憶經行处为回頭。

集部，别集类，南宋建炎至德祐，茶山集，卷五

次馮子容主簿信州築居韻

闻君卜居水云鄉，欲往從之各異方。屋角樹陰傾老蓋，溪南山色過浮梁。薰風自在翻书葉，梅雨相欺敗堵牆。長鋏高歌歸去好，幽棲为我覓阳岡。（老杜卜居詩要求阳岡暖一作與君勝日杖崇岡）

集部，别集类，南宋建炎至德祐，茶山集，卷五

逮子得龍團勝雪茶兩胯以歸予其直萬錢云

移人尤物衆談誇，持以趨庭意可嘉。鮭菜自無三九種，龍團空取十千茶。烹嘗便恐成災怪，把玩那能定等差。賴有前贤小團例，一囊深貯只傳家。

集部，别集类，南宋建炎至德祐，茶山集，卷五

挽陳丞相

中興論相得耆英，进退能为國重轻。有望臨人山泰華，無私待物器權衡。兩朝禮貌緣同德，多士憑依为至誠。自古元臣薨位少，一时生死極哀榮。

集部，别集类，南宋建炎至德祐，茶山集，卷五

信衢道中溪流不通全家遵陆

客情厭楚卻思吳，白鷺汀洲政起予。渴雨溪流妨进艇，得晴山路稱騎驢。满林霜著春相似，半嶺云横雪不如。匹馬四方男子事，饒阳況不是吾廬。

集部，别集类，南宋建炎至德祐，茶山集，卷六

《梁谿遺稿序》：宋南渡后，以詩齊名者四家，楊廷秀所稱尤蕭范陆是已。千巖詩学于曾幾吉甫，授之姜夔堯章。當时劉潛又许为誠斋敵手，而方萬里谓其詩苦硬頓挫而極其工，使不早死，雖誠斋猶出其下。蓋为詩家矜许若是。顧其詩曾刊于永州，歲久散失。而尤公《梁谿集》五十卷，公之孫藻鋟木新安，焚于兵火。故范陆詩盛行，而尤公之作流傳者寡。蕭特僅见其数首而已。后之論者遂易之曰尤楊范陆。于是蕭愈湮晦，卒有不能舉其姓氏者。翰林检

讨西堂先生自梁谿徙吴，實文簡裔孫，慮公之詩文罕傳于世，乃抄撮其僅存者为二卷，鏤板行之。属其同年友秀水朱彝尊为之序。予因摭其大略，书之簡端。蕭西江人，諱德藻，字东夫，别字千巖。潛夫稱其《咏梅絶句》有云：湘妃危立凍蛟背，海月冷挂珊瑚枝。又云：百千年蘚著枯樹，一兩點花供老枝。造句奇崛，洵足與文簡公梁谿西畔小橋东之作，竝傳者也。

集部，别集类，南宋建炎至德祐，梁谿遺稿，序 尤袤

【信州诗词】

徐元杰的诗歌

编者按

徐元杰（1196—1246），字仁伯，号梅野，宋信州上饶县八都黄塘人。自幼颖悟，诵书日至数千言，且每得冥思精索，若有所得。闻上饶陈文蔚在铅山鹅湖授徒讲学，是朱熹门人，便往师之，后又师事真德秀。绍定五年（1232）参加进士考试，钦点状元及第，授签书镇东军节度判官厅公事。嘉熙二年（1238），召为秘书省正字，累迁著作佐郎兼兵部郎官。淳祐元年（1241），知南剑州。丁母忧去官，服除，授侍左郎官，迁将作监。三年，丞相史嵩之服父丧未满，有诏起复，元杰适轮对，遂上书力劝皇上收回成命，迁兼给事中、国子祭酒、权中书舍人。淳祐五年（1246），中毒暴卒，享年50岁。著有《梅野集》十二卷传世，《宋史》有传。

徐元杰从36岁高中状元到50岁中毒暴卒，短短14年间，除去3年外任南剑州，在朝只有11年。这11年中，他由外任进入朝廷中央，官职由节度判官擢升至给事中、国子祭酒、中书舍人，官位至正四品。考其所著《梅野集》所收文章大多廷论、进讲、轮对及起草诏令之类，皆国家大政及边鄙远虑之事。又正当年富力强，以其才学与胆略，本可大展宏图，为国效力，成就一代功业。谁料想却被权奸扼杀在中道，回顾这段历史，令后人扼腕叹息。

徐元杰自幼聪明颖悟，读书积学，师从朱熹门人陈文蔚，后又师事真德秀。真德秀亦学宗朱熹，在庆元党禁后，程朱理学得以复盛，他出力最多。真德秀是继朱熹之后理学的正宗传人，他同魏了翁二人一道，在确立理学正统地位的过程中发挥了重大作用。徐元杰学出朱门，得其根本。一身正气。他为官“远声色，节情欲”，“直声闻于朝”。杜范入相，徐元杰上书言事，慷慨陈词，力主排外患，修内政，保境安民。当时朝政汹汹，奸佞用事。不幸英年早逝，暴疾而亡。《宋史》有论曰：“赵逢龙之清操，汝腾之不挠，孙梦观之平直，洪天锡、师雍、徐元杰、李伯玉，皆悉心直言，不避权势……皆当时之杰出云。”

元杰死后，国学诸生作《挽徐元杰》云：

冤乎天哉，哲人已痿。自纲常一疏，为时太息。典刑诸老，尽力扶持。方哭南床，继伤右揆。死到先生事可哀，伤心处，笑寒梅冷落，血泪淋漓。人心公论难欺，愿君父，明明悟此机。昔九龄疏谏，禄山必叛。更生累奏，王氏为危，变起范阳，祸成新室，说着当年，人噬脐。君知否？但皇天祚宋，此事无之。[《四库全书》集部，词曲类，词选之属，《花草禾编》，卷二十四]

对元杰诸大臣暴死事件作出更深评论的，是《御批续资治通鉴纲目》：

甚矣！小人之中伤善类也，同己者亲之如兄弟，异己者视之如仇雠。姑即宁理两朝诸人观之，韩侂胄专权擅政，忌赵汝愚之异己，谮贬衡州，中毒而卒。史嵩之窃弄国钧，忌徐元杰之异己，虽未谮贬，中毒而卒。甫隔两朝，如出一辙。盖由小人之行，贪位慕禄，乃其素志；妒贤疾能，又其本心。一旦从而论之，黜而罢之，则其患失之心，宁能自已，故切齿以怨异己之人，必欲置之死地，然后可以快其私愤耳。噫！理宗不竞，而使左右之正人为奸臣无故而害，当时群臣既不能诘理宗，又不能讨，而君子死于无辜；小人益肆暴虐，岂不深可惜哉？直书暴卒，其义自见。[《四库全书》史部，史评类，《御批续资治通鉴纲目》，卷二十]

把批评的矛头，直接对准了理宗。至清代，纪昀更尖锐地批评了“纲维不立”的弊端：“盖当日朝端水火，入主出奴。沸羹蜩螗，迄无定论。即此一事，而宋之纲维不立，亦概可见矣。”

元杰身后存有文集二十五卷，景定三年（1262）由其子直谅刊于兴化，今已亡佚。清四库馆臣据《永乐大典》辑为《楳野集》十二卷，收入《四库全书》。据其子徐直谅所作跋言：“先君未第时为文，未尝有稿。既第，中外仅历四考，余皆端忧幽疾之日。戊戌立朝，直谅兄弟尚幼。且先君单骑往，文字亦复散失。故家集视近世诸老独不为多。今集中多甲辰乙巳在宗庙朝廷之言，然经幄词垣，初不为久，奸贼蜮射，遽死国矣。庸斋赵先生为集序，慨之为长。”[《四库全书》集部，别集类，南宋建炎至德祐，《楳埜集》卷十二。］宋代理学家都受二程“作文无益”及朱子“真味发溢”论影响，不敢多作诗文，以干宗庙朝廷之事，徐元杰深受其影响，故诗文作品“初不为之”应属正常。赵先生为序，指赵汝腾为该集作序，其中有论曰：“余读之尽卷，其正大如望之，其忠切如乔固”，比之如前朝名臣。

《四库提要》言：“今从《永乐大典》中采辑编次，厘为杂文十一卷，诗词一卷，仅存十之五六。而本传所列奏议，条目具存，尚可得其大概。其中如戊戌轮对札子，则为校书郎时所上。甲辰上殿札子，则为左司郎官时所上。其论济王之宜置后，骄奢之宜戒抑，敌国外患之宜以宗社为心，皆惓惓纳忠，辞旨恳到。其白左揆、论时事数书，乃为杜范所延而作，亦多关系国家大计，言无不尽。”

今读其书，全书十二卷，除诗仅一卷，词仅一首外，其余都是散文。保留了他撰写的进讲日记、经筵故事、轮对札子、谢表、廷对策、奏议等，其中精彩之论，被后人收入《历代名臣奏议》，都得到完好保存。

但徐元杰并非不能诗，从仅存一卷诗作看，其写景抒情，清灵含蓄，亦颇有佳篇。如《游灵山阁三首》云：“檐前山色呈螺髻，槛外溪光献玉杯。”“销凝往事凭栏久，杜宇一声烟际催。”又如《湖上》：“花开红树乱莺啼，草长平湖白鹭飞。风物晴和人意好，夕阳箫鼓几船归。”《画龙》：“峥嵘头角见龙神，画者微茫画得真。一夜风雷卷将去，沛为膏泽下于民。”因其作品传世甚稀，今将其诗作录之于后，供研究者录用，爱好者阅读。（吴长庚）

次韻何陆二别駕同遊灵山阁三首

平分風月兩悠哉，勝踐春濃花未摧。蕭寺适今重建阁，兰亭懷古共流杯。
典型二老溪山重，唱詠諸公今日開。慙我枯腸元蹇澁，底教頭上片云催。
闻説精藍頗壯哉，天教傑棟起崔嵬。簷前山色呈螺髻，檻外溪光獻玉杯。
對景自應雙眼豁，憂时應得笑顔開。喚回忠定遺芳躅，衮衮云霄步武催。
彼美前修亦偉哉，巋然風雨不能摧。人新人古懷斯阁，春去春來付一杯。
遊興漫隨流水去，衰眸長對好山開。銷凝往事凭欄久，杜宇一聲烟際催。

直宿禁中

清和时候玉堂宣，愚亦何人厕講筵。但覺梦回深夜爽，不知身在九霄眠。
志裨君德從容地，戀切宸恩咫尺天。願散輝光燭幽隠，肯专榮耀賁金蓮。

早起玉堂窓前俯方池有感

玉堂窓外小池深，香霧朝浮花氣沈。樹杪亭亭鴉點墨，萍根發發鯉跳金。
中涵一勺淵泉定，上有九重天日臨。充廣恩波無盡意，敢渝潔白寸丹心。

登灵鷲千佛阁为往山野堂紹祖留题

彊支疲薾此躋攀，屈指曾遊十載間。方丈喜添千佛阁，雙眸陡豁四圍山。
可無可有僧衣鉢，隨得隨供佛面顔。門外雪深知幾许，只消透得箇重關。

贈香溪留君东上

近代騷人詠性情，隨心而發自分明。吐吞風月咽喉爽，咀嚼江山齒頰清。
溪邑近闻工比興，君詩端可派宗盟。馬頭雪絮吟鞭快，好辦佳篇奏集英。

和袁守

和糴存和气，春生垦闢时。民庯天上见，岁事腊前知。
吾谚诸侯度，谁褰使者帷。乐民之乐者，犂雨趣耕治。

大巧

大巧工夫本不全，清光鑿破未教圓。豈無妙補蒼穹手，修满冰輪送上天。

畫龍

崢嶸頭角见龍神，畫者微茫畫得真。一夜風雷捲將去，沛为膏澤下于民。

湖上

花開紅樹乱鶯啼，草長平湖白鷺飛。風物晴和人意好，夕阳簫鼓幾船歸。

满江紅·以梅花柬鉛山宰

似玉仙人，三載见，西湖清客。擲不碎，一團和氣，只伊消得。雪裏水中霜態度，臘前冬后春消息。看簾垂，清晝一張琴，中間著。　寒谷裏，轻回脚。魁手段，堪描摸。喚东風吹上，兰臺芸阁。只怕傅巖香不斷，摩挲商鼎羹频作。管一番，滋味一番新，今如昨。

和章宰访祝子寿来青书院韵

文昌因祖饯，郎宿问斋名。枉驾一朝款，寒窗千载荣。未花梅索赋，堪杖竹径行。自得来青句，出泉不可清。

书安象祖静轩有感

太极即人极，坤爻德不孤。直方真主宰，敬静实功夫。老桧霜中干，寒梅雪里株。常惺惺法处，收敛物俱无。

送尹子潜赴省

吾侪怪世好，心事老天知。梦寐符前说，轩翔定此时。故家当有后，造物本无私。雪里阳春脚，梅开第一枝。

题李氏云庄

云本无心出，庄非有意名。午供雷腹实，晓带月痕耕。身世随舒卷，山村任晦明。饭疏浮富贵，畎亩但存诚。

挽王迪功

徽好年家后，知公月旦先。宠荣身外物，孝友性中天。趣自怡堂得，诗从犹子传。故园遗迹恨，月落早无边。

又用韵答何上舍

腊雪多为瑞，丰穰隔岁知。林峦银劒戟，苑囿玉壶池。映几孙书饱，卧冰祥母饥。疾风看正色，余事付清诗。

赠临川胡丈文求丛桂书院字

莫讶书斋小，其中天地宽。毓成岐嶷粹，立取本原端。掇拾童科易，恢弘道术难。好培丛桂种，休作浪花看。

赠徐鉴堂

鉴堂均此号，兄与弟相先。画以名家显，神于活法传。以眸蟾皎洁，两袖羽蹁跹。落笔人人似，柯山本是仙。

挽分宁张少仙二首

貌与心俱古，岁寒松桧苍。学高眸炯月，吟苦鬓先霜。能赋秋宾早，收功晚节香。满门弓冶趣，有鹗待云翔。

当路知公谂，搜扬入剡科。才难行志易，官小及民多。北部劳人耳，东皈奈命何。邮音嗟忽断，空有泪滂沱。

挽求志居士王料院二首

奕叶文宗盛，如公罕与俱。源流传紫橐，题品重洪枢。澥左清名凛，江南政绩殊。二难芗共荐，生死亦同涂。

身忝蓬莱客，抠衣谒使臣。麈谈频款曲，樽酒屡殷勤。政事钦前迹，诗书耸旧文。话言犹在耳，不忍哭公坟。

挽宜春赵别驾二首

丛桂论文旧，辛酸话早年。虀盐朝惯苦，膏火夜无眠。一第酬初韦，殊勋策步仙。激昂英气宇，缓步亦霄躔。

诗债松边了，鉏荒賸种花。云程衡麓雁，风味仰山茶。白玉楼成速，金銮事可嗟。桃源千古恨，寒日惨啼鸦。

题方氏绿野园三首

佳景环深院，开门远俗邻。径幽通鸟雀，溪迥隔风尘。客过宜樽酒，时来与物春。好风为我至，萧散足怡神。

众木欣欣茂，扶筇到故家。楼高春月晓，池曲暮烟斜。物公迁无定，徘徊兴自嘉。悠然尘外想，随意乐年华。

春昼情无限，欣看绿野丛。折花红带露，种竹晓生风。自有悠閒趣，何须绘画工。名园多胜致，高咏与谁同。

挽克斋陈先生四首

薰炙儒先早，朱门授受亲。去寻颜巷乐，归咏点雩春。道妙穷精一，心传有省循。乐天知命者，忧道不忧贫。

亲养九旬余，先生寿亦如。学充淇澳美，训释济南书。诸老经筵送，俞音宠渥疏。惜非程子聘，中沮亦时欤。

师承心独切，于道愧无闻。几载钻坚叹，前年枉教勤。墨车回可赞，晋鄙善潜薰。道脉惟其寿，天胡遽丧文。

痛惨哲人萎，愚缠丧母悲。遡风怀绋路，泣雨写哀词。学本藏诸用，行皆笃所知。惟余经训在，交付有孙枝。

挽辛宪若五首

在昔我先翁，礼廑先正隆。潭潭带湖府，凛凛玉溪风。夜韭觞筹里，春花唱咏中。怀哉秋水去，世好孰如公。

荣显宜超躐，威声憺外陲。边疆多崄历，麾节两朝推。范子甲兵有，张名草木知。急流缘底勇，路口岘山碑。

十载居间学，瓢泉映洁清。陶潜黄菊趣，杜老白鸥盟。云自无心出，春随有脚行。知非古巴蜀，使指若为情。

旌廉优召节，丐佚得临漳。静退家庭旧，清芬滋味长。病中知命见，力上赴冠章。了了遗言善，虽亡实不亡。

着义门墙旧，交游手足如。方勤来妣赙，忍写慰公书。继世多先烈，诸郎总令誉。观音山路黯，飞些重欷嘘。

和祝子寿作诗须索意韵

翰墨绝畦迳，言词中律度。笔落风雨惊，诗是江山助。不食烟火语，说到精髓处。升堂必入室，由道谁不户。达者无后先，成贤特指顾。要亦认意思，初不在章句。伊欲登坛场，且阔著地步。其中有活法，此理若大路。所差只毫厘，相去已冠屦。兰室味本同，莲社约此去。把定心鸿鹄，直须盟鸥鹭。多才夙究明，一见已颖悟。貂续不胜情，用得以布露。

和金兄

大学融智门，至善在所止。明德与新民，贯通无异理。万折水必东，千古吾晦翁。考亭追杏坛，犹存舞雩风。

昔者学易堂，粤山宽閒野。此道闻而知，笃信无虚假。尚有刘静春，至理共乐循。我登二老门，天方寿斯文。

服膺善恐失，适正杜邪曲。当时片言下，问道不隔宿。学易堂已空，谁与鞭凡庸。静春正耆庞，抠衣尽从容。

襟谊子崇笃，远来顾茕独。作诗念清新，愧我言腐熟。四海皆弟兄，尚友惟辅仁。春草正碧色，话别同敷陈。

题竹洲

人之生也直，此君亦如是。我酷爱此君，臭味相本似。方其出地初，一种根萌异。刚特俨不回，钧石莫障蔽。

日夜之所息，雨露之所渍。玉成修茂姿，表表在天地。其静专似仁，其动辟似智。其肃然似礼，其凝然似义。

虚中纯白生，似信不容伪。在人该五常，在天足五气。六月苍苍寒，不附炎热势。雨雪披猖中，弹压万凋瘁。

似正色立朝，忠诚著于世。似广厦万间，共荫足以庇。似闻伯夷风，顽廉懦立志。似坚子卿节，夷险无二致。

似见鲁仲连，不复论鄙事。似识元紫芝，顿消名与利。子陵钓严滩，太公钓璜渭。风月一竿中，相从神骨契。

持此叩竹洲，考功言外意。

馆中分韵钱李大著出守上饶

赤城乌府家，忠信以为宝。当年璧海珍，摛文绚春藻。光焰万丈余，膏丐渊浩浩。梯级丹霄宽，声名日杲杲。

几载造笋班，细武历蓬岛。恬淡简世味，真实契穹昊。兴感秋风莼，梦绕春色草。有欲为留行，不可夺所抱。

乃眷古江城，姑烦寄牙纛。除目出修门，驩颂生野老。清透溪冰寒，明映岩月好。心倾子衿青，魄褫猾隶皂。

饥岁忍流旺，烈风助淫潦。其如来暮何，弗翅苏雨槁。疾驱召父车，增峻尹铎堡。顾余学独晚，遇李愧弗早。

兹尾群士僚，乃阶二天造。恩休到松槚，庆色满粱稻。赋别无佳言，劼毖有真祷。只恐难久外，端不竣及考。

宠褒腾玺书，虚竚副旒璪。其以公之归，出手扶世道。

初夏

横波泪竹纹铺簟，叠雪轻罗香剪衣。清夏槐生风细细，新秋麦涨雨霏霏。

村家

疏烟落日路三叉，败叶乾风屋数家。场圃毕工梁月出，傍檐红女绩丝麻。

登仙人掌山

山名仙掌足盘桓，未醉黄花半日閒。更上一层高着眺，此身拟可透天关。

和怀玉本老

失脚天台绝顶峰，又来怀玉乱山中。琼桥去后无消息，禅月重重有案公。

和李文溪送青云道人归杭韵

丹成会见君身蜕，我欲从之更问天。唤醒横江孤鹤梦，凭君持此叩坡仙。

和 汪 君

胸次秋风涧底苹，坐间那得此嘉宾。诗来香迸宵人屋，笑杀元规尘汙人。

郊行

百花只被一晴催，一出郊行花尽开。携杖奚奴趁先去，路迷青草却回来。

来青书院桃花

塞满乾坤本是仁，更无一物不洪钧。山桃自不知粗俗，也与梅花斗早春。

山行

步绕青秧绿水间，春畦交错路回环。老翁牵得牛当路，恐碍人行却复还。

送俞兄赴省

得隽文场气勿盈，便扣捧玉谨持盈。乡邦毕竟辰年好，冰雪身心上帝京。

题日者李成斋所藏李文清幅

相公提笔福苍生，印得当年命术精。钧翰珍藏塞翁马，六丁严护不容惊。

题俞簿梅皋书院

浅清溪浒瘦山巅，净洗肌肤冰雪天。偏向书窗伴幽独，不教尘俗滓婵娟。

雪

瓦声初听响疏疏，顷刻庭除百斛珠。寒雀不知来啄米，群鸡粥粥亦相呼。

讯剑浦主簿詹栋斋

竹林饥午隐禅扉，合傍鸾栖亦此栖。时一参寮茶供罢，可能无语到双溪。

丫头岩

丫头不是女丫鬟，把作坚牢担拄看。撑定东南天半壁，镇教双耸碧云端。

游鹫峰赠埜堂和尚

目断天鹅影不留，梵风吹落鹫峰头。野堂四大无窗壁，散诞当年个野牛。

赠风鉴神眼

世道支撑尽要人，阅人多后眼通神。一朝相去三丞相，今昔同归识认亲。

赠鉴堂

方寸无尘眼有筋，如他图了几勋臣。更烦提起丹青手，写出惊天动地人。

赠毛梅谷

弹琴须会钟子期，画梅莫逊杨补之。墨妙坡仙助挥扫，雪晴霜夜月明时。

赠日者林雪庵

雪庵笑我头如雪，雪干须知立岁寒。会面炎炎朱夏日，门庭雪澹自相看。

饯刘恭父二首

割镫难留乘马东，花枝争看袅长红。衮衣空使斯民恋，绿竹谁歌入相同。

乐事迟回致岁丰，几多遗爱在湘中。须知楚水枫林下，不似初闻长乐钟。

以琴送郡守二首

诗翁雅镇玉溪山，褒玺飞来玉节还。为报佳音天日近，南薰殿里正催班。

天朝交口重声名，公自脩然物外情。岷有焦桐旌往恋，当年靖献与俱清。

又赠术士薛镜台二首

儒流今以术为资，满腹星躔洞隐微。自号镜台须自照，逢人休浪泄天机。

始吾为养喜徽荣，今恨孤孱感慨增。白发满头何所用，只存忧愿数年登。

赠刀镊王诚三首

刀镊王生勇黜妻，痛怜白发有亲慈。纷纷世上私妻子，闻有斯人死愧之。

汝家住近里仁坊，不恋妻儿恋侍旁。父子性天非可夺，亲亲仁也盍揄扬。

妇人盖亦有仁心，只为冥顽溺爱深。今此警之当愧死，何妨重理旧弦琴。

别盱江易耕道

点勘窗前昼景舒，豁人双眼绿阴敷。明方寸地通三级，会一理中该万殊。

静体阳工生意思，密融心匠活工夫。丁宁后会秋风鹗，万里青冥是坦涂。

部中观新竹有感

粉署窗前小竹林，子孙蛰蛰得春深。土膏肥迸苍龙角，地发抽迟紫玉簪。

檐近十分饶宿溜，墙高终日硋层阴。南风昨夜阳和透，放出参天劲节森。

次章守鹿鸣宴韵

儒宫新创俯青溪，上挹魁躔踵旧规。鹗荐联名充赋日，龙飞亲策采言时。

指迷承学云中路，珍重贤侯席上诗。只有梅花知此意，东君著眼是先期。

次赵守鹿鸣宴韵

邦侯光价擅文场，密印心胸书传香。鸣鹿载歌苹野什，骄骅群跨杏园芳。

阳春有脚葭吹管，生意无边柳著行。已报主人环玉立，与观宝句递春坊。

登灵鹫千佛阁为往山野堂绍祖留题

强支疲薾此跻攀，屈指曾游十载间。方丈喜添千佛阁，双眸陟豁四围山。

可无可有僧衣钵，随得随供佛面颜。门外雪深知几许，只消透得个重关。

供铨部职

愚生何幸圣明遭，官府宫墙上界高。冰雪身心参宿列，日星条令揭天曹。

二南美意存周召，九德淳风慨禹皋。我亦空餐惭汝士，谆谆惟切痛民膏。

荷花

鼓角声中璧月光，竹舆十里绕横塘。碧摇仙子凌波袜，红散天丝织锦裳。

仿佛若耶溪上路，栖迷太华井边凉。入城不觉东方白，吹散一身风露香。

及第谢恩

圣朝天子荐临轩，嘉与愚臣究本原。天地两间揃景运，唐虞三代印微言。
慙无一德酬清问，猥玷初班误圣恩。一节誓坚忠与孝，立身端不负乾坤。

甲辰恭和御制

衮衣日月烟当轩，光逮刍荛采众言。内外修攘明治体，忧勤终始养心源。
英髦瑞列霜中干，治化春回雪里根。愿溥需云苏物槁，九垓滂沛洽君恩。

饯永丰易丞赴庚檄

世道圆通更直方，松阴庭院亦声光。眼明英簜公题品，身入芙蓉婉赞襄。
田里叹愁从此达，公私幽枉待君扬。更烦好干东君造，一道奸贪凛雪霜。

旅舍灯

荒居雨醒已昏黄，败壁张灯四散光。相待村炊同坐久，更陪幽梦入更长。
屋头鸡唱惊孤枕，门外马嘶催晓装。僮仆告行吾亦去，空房留尔重凄凉。

梦神人曰公当以是字名庵觉来赋是庵诗

审是须防自是偏，四通八达路平平。伊周孔孟是心一，尧舜汤文是道传。
善恶正邪书里月，行藏用舍性中天。圣贤万语千言订，个字来从太极先。

琼林宴恭和御制

丹墀密勿对尧言，忠款拳拳实恋轩。帝学缉熙方显行，圣心左右已逢原。
光昭宝画敷明训，仪侈琼林匝异恩。百拜赓歌天日皎，报君惟有此心存。

送陈国珍之官鄱阳

盟缔慈恩十四年，匆匆话别戍梅仙。便家泽国冰溪壤，得庇皇华刺史天。
事到直须行已志，官卑最喜近氓编。许多静定清修力，警戒声名企昔贤。

送畏斋何监簿添倅解替东归

春风行李万篇诗，明月归舟几片碑。千载岫云佳话柄，两年怀玉淡生涯。
已闻北阙飞丹诏，早趁南薰度赤墀。历历口开天下事，直声元是九重知。

宿部观铨法苦蚊

炎方典礼始郊迎，夜宿铨闱暑气清。万物洪纤俱夏长，九天宽大遍春生。
眼明剔蠹牙签滑，手倦驱蚊玉箑轻。我自黑甜深帐稳，不容形遁晓窗明。

题金氏三桂堂

见说庭阶玉树芳，薰教书史郁心香。郤诜林峙应难并，燕窦枝繁未足方。
莫羡三槐森钜府，且看三桂列华堂。多闻直谅成三益，松竹梅花共雪霜。

题静轩

主静非专在静时，至于动处亦随之。圣贤学问惟知止，敬义工夫要夹持。
所养勿忘由勿助，其中何虑又何思。莫教鹘突名轩意，物诱情迁几坐驰。

题严陵潇洒亭

天遣溪山付客星，翠屏中界玉澄泓。无边潇洒寸心远，有分登临双眼明。
净洗胸中参范老，细于诗里勘元英。千年相望神相入，一脉清风要主盟。

题赵南卿愚山

愚山山上谪仙徒，到底真愚却不愚。山色长供诗料富，山居赢得俗尘无。
逍遥天地南华子，隐约箪瓢陋巷癯。定力不同山不改，一生双眼不渠孤。

挽黄制属

家传山谷旧簪缨，志业刚豪早有声。二子学文能绍志，一官拜命竟辞荣。
琴斋不听惊人语，钺阃空留荐剡名。借问松坡谁是主，疎梅淡月两凄清。

挽前南剑添倅杨料院

泣别监州隔死生，薄云兹义更何人。草青彭蠡湖边晓，花满江郎峰畔春。
每慨共官惟气直，略无片语不情真。西芹香火家家意，所欠笺天泽徙薪。

挽吴准斋

壮岁能官不厌卑，怆怀霜露蚤知几。扣其学问中心得，如此典型今代希。
天子诏之坚逊避，朝端达者夙瞻依。甲辰重晤言前定，痛述生平泪忍挥。

戊戌恭和御制

明庭亲策广蒐贤，识治朋来谊少年。肆秩琼林宾燕衎，载颁宾画宠光延。
此时礼乐三千字，他日丹青数百篇。蝼蚁怀忠赓帝咏，相先事业誓神仙。

戊戌馆中分韵饯刘秘书

圣明钦恤重皋陶，一日飞星五使轺。方幸蓬山陪末属，遽瞻英簜隔层霄。
谆谆天语扶邦计，念念民生弼教条。轻重适权孚简眷，金鸡山色谶鸡翘。

席间和周颖斋韵

清泉白石诱登临，净瞰轩窗竹一林。隽永如君真有味，膏肓和我不须鍼。
流行坎止人难必，果育蒙亨力要深。一笑相逢邀一勺，喜渠介洁似侬心。

咏以人与天地万物为一体刻印章诗

三才中立圆形均，昧者拘拘利乃身。不道有身皆有血，岂应知我不知人。
其间一物容亏性，是即四肢顽不仁。洞洞八荒皆我闼，豁然窥见等天真。

又赠日者曰清朝贵官

歆艳清朝作贵官，人人都把命来看。未言造化穷天理，且据干支铺卦盘。
富贵热中从古有，功名向上每才难。荣枯勘破花开落，始识霜松自岁寒。

赞勉昶道者题经

念佛直须参佛透，看经容易悟经难。声音未必如来见，盂钵长教岭上观。
了得含嗔痴一集，更超戒定慧三般。祖师食尽人间蔗，千古留楂咬嚼看。

早起玉堂窗前俯方池有感

玉堂窗外小池深，香雾朝浮花气沈。村杪亭亭鸦点墨，萍根发发鲤跳金。
中涵一勺渊泉定，上有九重天日临。充广恩波无尽意，敢渝洁白寸丹心。

赠方介石

介石翁来契所思，骚吟风雅尽追随。庾清鲍逸可无酒，岛瘦郊寒只有诗。
原不染尘圭窦适，未能忘世璧雍驰。赋违恰限江天雪，说向梅花心事知。

赠欧阳奇父偕弟卿赴省

中朝耆旧半沦亡，忧爱胡为畎亩忘。我病不禁心痛折，天灾惟有涕流滂。

救时议论须知体，医国文章要识方。期子声名相照映，好风天际雁成行。

赠日者李成斋

谭天玄彻李成斋，豫讯东风著早梅。自昔不离三正备，谓予带得五行来。

穷通于我何加者，演测如君亦伟哉。说到常人难说处，灵台湛处现星台。

赠日者庐生

相逢未纵谈天口，开口便教侬赋诗。我语只堪供覆瓿，子行聊赠若为资。

忘忧对草閒供咏，溅泪看花重感时。何日重来当刮目，只谈风月得舒眉。

赠日者杨应斋

烂柯山客命能知，人事更番一局棋。甜卦易穷行苦卦，此时相语验他时。

穷通任理胡不可，灾福缘人要自持。我老只堪渔钓隐，衰慵梦不到苍姬。

赠谈星叶生

至诚之道可前知，知命如君亦甚奇。二十八星轮指掌，两三年事印蓍龟。

春来春去无元尽，花落花开自有时。门外青山知此意，只教松柏镇如新。

赠香溪留君东上

近代骚人咏性情，随心而发自分明。吐吞风月咽喉爽，咀嚼江山齿颊清。

溪邑近闻工比兴，君诗端可派宗盟。马头雪絮吟鞭快，好办佳篇奏集英。

谢枋得生平与他的文学

编者按：

谢枋得（1226—1289），字君直，号叠山，别号依斋，信州弋阳人，以江东提刑江西招谕使知信州。他一生充满了传奇色彩，蔑视权贵，疾恶如仇，他爱国爱民，用生命和行动谱写了一曲爱国的壮丽诗篇。他聪明过人，文章奇绝；学通“六经”，淹贯百家，带领义军在江东抗元，被俘不屈，在北京殉国。他是南宋末年著名的爱国诗人，诗文豪迈奇绝，自成一家。作品收录在《叠山集》。

谢枋得于宋理宗宝庆二年三月二十三日出生于信州弋阳县新政乡儒林里，其伯父谢征明在抗元战斗中战死沙场，其父谢应琇因忤权贵被冤屈而死，谢枋得从小由母亲桂氏教养。自幼颖悟,《宋史列传》说谢枋得“为人豪爽，每观书，五行俱下，一览终身不忘。性好直言，每与人论古今治乱国家事，必掀髯抵几，跳跃自奋，以忠义自任”。史传还说他“天资严厉，雅负奇气，风岸孤峭，不能与世轩轾”，应当是位才子外加“性情中人”。

宋朝是民族危机深重的时代，特别是南宋末期，当时，以理宗为首的南宋封建统治集团，荒淫腐朽，再加上宦官董宋臣和权臣贾似道祸国殃民，南宋的政治十分黑暗。

宝祐四年(1256),30岁的谢枋得与文天祥同科中进士。初任抚州司户参军，随即弃职而去。次年复试教官，中兼经科，担任建宁府教授，亦未到任。左丞相吴潜宣抚江南东、西两路，命他担任干办公事。团结民兵，以保护饶州、信州、抚州，划拨钱米以作为地方民兵的军粮。谢枋得说服地方邓、傅二姓所属二社各大家，组织了民兵一万多人，驻守信州，到兵退后，朝廷核实各项军费，所拨科降錢差一点不许报免。

景定五年（1264），谢枋得为建宁府学教授，时贾似道为左右丞相兼枢密使，以划江、岁币向蒙古军求和，加上蒙古大汗蒙哥刚死，内乱发生，忽必烈答应了条件，率蒙古军北撤。蒙军刚撤，贾似道就开始行打算法，查核各地军饷，各地抗元大将多有获罪，谢枋得极为愤慨，也对时局失望至极，这年九月，江南东路漕司（宋朝转运司的简称，又称漕台）要在宣城和建康举行乡试，谢枋得因曾获建宁府教授的资格，由考生变成了考官，任建康府主考官，并由他出考题。他琢磨了几天，便以贾似道政事为题，考题竟然是“权奸误国，必忘赵氏”，在考生的对策试题中，共提出了十个问题要求作答，这就是著名的“江东十问”。其意直指贾似道“窃政柄，害忠良，误国毒民”。为此，漕使陆景思抓住了这件事，送上试卷文稿给贾似道，贾似道大怒，便以“居乡不法”“起兵时冒破科降钱”且“讪谤朝廷官员”的罪名，追夺谢枋得两官，谪居与国军，至咸淳三年（1267）得赦才被放回。许其回朝任职，但他没有回朝，而隐居弋阳家中，与朋友谈天说地，议论时政。或闭门讲学，向弟子宣传爱国思想。可惜，这种平静的日子，很快就被蒙古军的铁蹄所打破。以忠义自任的谢枋得坐不住了，马上在家乡组织民众，开始了他艰难困苦的勤王之路。

德祐元年（1275），降元宋将吕文焕引导元兵东下鄂、黄、郸、安庆、九江等州，并召降沿江各地，凡其亲友、部曲所守之地，皆利诱下之，遂屯建康。枋得与吕师夔善，乃应诏上书，愿以一族担保，以吕师夔可以信赖，请朝廷分沿江诸屯兵，以吕师夔为镇抚使，使之行成，且愿亲至江州，见吕文焕与议，得到朝廷允许。使谢枋得以沿江察访使身份出行。却碰上文焕北归，不及见面而返。于是，朝廷任谢枋得以江东提刑江西招谕使知信州。

德祐二年（1276）年正月，吕师夔已降元，与武万户分定江东诸地，枋得率兵迎战。两军交于安仁。吕使前锋呼曰:“谢提刑过来！”吕军飞驰而至，箭射之，矢及于谢马之前。谢枋得退走入安仁城。调淮士张孝忠，迎战于团湖坪。宋军矢尽，孝忠挥双刀击杀元军百余人，前军稍却，后军绕出于孝忠之后，宋军惊溃，孝忠中流矢死，马奔归。枋得坐敌楼见之，曰:“马归，孝忠败矣。”遂退兵信州。吕师夔攻下安仁，继续进攻信州。不久，信州城破。

谢枋得的挺身抗元，未能阻挡蒙古军队的铁骑。由于南宋最高统治集团畏战，左丞相留梦炎弃职逃跑，随后降元，兵部尚书吕师孟降元，其他不少封疆大臣和前线将领也纷纷倒戈投敌，致使大片国土沦丧。三月，元军占领南宋首都临安，并将宋恭宗、太后全氏、太皇太后谢氏俘往元朝上都，谢氏曾寄诏书命令南宋臣民降元，但谢枋得拒绝了。

五月，南宋景炎帝即位，谢枋得被任江东制置使。于是，他再次招集义兵，继续进行抗元斗争，但终因寡不敌众而失败。由于元军的追捕，他被迫隐姓埋名，逃亡福建，隐遁于建宁唐石山中。宋亡，流寓建阳，以卖卜教书度日。生活极其贫困。元朝建立，天下安定，他便在闽中居住下来。作为南宋的遗民，在流亡期间，谢枋得创作了大量的诗和文，反映人民的疾苦，痛斥南宋的昏暗和大臣们的卖国求荣，表达对复国还乡的强烈愿望，艺术成就极高。

元朝统一中国后，就开始拉拢汉族士大夫，由于谢枋得的文名和威望，元朝曾先后五次派人来诱降，但都被他严词拒绝。

元至元十九年（1282），程文海荐宋遗士三十人，谢枋得亦在其列。枋得方居母丧，于是，遗书拒绝。二十年，行省丞相忙兀台以皇上圣旨召枋得，执其手相勉劳。枋得曰："上有尧舜，下有巢由，枋得名姓不祥，不敢赴诏。"丞相以其大义，也不勉强。二十五年（1288），福建行省参政管如德奉圣旨到江南求聘人材，尚书留梦炎以枋得荐。枋得遗书梦炎，再次拒绝。福建行省参政魏天祐见时方以广求人材为急，也想通过推荐枋得而建功，使其友赵孟滮来做说客。枋得骂。后见天祐，又傲岸不为礼。天祐怒，逼之北行。枋得以死自誓，四月朔至燕，问太后攒所，及瀛国公所在，再拜，恸哭疾甚。留梦炎使医持药杂米饮进之，枋得怒，掷之于地。这年冬天，魏天祐奉元帝之命，强迫谢枋得北上大都。自离开嘉兴，即绝不饮食，二十余日不死，乃复少茹蔬果，积数月而困殆。四月初五（1289年4月25日），谢枋在大都悯忠寺（今北京法源寺），绝食五天，终于为国尽节，至死未降为元臣。

谢枋得是宋代著名的文学家，他的文学成就主要体现于三方面：一是诗歌，二是散文，三是选诗。

散文　谢枋得为文推尊欧阳修、苏轼，认为"欧苏起遐方僻壤，以古道自任，发为词华，经天纬地，天下学士皆知所宗"。他对宋末文风颇表不满，指出"七十年来，文体卑陋极矣"（《与杨石溪书》），于是以振兴斯文自任。纪昀论曰:“枋得忠孝大节，炳著史册，却聘一书以已脍炙人口。而其他文章，亦博大昌明，具有法度，不愧有本之言。”

他的散文格调高奇，很有气势。他写了大量的书、序、记、启等方面的文章，“文词清丽，高迈奇绝，汪洋演迤，自成一家”。他所作文章，切中时弊，令人读之泣下。如《谒辛稼轩先生祠记》《上丞相留忠斋书》《上程雪楼御史书》《与参政魏容斋书》等都是文中上品，不可多得。《上丞相留忠斋书》写得慷慨愤激，义正词严;《送史县尹朝京序》则有见解有感情，于唐宋赠序文中，颇具特色。《宋辛稼轩先生墓记》记辛弃疾垂殁之语，以为其“精忠大义，不在张𬸦忠、岳武穆下”，高度评价辛弃疾的爱国精神，也正反映了他自己的节操。《上程雪楼御史书》中写道:“某三十一而仕，五十一休官，平生实历，不满八月，俸禄无一毫归家养亲，已不可言孝矣……亲丧在浅土，贫不能礼葬，苫块余息，心死形存。”所谓悠悠寸草心，十分感人。在《与参政魏容斋书》中:“宋室遗臣，只欠一死。上天降其才，其生也有日，其死也有时，某愿一死全节矣，所恨时未至耳。”更足以证明他决心为国殉难，视死如归的民族气节。

诗词 《叠山集》有诗一卷，词若干首。谢枋得诗伤时感旧，沉痛苍凉，诗风朴素端正，有时也饶有韵致。

如《武夷山中》写道:“十年无梦得还家，独立青峰野水涯。天地寂寥山雨歇，几生修得到梅花。”述其转徙山中的十年岁月，颇含隐痛。

《初到建宁赋诗一首》是他北上前的诀别诗，起句即以“雪中松柏愈青青”自喻，高风亮节，视死如归，亦感人至深。

谢枋得的诗大都是在民族存亡严重关头，同南宋奸臣、蒙古贵族统治者做斗争时所作，因而具有强烈的爱国主义精神。在《元旦阻雨》《春日闻杜鹃》《寄谢叔鲁》《思亲》等诗中，通过对故国的怀念与留恋，表达了他对复国还乡的强烈希望，抒发了一个爱国者光明磊落的胸怀。在《别二子及良友》一诗中，他又以雪中松柏自比，比喻自己永远独立不移的民族气节，表明他为坚持民族大义，敢于傲霜斗雪的铁骨松风。

他被迫北上告别亲友，作《魏参政执拘投北行有期死有日诗别妻子及良友》:“雪中松柏愈青青，扶植纲常在此行。天下久无龚胜洁，人间何独伯夷清。义高便觉生堪舍，礼重方知死甚轻。南八男儿终不屈，皇天上帝眼分明。”

南宋灭亡后，他孤单一人，卖卜为生，因而深知人民疾苦，写出了不少反映人民疾苦的诗篇。如《蚕妇吟》中，就深刻地反映了劳动人民的辛苦，揭露了封建统治者的荒淫腐败。他描写道：

子规啼彻四更时，起视蚕稠怕叶稀。

不信楼头杨柳月，玉人歌舞未曾归。

天还没亮，蚕妇就起床查看，担心蚕多了，桑叶不够吃，而此时达官贵富们还在歌舞宴乐，多似"朱门酒肉臭，路有冻死骨"啊！

枋得的诗还擅用隐喻，有很强的艺术感染力。如《庆全庵桃花》。他借陶渊明描写的世外桃源其居民为避秦乱而隐居此地，来反映自己的处境。

寻得桃源好避秦，桃红又是一年春。

花飞莫遣随流水，怕有渔郎来问津。

谢枋得的一些小诗也写得隽永清鲜，情意盎然。如《觅茶》：

茂绿林中三五家，短墙半露小桃花。

客行马上多春日，特叩柴门觅一茶。

再如《小孤山》：

人言此是海门关，海眼无涯骇众观。

天地偶然留砥柱，江山有此障狂澜。

坚如猛士敌场立，危似孤臣末世难。

明日登峰须造极，渺观宇宙我心宽。

他的绝命诗如《崇真院绝粒偶书付儿熙之定之并呈张苍峰刘洞斋华甫》：

西汉有臣龚胜卒，闭口不食十四日。

我今半月忍渴饥，求死不死更无术。

精神常与天往来，不知饮食为何物。

若非功行积未成，便是业债偿未毕。

太清群仙宴会多，凤箫龙笛鸣瑶瑟。

岂无道兄相提携，骑龙直上寥天一。

他的词作不多，而都寄意遥深。如《沁园春·寒食郓州道中》：

十五年来，逢寒食节，皆在天涯。叹雨濡露润，还思宰柏，风柔日媚，羞看飞花。麦饭纸钱，只鸡斗酒，几误林间噪喜鸦。天笑道，此不由乎我，也不由他。　　鼎中炼熟丹砂。把紫府清都作一家。想前人鹤驭，常游绛阙，浮生蝉蜕，岂恋黄沙。帝命守坟，王令修墓，男子正当如是邪？又何必，待过家上冢，书锦荣华。

这首词作于被强赴大都途径郓州时。词中用了一系列比喻，抒写残酷现实条件下，自己无可奈何的心态。又如《风流子·骊山词》，借唐明皇杨贵妃事，抒写国破家亡的历史遗恨。

三郎年少客，风流梦，乡岭记瑶环。想娇汗生春，海棠睡暖，笑波凝媚，荔子浆寒。奈春好，曲江人不见，偃月事无端。羯鼓三声，打开蜀道，霓裳一曲，舞破潼关。　　马嵬西去路，恁牵愁不断，泪满青山。空有香囊遗恨，钿盒偷传。叹玉笛声沉，楼头月下，金钗信杳，天上人间。几度秋风渭水，落叶长安。

谢枋得的学术成果

按《四库全书》介绍，谢枋得所著有易、书、诗、三传及四书解、杂著、诗文原本六十四卷。岁久散佚。明嘉靖中，揭阳林光祖为广信府知府，始以黄溥所校刊行世，仅分上下二卷。万历中，御史吴某所辑《叠山集》又刻之上饶，编次错迕，未为精审。此本乃国朝康熙中弋阳知县谭瑄所重订，祖旧本较为详备。

《重订千家诗》《千家诗》原名《分门纂类唐宋时贤千家诗选》，原为宋朝刘克庄编辑，南宋末年，谢枋得对原有《千家诗》有所整理增删，成为谢枋得编辑《重订千家诗》。《千家诗》是带有启蒙性质的格律诗选本。因为它所选的诗歌大多是唐宋时期的名家名篇，易学好懂，题材多样：山水田园、赠友送别、思乡怀人、吊古伤今、咏物题画、侍宴应制，较为广泛地反映了唐宋时代的社会现实，所以在民间流传广泛，影响极其深远。

《文章轨范》以文章类别编选文章，是南宋一部影响很大的评注选本，被誉为集合宋人评点学之大成。全书侧重文章的作法，以帮助初学者理解文意，掌握作文技巧。同时，书中所选文章大部分思想性、艺术性都较高，其评点又每每精到中肯，其选文和评注所体现出的文学主张亦见识高妙，对后人欣赏和写作文章都有较大的借鉴意义。

谢枋得也是我国古代评点文学的先驱者。他评点的著作有：

《批点檀弓》二卷

《注解二泉选唐诗》共五卷

因此书系赵蕃（字昌父，号章泉）、韩淲（字仲止，号涧泉）所选，故又名《注解章泉涧泉二先生选唐诗》；又所选皆唐人七绝，故又名《章涧二泉先生选唐绝句》。此书，选唐人七绝一百零一首，其中选刘禹锡最多，十四首，杜牧八首，许浑五首，李商隐、韦庄各四首，其余像王昌龄、王维、高适、岑参、白居易等都不过一两首。

《吴道南秘笈新书》十三卷，别集一卷。是书据道南自序谓：本宋谢枋得之书，道南为之增补。（钦定续文献通考，卷一百八十七）

《诗传注疏》 载于《四库全书》别集类《叠山先生行实》

《易说十三卦取象》　同上

《批点陆宣公奏议》　同上

考虑到国内对谢枋得的研究所限，他的原著比较缺乏，我们搜寻到一些资料，录之于后，可供研究者参考，阅读者欣赏。（吴长庚）

《宋史》列传第一百八十四（谢枋得）

谢枋得，字君直，信州弋阳人也。为人豪爽。每观书，五行俱下，一览终身不忘。性好直言，一与人论古今治乱国家事，必掀髯抵几，跳跃自奋，以忠义自任。徐霖称其“如惊鹤摩霄，不事笼絷”。

宝祐中，举进士，对策极攻丞相董槐与宦官董宋臣，意擢高第矣，及奏名，中乙科。除抚州司户参军，即弃去。明年复出，试教官，中兼经科，除教授建宁府。未上，吴潜宣抚江东、西，辟差干办公事。团结民兵，以扞饶、信、抚，科降钱米以给之。枋得说邓、传二社诸大家，得民兵万余人，守信州，暨兵退，朝廷核诸军费，几至不免。

五年，彗星出东方，枋得考试建康，擿似道政事为问目，言：“兵必至，国必亡。”漕使陆景思衔之，上其稿于似道，坐居乡不法，起兵时冒破科降钱，且讪谤，追两官，谪居兴国军。咸淳三年，赦，放归。德祐元年，吕文焕导大元兵东下鄂、黄、蕲、安庆、九江，凡其亲友部曲皆诱下之，遂屯建康。枋得与吕师夔善，乃应诏上书，以一族保师夔可信，乞分沿江诸屯兵，以之为镇抚使，使之行成，且愿身至江州见文焕与议。从之，使以沿江察访使行，会文焕北归，不及而反。

以江东提刑、江西招谕使知信州。明年正月，师夔与武万户分定江东地，枋得以兵逆之，使前锋呼曰："谢提刑来。"吕军驰至，射之，矢及马前。枋得走入安仁，调淮士张孝忠逆战团湖坪，矢尽，孝忠挥双刀击杀百余人。前军稍却，后军绕出孝忠后，众惊溃，孝忠中流矢死。马奔归，枋得坐敌楼见之，曰："马归，孝忠败矣。"遂奔信州。师夔下安仁，进攻信州，不守。枋得乃变姓名，入建宁唐石山，转茶坂，寓逆旅中，日麻衣蹑履，东乡而哭，人不识之，以为被病也。已而去，卖卜建阳市中，有来卜者，惟取米屦而已，委以钱，率谢不取。其后人稍稍识之，多延至其家，使为弟子论学。天下既定，遂居闽中。

至元二十三年，集贤学士程文海荐宋臣二十二人，以枋得为首，辞不起。又明年，行省丞相忙兀台将旨诏之，执手相勉劳。枋得曰："上有尧、舜，下有巢、由，枋得名姓不祥，不敢赴诏。"丞相义之，不强也。二十五年，福建行省参政管如德将旨如江南求人材，尚书留梦炎以枋得荐，枋得遗书梦炎曰："江南无人材，求一瑕吕饴甥、程婴、杵臼厮养卒，不可得也。纣之亡也，以八百国之精兵，而不敢抗二子之正论，武王、太公凛凛无所容，急以兴灭继绝谢天下。殷之后遂与周并立。使三监、淮夷不叛，武庚必不死，殷命必不黜。夫女真之待二帝亦惨矣。而我宋今年遣使祈请，明年遣使问安。王伦一市井无赖、狎邪小人，谓梓宫可还，太后可归。终则二事皆符其言。今一王伦且无之，则江南无人材可见也。今吾年六十余矣，所欠一死耳，岂复有它志哉！"终不行。郭少师从瀛国公入朝，既而南归，与枋得道时事，曰："大元本无意江南，屡遣使使顿兵，令毋深入，待还岁币即议和，无枉害生灵也。张宴然上书乞敛兵从和，上即可之。兵交二年，无一介行李之事，乃挈数百年宗社而降。"因相与痛哭。

福建行省参政魏天祐见时方以求材为急，欲荐枋得为功，使其友赵孟頫来言，枋得骂曰："天祐仕闽，无毫发推广德意，反起银冶病民，顾以我辈饰好邪？"及见天祐，又傲岸不为礼，与之言，坐而不对。天祐怒，强之而北。枋得即日食菜果。

二十六年四月，至京师，问谢太后欑所及瀛国所在，再拜恸哭。已而病，迁悯忠寺，见壁间《曹娥碑》，泣曰："小女子犹尔，吾岂不汝若哉！"留梦炎使医持药杂米饮进之，枋得怒曰："吾欲死，汝乃欲生我邪？"弃之于地，终不食而死。伯父徽明以特奏恩为当阳尉，摄县事，时天基节上寿，大元兵奄至，徽明出兵战死，二子趋进抱父尸，亦死。

论曰：谢枋得嵚崎以全臣节，皆宋末之卓然者也。

《寶祐四年登科錄》一卷，宋文天祥榜进士题名也。首列御試策题一道，及詳定编排等官姓名，其覆考检錄試卷官爲王應麟。故宋史文天祥傳載：考官王應麟奏其卷，稱古誼若龟鉴，忠肝如鐵石，敢爲國家得人賀也。其一甲第九人爲王應鳳，卽應麟之弟。蓋當时法制猶未有引嫌回避之制耳。天祥本列第五，理宗親擢第一。第二甲第一人爲谢枋得。第二十七人爲陆秀夫，與天祥並以孤忠勁節，撐拄纲常。数百年后睹其姓名，尚凜然生敬。則此錄流傳不朽，若有神物呵护者，豈偶然哉！五甲第一百八十九人朱喇以下，原本脫去二十四人，今检錄，中四甲二百二十七人。趙與浦下注：兄與鎭同榜而錄無其名。又《括蒼彙記》有趙时、陳塈。《衡州府志》有羅雷春。《萬姓統譜》有趙良金，並稱寶祐四年进士，而此錄亦無之。則皆在所闕内矣。后有天祥對策一道，理宗御製賜进士詩，及天祥恭谢詩各一首。天祥是年登第后，卽丁父憂歸，至己未始授簽书寧海節度判官廳公事，故谢表中有自叨異数，亦既三年之語。此錄併載其表文，乃后人所增附者也。

四库全书总目，欽定四库全书总目，卷五十七

《昭忠錄》一卷，不著撰人名氏。所記皆南宋末忠節事蹟，故以昭忠名篇。自紹定辛卯，元兵克馬嶺堡，总管田璲等死節，迄于國亡殉義之陆秀夫、文天祥、谢枋得等凡一百三十人。詳其词義，蓋宋遺民之所作也。每條先列姓名官爵于前，而紀其死難事實于后。其文間有詳略，而大都確實可據。以宋史忠義傳互（兩淮馬日璐家藏本）相校核，其爲史所失載者甚多，卽史傳所有，亦往往與此书参錯不合。如紹定辛卯西和州殉難之陳寅，宋史亦有傳，而其同死之守將楊鋭，則史竟失載其戰没事，且訛其姓爲王鋭。又宋史林空斋傳，以空斋爲林同之子。考此书，方知卽同之號。史又誤以劉仝子爲劉同祖，併失載其被執自縊及其妻殉節等事。凡此皆當以是书爲得實。又張世傑在崖山及谢枋得被徵事，所載亦比諸书爲詳。考袁桷《清容居士集》、蘇天爵《滋溪文集》，均有修元史时采訪遺书之目，不載此名。孔齊至正直記所列修史應采諸书，亦無此名。知元时但民間傳錄，未嘗上送史馆。故至正間纂修諸臣無由见也。此本乃舊傳抄帙，文字亦間有訛脫，而大略尚可考见。謹著之于錄，庶一代忠臣義士未發之幽光，復得以彰顯于世。且俾讀宋史者，亦可藉以考正其疎略焉。

四库全书总目，欽定四库全书总目，卷五十七

《叠山集》五卷，宋谢枋得撰。枋得事蹟具宋史本傳，所著易、书、詩三傳及四书解、雜著詩文，原本六十四卷，歲久散佚，明嘉靖中揭阳林光祖爲廣信府知府，始以黃溥所校刋行世，僅分上下二卷。萬歷中御史吳某所辑《叠山集》又刻之上饒，编次錯迕，未爲精審。此本乃國朝康熙中弋阳知縣譚瑄所重訂，祖舊本較爲詳備。枋得忠孝大節，炳著史冊。却聘一书，流傳不朽。雖鄉塾童孺，皆能誦而習之。而其他文章亦博大昌明，具有法度，不愧有本之言。觀所辑《文章軌範》多所闡發，可以知其非苟作矣。惟原本有蔡氏宗譜一首，末署至元二十五年，其词氣不侔枋得，爲僞託。又有賀上帝生辰表许旌阳飛升日賀表，此类凡十餘篇，皆似道流青词，非枋得所宜有，亦决非枋得所肯作。其爲贋本誤收，亦無疑義。今並加刋削，不使其乱眞焉。

四库全书总目，欽定四库全书总目，卷一百六十四

《文章軌範》七卷，宋谢枋得编。枋得有《叠山集》已著錄。是集所錄漢晉唐宋之文，凡六十九篇，而韓愈之文居三十一，柳宗元、歐阳修之文各五，蘇洵之文四，蘇轍之文十二，其餘諸葛亮、陶潛、杜牧、范仲淹、王安石、李覯、李格非、辛棄疾，人各一篇而已。前二卷题曰放膽，文后五卷题曰小心。文各有批註圈點。其六卷《岳阳楼記》一篇，七卷《祭田橫文》《上梅講书》《三槐堂銘》《表忠觀碑》《后赤壁賦》《阿房宫賦》《送李愿歸盤谷序》七篇皆有圈點，而無批註，蓋偶無獨见，卽不塡綴以塞白，猶古人淳實之意。其前《出師表》《歸去來词》乃併圈點亦無之，則似有所寓意。其門人王淵濟跋，谓漢丞相晉处士之大義清節，乃枋得所深致意，非附會也。前有王守仁序，稱爲當时舉業而作，然凡所標舉，動中窾會。要之，古文之法亦不外此矣。舊本以“王侯將相有種乎”七字分標七卷，近刻以“九重春色醉仙桃”七字易之，觀第三卷批，有先熟侯王兩集之語，則此本爲枋得原題，近刻乃以意改竄之。雖無關大義，亦足见坊刻之好改古书，不可據爲典要也。

四库全书总目，欽定四库全书总目，卷一百八十七

谢枋得校文宣城，及建康漕闈，發策凡十问，言權奸誤國，趙氏必亡。忤似道，貶興國軍。时馮梦得知信州，恤其家，枋得聽其自赴貶所。三年遇赦，得還。似道奇其才，欲牢籠之。使余安裕谕意，枋得不肯阿附。賈敗，为江东制置，募兵援饒州，戰于安仁，敗績。又敗于信州，軍潰，弃家入閩。程御史文海、留承旨梦炎交荐，力辞不就。至元戊子，魏参政天祐執拘北行，不食而死。

史部，编年类，宋季三朝政要，卷三

六月，以趙溍为江西制置使，进兵邵武。谢枋得江东制置使，进兵饒州。李師夔方興，張德分道进兵浙东。朱浚江西詔谕使毛統由海道至淮，約兵合。先是文天祥自通州歸，具言太守楊思復欲得海船数百艘，可以直趍勤王。陳宜中不以为信，乃遣毛統之汀州，而不以告天祥。統至通州，守问文丞相何以無书？守怒，統幾不免。統出而通州降矣。

史部，编年类，宋季三朝政要，卷六

九月，安置建寧府教授谢枋得于興國軍。枋得考試宣城，及建康，摘賈似道政事为问目，言權姦擅國，敵兵必至，趙氏必亡。漕使陆景思上其藁于似道，于是左司諫舒有闻劾枋得居鄉不法，起兵时冒破科降錢，今復怨望騰謗，大不敬。詔竄之。

史部，编年类，通鉴續编，卷二十三

谢枋得为江西招谕使，知信州。初，枋得闻淮西、江西、江东州郡守將皆吕氏部曲。故爭降附，自以與吕師夔善，乃應詔上书，以一族保師夔可信，乞分沿江諸屯兵，以師夔为鎮撫使，使之行成。且乞身至江州见文煥，與議。朝廷乃以枋得为沿江察訪使，以往。會文煥北還，不及而反。遂改知信州。

史部，编年类，通鉴續编，卷二十四

大元吕師夔徇江东。知信州谢枋得迎戰，敗績。枋得遂奔建寧山中。

史部，编年类，通鉴續编，卷二十四

夏四月，徵宋江西招谕使知信州谢枋得，辞不至。 初，枋得遁入建阳。及程文海至江南訪求人才，荐宋遺士三十人，枋得亦在列。枋得方居母喪，遺书文海曰：“某所以不死者，以九十三歲之母在耳。先妣以今年二月考終，某自今無意人間事矣。亡國之大夫，不可與圖存，李左車猶能言之，况稍知詩书頗識義理者乎？某之至愚極闇，决不可以辱召命亦明矣。”既而，留梦炎亦力荐之，奏上。枋得復遺书梦炎言：“江南無人才，未有如今日之可恥者。春秋以下之人物，本不足道。今欲求一人如瑕吕、飴甥、程嬰、杵臼厮養卒。亦不可得。”辩論凡数千百言，卒不行。

史部，编年类，御批历代通鉴辑览，卷九十六

福建参知政事魏天祐執宋谢枋得至大都，不屈死之。初，天祐见时方求才，欲荐枋得为功，遣使誘之入城，與之言，坐而不對，或嫚言無禮。天祐不能堪，乃讓曰：“封疆之臣，當死封疆。安仁之敗，何不死？”枋得曰：“程嬰、公孫杵臼二人，皆忠于趙，一存孤一死節。王莽簒漢，龔勝餓死。司馬子長云：死有重于泰山，轻于鸿毛。参政豈足知此？”天祐怒，逼之北行。枋得以死自誓，自離嘉興，即不食。二十餘日不死，乃復少茹蔬果。積数月困殆。四月朔至燕，问太后攢所，及瀛國公所在，再拜慟哭疾甚。留梦炎使醫持藥雜米飲进之，枋得怒擲之于地，不食五日死。枋得天资嚴厲，雅負奇氣。風岸孤峭，不能與世軒輊。而以天时人事推宋，必亡于二十年后。每論樂毅、申包胥、張良、諸葛亮事，常若有千古之憤者。而以植世教立民彝为任，貴富貧賤，一不動其中。死之后，子定之護骸骨，歸葬信州。

史部，编年类，御批历代通鉴辑览，卷九十六

追謚宋丞相文天祥、侍郎谢枋得。從巡撫江西僉都御史韓雍之請，謚天祥曰忠烈。枋得曰文節。

史部，编年类，御定资治通鉴纲目三编，卷十一

寳祐元年夏四月乙亥，賜禮部进士姚勉以下及第出身。时弋阳谢枋得，對策極攻副樞董槐與宦官董宋臣，及奏名，枋得中乙科。除撫州司户参軍，即棄去。

史部，编年类，资治通鉴后编，卷一百四十四

考官王應麟奏曰：“是卷古誼若龜鉴，忠肝如鐵石，臣敢为得人賀。”时谢枋得復出試教官，中兼經科，除建寧府教授，未任。吳潛宣撫江东西郡，差幹辦公事，團結民兵，以扞饒、信、撫。科降錢米以給之。枋得説鄧、傳二杜諸大家，得民兵萬餘人守信州。暨兵退，朝廷覈諸軍費，幾至不免。

史部，编年类，资治通鉴后编，卷一百四十四

谢枋得却聘三书

《與参政魏容斋书》

九月吉日，前宋逋播臣皇帝游民谢某，謹斋沐頓首，致书于大参政公阁下：大元制世，民物一新。宋室逋臣，只欠一死。上天降才，其生也有日，其死也有时。某願一死全節久矣，所恨时未至耳。皇帝慈仁如天，不妄殺一忠臣義士。雖曰文天祥被奸民誣告而枉死，后來寃狀明白，奸民亦正典刑。其待亡國之逋臣，可谓厚矣。某雖至愚極闇，豈不知恩？所以寧爲民不爲官者，忠臣不事二君，烈女不事二夫。此天地間常道也。

有伊尹之道，有伊尹之志。則何事非君，何使非民？若伯夷、柳下惠，則自知不能爲伊尹，决不敢学伊尹矣。自丙戌程御史（號雪楼）將降旨宣喚之后，今第五次蒙皇帝以禮招徠。上有堯舜，下有巢由；上有成湯，下有隨光；上有周武，下有夷齊。某所以效虞人之死而不往，願学夷齊之死而不仕者，正欲使天下萬世知皇帝之量，可與爲堯舜，可與爲湯武，能使谢某不失臣節，視死如歸也。茲蒙大参相公居管、周先生道院日夜勞動，録事司、吏卒十餘人，及坊正、屋主監守，豈不憂某之逃走耶？某是男兒，死即死耳，不可爲不義屈，何必逃走？大参相公憂慮，亦大勞矣。先民有言，忼慨赴死易，從容就義難。某茲蒙大参相公縲絏而到大都，以縗絰见留忠斋諸公。且问諸公，容一谢某，聽其爲大元閒民，于大元治道何損？殺一谢某，成其爲大宋死節，于大元治道何益？只恐前誤大宋，后誤大元，上帝監觀，必有報應。諸公自無面目立于天地間。

某母喪未葬，據禮經不可除服，只當縗絰见公卿。凶服不可入公門。皇帝有命，當历寫江南官吏貪酷，生灵愁苦之状，作萬言书獻闕下，一聽进退。忠臣不事二君，烈女不事二夫。此某书中第一義也。

某自九月十一日離嘉禾，即不食煙火。今則并勺水一菓不入口矣。惟願速死，與周夷齊、漢龔勝同垂青史，可以愧天下萬世爲臣不忠者。玆蒙頒賜，仰见禮士之盛心。某闻之，食人之粟者當分人之憂；衣人之衣者當任人之勞；乘人之車者當載人之難。某既以死自处，度此生不能報答恩遇矣。義不敢拜受，所有鈞翰臺餽事件，盡交還來使，回納使帑。外郎又傳鈞旨，云欲訪问某何事，某初志亦願效一得之愚，今則决不敢矣。

魯有公甫文伯死，其母敬姜不哭。室老曰：“焉有子死而不哭者夫？”其母曰：“孔子聖人也，再逐于魯。而此子不能從，今其死也，未闻有長者來。而内人皆行哭失聲，閨中自殺者三。此子也必于婣人厚而于長者薄也，吾所以不哭。”君子曰：“此言出于母之口，不害其爲贤母也。若出于婣人之口，則不免爲妬婦矣。”言一也，所居之位異，則人心變矣。某義不出仕者也，今雖有忠謀奇計，則人必以爲妬婦矣。恐徒爲天下所笑，惟相度容之。干冒鈞嚴，不勝悚慄。

集部，别集类，南宋建炎至德祐，叠山集，卷二

《上丞相留忠斋书》

七月吉日，門生衰絰谢枋得，謹斋沐裁书百拜，託友人吳直夫獻于内相尚书大丞相國公忠斋先生鈞座：惟天下之仁人能知天下之仁人，惟天下之義士能知天下之義士，贤者不相知多矣，能灼见三俊之心者，必聖人也。某自壬戌以后，小夫竿牍，不至門墻者二十七年，孰不以爲簡？先生曰：“斯人也，非簡我也，必愛我也。”今天下能知某之心者，孰有過于先生乎？事有當言而不言，非所以酹知己。某敢不避誅斥，而僭言之。

君子之所爲，必非衆人之所識。湯可就，桀亦可就，必道義如伊尹者能之，伯夷、柳下惠不能也。佛肸召可往，公山弗擾。召可往，必聖神如孔子者能之，顏、曾閔不能也。傳曰：人各有能有不能。先生之所能，某自知某必不能矣。皇帝本無滅宋之心，郝奉使將命來南，欲使南北百萬億蒼生同享太平之樂，至仁也。只此一念，自足以對越上帝。賈似道執國命十六年，欺君罔上，誤國殘民，其惡不可一二数。拘行人，負歲幣，満朝無一人敢言其非。兵連禍結，亡在旦夕，満朝無一人敢聲其罪。善类亦可自反矣，天怒于上，人怨于下。國滅主辱，理固宜然。天實爲之，人豈能救之哉。

皇帝之禮三宫，亦可谓厚矣。皇帝保全亡國之臣，亦可谓有恩矣。江南無人才，未有如今日之可耻。春秋以下之人物，本不足道。今欲求一人如瑕呂飴甥、程嬰、杵臼厮養卒，亦不可得矣。先生少年为掄魁，晚年作宰相，功名富貴，亦可以酹素志矣。奔馳四千里如大都，拜见皇帝，豈为一身計哉？將以问三宮起居，使天下后世知君臣之義不可廢也。先生此心，某知之，天地鬼神知之，十五廟祖宗之灵亦知之，衆人豈能盡知之乎？師友之相知，古今寧幾人哉？事有可效忠于清朝者，某不可不言，先生亦不可不察。

近觀路縣及道録司，備奉尚书省指揮江淮行省参政管公將旨來南，根尋好人，根尋不虧面皮正當底人。此令一下人皆笑之，何也？江南無好人，無正當人久矣。谓江南有好人，有正當人者，皆欺皇帝也。何以言之？紂之亡也，以八百國之精兵，不敢抗二子之正論。武王太公，凛凛無所容急，以繼滅興絶谢天下，殷之后遂與周並立。使三監淮夷不叛，則武庚必不死，殷命必不黜，殷之位號必不奪，微子亦未必以宋代殷，而降爲上公也。多士多方，依依然不忘舊君者三十年。成王周公，以忠厚之心消其不平之氣，曰商王士，曰有殷多士，曰殷逋播臣，未敢以我周臣民例視之。太平君相待亡國臣民，何如此其厚也？豈非殷之舊國故都，猶有好人，猶有正當人乎？

唐人哀六國之滅者，曰妃嬪媵嬙，王子皇孫，辞楼下殿，輦來于秦。朝歌夜弦，爲秦宮人，至今讀者猶惻楚。六國臣子無一痛心刻骨，亦可谓無人矣。楚懷王不過一至愚極闇之主耳，播棄忠直，信任姦邪，送死咸阳，無足哀者。楚人乃憐之如悲其親戚，豈不曰楚本無罪，不過弱而不能自立耳。楚滅矣，義陵一邑，惓惓于舊君者。惟一心扶老携幼，肥遯桃源。后六百年，兒孫尚不與外人相接。以秦皇帝之威灵，蒙恬、蒙毅之智勇，豈不能盡執楚人而拘之？天常民彝，不可泯滅．姑留此輩，以勸吾忠臣義士可也。豈非楚之舊國故都，猶有好人，猶有正當人乎？

金人之破汴京也，刧二帝，據中原，土地人民皆其有矣。粘罕多智人也，知地廣人稠，未易心服。伸秦檜議状，爲之痛心變色，亟思一策处之耳。后南北戰者六七年。金人之待二帝亦慘矣，宋之臣子不敢置兩宫于度外也。今年遣使祈請，明年又遣使祈請。今年遣使问安，明年又遣使问安。一使死于前，一使繼于后。王倫一市井無賴狎邪小人耳，谓梓宮可還，太后可歸。諸君子切齒怒罵，終則二事皆符其言。行人洪忠宣拘留燕山，開門受徒，室燃敬其忠信誠慤，一日问之曰：天下何时可太平？忠宣曰：息兵養民則太平。又曰：何如則可以息兵養民？忠宣讀《孟子齊宣问諸侯救燕》一章以對，和聲朗誦曰：天下固畏齊之強也，今又倍地而不行仁政，是動天下之兵也。又讀《孟子樂天畏天》一章曰：小國能畏天，大國能順天。室燃曰：善哉！善哉！吾計决矣。曾幾何时，竊授秦檜以江南稱藩國納歲幣之説，而息兵養民矣。金人自丁未以后，安处中原，享國百有八年。而宋自戊午至甲午，偷安江南者九十七年，非秦檜之功，皆洪忠宣讀孟子勸室燃之力也。豈非江左臣子猶有好人，猶有正當人乎？

以某觀之，江南無好人，無正當人久矣。求好人正當人于今日尤難。某江南一愚儒耳，自景定甲子，以虛言賈實禍天下，號爲風漢，先生之所知也。昔歲程御史將旨招贤，亦在物色中，既披肝瀝膽以谢之矣。朋友自大都來，乃谓先生以賤姓名荐，皇帝過聽，遂煩旌招。某乃丙辰禮闈一老門生也，先生誤以忠實二字褒之入仕，二十一年居官不满八月，斷不敢枉道随人，以辱大君子知人之明。今年六十三矣，学辟穀養氣已二十載，所欠惟一死耳。豈復有他志？自先生過舉之后，求得道高人者物色之，求好秀才者物色之，求藝術人者物色之。奔走逃遁，不勝其苦。中书行省魏参政之言，勒令福建有官不仕人，呈文憑根脚者又從而困辱之。此非先生之賜而何然？先生豈有心于害某哉？大抵皇帝一番求贤，不過爲南人貪酷吏開一番騙局，趁幾錠銀钞，欺君誤國莫大焉。

今則道録司備、参政管公將隆旨根尋好人、不虧面皮正當人，又物色及某矣。某斷不可應聘者，其説有三：一曰老母年九十三而終，殯在淺土，貧不能備禮，則不可大葬。妻子爨婢以某連累，死于獄者四人，寄殯叢冢，十一年矣。旅魂飄飄，豈不懷歸？弟姪死國者五人，體魄不可尋，游魂亦不可不招也。九此数事，日夜關心，某有何面目见先生乎？此不可應聘者一也。

二曰有天下英主，必能容天下之介臣。微介臣不能彰英主之仁，微英主不能成介臣之義。某在德祐时爲監司、爲帥臣，嘗握衆兵當一面矣。蒯通對高祖曰：彼时臣但知有齊王韓信，不知有陛下也。滕公説高祖曰：臣各爲其主。季布爲項羽將而盡力，乃其職耳。項氏臣可得而盡誅耶？某自丙子以后，一解兵權，棄官遠遁。即不曾降附。先生出入中书省，问之故府，宋朝文臣降附表即無某姓名。宋朝帥臣監司寄居官员降附状，即無某姓名。諸道路縣所申歸附人户，即無某姓名。如有一字降附，天地神祇必殛之，十五廟祖宗神灵必殛之。甲申歲皇帝降詔赦過宥罪，如有忠于所事者八年，罪犯悉置不问，某亦在恩赦放罪一人之数。夷齊雖不仕周，食西山之薇，亦當知武王之恩。四皓雖不仕漢，茹商山之芝，亦當知高帝之恩。况羮藜含糲于皇帝之土地乎？皇帝之赦某屢矣，某受皇帝之恩亦厚矣，若效魯仲連蹈东海而死，則不可今既爲皇帝之游民也。莊子曰：呼我爲馬者，應之以爲馬。呼我爲牛者，應之以爲牛。世之人有呼我爲宋逋播臣者，亦可呼我爲大元游隋民者，亦可呼我爲宋頑民者，亦可呼我爲皇帝逸民者，亦可爲輪爲彈，與化徃來，蟲臂鼠肝，隨天付予。若貪戀官爵，昧于一行，纵皇帝仁恕，天涵地容。哀憐孤臣，不忍加戮。某有何面目见皇帝乎？此不可應聘者二也。

某受太母之恩亦厚矣，諫不行，言不聽，而不去，猶願竭駑鈍以報上也。太母轻信二三執政之謀，挈祖宗三百年土地人民，盡獻之皇帝，無一字與封疆之臣議可否，君臣之義亦大削矣。三宫北遷，乃自大都。寄白书曰：吾已代監司帥臣具姓名歸附，宗廟尚可保全，生灵尚可救护，三尺童子知其必無是事矣，不過給羣臣以罷兵耳。以宗社爲可存，以生灵爲可救，阳紿臣民以歸附，此太母之爲人君，自盡爲君之仁也。知祖宗不可存，生灵不可救，不從太母以歸附，此某爲人臣自盡，爲臣之義也。語曰：君行令，臣行志。又曰：制命在君，制行在臣。大臣者以道事君，不可則止。孔子嘗告我矣，君臣以義合者也。合則就，不合則去。某前后累奉太母詔书，並不回奏，惟有繳申二王，乞解兵權，盡納出身以來文字，生前致仕，削籍爲民。還逃山林，如殷之逋播臣耳。闻太母上仙久矣。北向長號，恨不即死，然不能寄一功德疏如任元受故事，今日有何面目，捧麥飯，洒太母之陵乎？此不可應聘者三也。

今皇帝欲根尋好人、不虧面皮正當底人，某决不可當此選。先生若以三十年老門生，不背負師門爲念，特賜仁言，爲某陳情，使江淮行省参政管公願移關諸道路縣及道録司，不得纵容南人貪酷吏多開騙局，脇取銀钞，重傷國體，大失人心，俾某與太平草木同沾聖朝之雨露，生稱善士，死表于道。曰：宋处士谢某之墓。雖死之日，猶生之年。感恩報恩，天實臨之。司馬子長有言：人莫不有一死，死或重于泰山，或轻于鸿毛。先民廣其説曰：忼慨赴死易，從容就義難。先生亦可以察某之心矣。干冐鈞嚴，不勝恐懼戰慄之至。

集部，别集类，南宋建炎至德祐，叠山集，卷二

《上程雪楼御史书》

十月朔日，丁憂人谢枋得稽顙再拜，奉书于雪楼御史中丞相公執事。大元制世，民物一新。宋室孤臣，只欠一死。某所以不死者，以九十三歲之母在堂耳。罪大惡極，獲譴于天。天不勦厥命，而奪其所恃以为命。先妣以今年二月二十六日考終于正寢，某自今無意人間事矣。《禮》曰：傷哉！貧也。生無以爲養，死無以爲葬。某幼讀此书，何知其苦，乃今身履之，而后痛楚不能禁。

某三十一而入仕，五十一而休官。平生實历，不滿八月，俸禄無一毫歸家養親，已不可言孝矣。惟黽勉送死，或可以少贖前過。親喪在淺土，貧不能禮葬。苫塊餘息，心死形存。小兒傳到郡縣公文，乃知皇帝欲求至誠無僞、以公滅私、明達治體、可勝大任之才，執事荐士九三十，賤姓名亦玷其中。執事將降旨降郡縣，以禮聘召。有願應詔者，以资幣厚遣，乘傳上京。弓旌招贤，輪帛迎士，此禮不见于天下久矣。豈非清朝一盛事乎？有志經世者，孰不興起？惜乎！求異才而及某，非其人！非其人！貽笑于天下，取譏于后世，非皇帝梦卜求贤之初意也。

揚善者順天，荐贤者報國。執事为君謀亦忠矣！自燕京至上饒五千里。當執事荐士时，豈知有某母之喪，衰絰之服不可入公門，草土之御不可徹殿陛，姓名不祥者不可辱古灵荐蘽也。稽之古禮，子有父母之喪，君命三年，不過其門。所以教天下之孝也。解官持服，在大元制典尤嚴。自伊尹傳説之后，三千年間，山林匹夫辞煙霞而依日月者亦多矣，未闻有冒哀匿服，而膺幣聘者。傳曰：求忠臣必于孝子之門。爲人臣不盡孝于家，而能盡忠于國者，亦未之有也。某親喪未克葬，持服未三年，若違禮背法，從郡縣之令，順執事之意，其爲不孝莫大焉。皇帝以道德仁義治天下，取士必忠孝。人有不葬其親，而急于得君者，人心何在？天理何在？非聖君贤相所忍闻也。

且夫至誠無僞，以公滅私，明達治體，可勝大任，三代而下，真足當此選者，惟諸葛孔明一人。孔明居隆中，執事生古郢，皆荆楚奇才也。孔明未遇时，立心制行，必有大過人者。襄阳耆舊能言之，此執事所熟闻，亦執事所願学。今天下果有人物，彷彿孔明者乎？有斯人應斯詔，固世道之福，亦儒道之幸。光岳之氣久裂者未全，六經之道久微者未昌。置八紘羅六合以求才，老者怯而不可用，壯者狂而不可信，少者未成才而不可得。如取吉人善士以和光同塵，當饋可無思，附髀可無歎。野史記之曰：甚哉！上下之相蒙也。此豈皇帝所樂哉？此豈執事所願哉？語曰：人豈不自知？某自知不才久矣。亡國之大夫，不可以圖存。李左車猶能言之，况稍知詩书，頗識禮義者乎？某之至愚極闇，决不可以辱召命亦明矣。

當執事荐士时，特不知某有母之喪耳。儻知之，必不以不祥姓名瀆旒冕。執事豈不闻前朝之事乎？淳祐甲辰，丞相史嵩之父沒，天子詔起復。嵩之雖不來，太学生叫閶闔而攻之，其词曰：天子當爲國家扶纲常，爲天地立人極。奪情非令典，起復非美名。朝臣惟徐忠公元杰上疏正論，力勸君父宜令嵩之終三年喪，人心天理不可泯滅。此嵩之所以壽終，吾宋之所以幸存三十年也。咸淳甲戌而后，不復有禮法矣。賈似道起復爲平章，文天祥起復爲帥閫，徐方直起復爲尚书，陳宜中起復爲宰相，劉黻起復爲執政。其餘斗筲穿窬之徒鑽刺起復，不可勝数，三纲四維一旦斷绝，此生灵所以爲肉、爲血，宋之所以暴亡，不可救也。豈非后車之所鑒乎？

忠臣論事，必識大體。君子取人，先觀大節。執事不可稱匪其人，而孤皇帝求才之意，某不可进不以禮，而誤執事知人之明，不待智者而知之矣。爲人子止于孝，爲人臣止于忠。某不能爲忠臣，猶願爲孝子。傳曰：君子成人之美，不成人之惡。執事能亮某之心，使某幸而免不孝之名，是成我者之恩，與生我者等也。某家在弋阳，執事僑寓盱江，相望二百餘里，當徒跣以谢門墻。惟服色悽慘，不可以謁達官貴人，敢以书白于侍御者。語曰：士屈于不知己，而伸于知己。執事豈不闻某爲江南一愚直人乎？人無所不至，惟天不可欺。某所以發露真情，而不暇文飾其辞者，亦恃執事必知己也。不肖某稽顙再拜。

集部，别集类，南宋建炎至德祐，疊山集，卷二

谢枋得诗词全集（106首）

1.《武夷山中》

十年无梦得还家，独立青峰野水涯。天地寂寥山雨歇，几生修得到梅花。

2.《庆全庵桃花》

寻得桃源好避秦，桃红又是一年春。花飞莫遣随流水，怕有渔郎来问津。

3.《书林十景诗》

巍巍文笔光书林，插空几地皆天成。尖斋不假云烟敛，圆健何劳雨露深。椽墨太阿窥小丑，书天不动龙蛇走。何用蒙恬制作工，五色光芒焕星斗。

4.《书林十景诗》

元君吴老皆升真，民怀被德为斯亭。和烟芳草连天碧，笑日仙花满树春。前后古阴迎翁郁，远近琅玕森玉立。祥风静定不见寒，凤尾婆娑暄暖日。

5.《书林十景诗》

雄峰驰骤万马奔，浮空积翠如昆仑。中有一蛙清且瘦，天成不假钻锄痕。神物深潜清彻底，霹雳电光生石齿。桃花飞雨三月红，汹涌湖水涨春水。

6.《书林十景诗》

携锄凿破南山云，种来修竹凌青冥。参天引风挺苍玉，匝地印月筛黄金。清瘦何妨惟却俗，净扫胸中尘万斛。何当裁制十二个，吹作来仪凤凰曲。

7.《书林十景诗》

岱嶂吞吐云烟迷，山川独胜东南奇。银河倒泻风雨急，玉龙交战冰霜飞。巨流溅石驾空谷，仰望斯须突起粟。西湖不羡冷泉亭，爽利可人清兴足。

8.《书林十景诗》

路盘屈曲蛇行惊，岭危崒嵂龟纹真。俯窥毛悚超宇宙，仰扪手得探星辰。斜阳堕块硃砂魄，暮霞几缕胭脂色。来朝海气汎扶桑，拥出金轮光赫赫。

9.《书林十景诗》

长虹跨陆登云衢，会同海宇皆车书。日斜市溃夜喧息，月来云静天无疵。水劫金蟇形不术，常生玉兔药常捣。可怜沧海几桑田，照耀古今人尽老。

10.《书林十景诗》

仰山梵刹万竹间，巨鲸吼动天风寒。前声穿云出山久，后音待月挥槌难。长短轻重知多少，断续参差不奇偶。敲残 百余八声，树色模糊落星斗。

11.《书林十景诗》

古阴寂寂人踪稀，一泓凝碧环招提。洪音清韵系风雨，山鸣谷响声迟迟。昧爽初分天欲晓，岚气升腾迷木杪。金乌鼓翼海色红，烁醒林中正栖鸟。

12.《书林十景诗》

朔风吹折寒梅枝，严凝冻合彤云痴。华峰屹立亘今古，堆累积聚皆昏迷。杨花飞舞盈三尺，蜨翅交加呈六出。朝阳发晱照乾坤，万壑千崖消粉饰。

13.《蚕妇吟》

子规啼彻四更时，起视蚕稠怕叶稀。不信楼头杨柳月，玉人歌舞未曾归。

14.《小孤山》

人言此是海门关，海眼无涯骇众观。天地偶然留砥柱，江山有此障狂澜。坚如猛士敌场立，危比孤臣末世难。明日登峰须造极，渺观宇宙我心宽。

15.《北行别人》

雪中松柏愈青青，扶植纲常在此行。天下久无龚胜洁，人间何独伯夷清。义高便觉生堪舍，礼重方知死甚轻。南八男儿终不屈，皇天上帝眼分明。

16.《菊》

渊明岂但隐逸人，渊明素怀诸葛志。清香不独占秋天，菊潭一滴三千岁。

17.《花影》

重重叠叠上瑶台，几度呼童扫不开。刚被太阳收拾去，又教明月送将来。

18.《句》

要知今日谢枋得，便是当年许月卿。

19.《沁园春・寒食郓州道中》

十五年来，逢寒食节，皆在天涯。叹雨濡露润，还思宰柏；风柔日媚，羞看飞花。麦饭纸钱，只鸡斗酒，几误林间噪喜鸦。天笑道，此不由乎我，也不由他。　　鼎中炼熟丹砂。把紫府清都作一家。想前人鹤驭，常游绛阙，浮生蝉蜕，岂恋黄沙。帝命守坟，王令修墓，男子正当如是邪。又何必，待过家上冢，书锦荣华。

20.《思亲五首》

九十萱亲天下稀，十年甘旨误庭闱。临行有恳慈心喜，再睹衣冠儿便归。

21.《思亲五首》

九十萱亲天下稀，吾王何在子何之。倚闾旦暮无他念，一片好心天得知。

22.《思亲五首》

九十萱亲天下稀，人无容力荷天慈。衣冠礼乐江东聚，此是痴儿奉母时。

23.《思亲五首》

九十萱亲天下稀，平生教子欲何为。楚王肯立韩公子，良也归韩亦有辞。

24.《思亲五首》

九十萱亲天下稀，教儿只诵白华诗。溪冰山玉人无愧，百拜慈闱喜可知。

25.《桃》

寻得桃源好避秦，桃红又见一年春。花飞莫遣随流水，怕有渔郎来问津。

26.《菖蒲歌》

有石奇峭天琢成，有草夭夭冬夏青。人言菖蒲非一种，上品九节通仙灵。异根不带尘埃气，孤操爱结泉石盟。明窗净几有宿契，花林草砌无交情。夜深不嫌清露重，晨光疑有白云生。

嫩如秦时童女登蓬瀛，手携绿玉杖徐行。瘦如天台山上圣贤僧，休粮绝粒孤鹤形。劲如五百义士从田横，英气凛凛磨青冥。清如三千弟子立孔庭，回琴点瑟天机鸣。堂前不入红粉意，席上常听诗书声。怪石篠簜皆充贡，此物舜庙当共登。神农知己入本草，灵均蔽贤遗骚经。

幽人躯玩发仙兴，方士服饵延修龄。彩鸾紫凤琪花苑，赤虬玉麟芙蓉城。上界真人好清净，见此灵苗当大惊。我欲携之朝太清，瑶草不敢专芳馨。玉皇一笑留香案，锡与有道者长生。

人间千花万草尽荣豔，未必敢与此草争高名。

27.《和道士陈天隐》

明知儒道本同流，未了因缘不自由。紫府寥阳随念到，红尘辛苦几时休。精神尝与天来往，驱壳不知谁滞留，穹壤岂无陆修静，知君认得故吾不。

28.《和道士陈天隐》

岂不逍遥自采真，世间何地可容身。碧潭秋月元无物，丽日祥风只爱春。天上尽多知己友，尘中安得见心人。赤虬一跃蓬莱近，又恐丹邱有宿因。

29.《和道士陈天隐》

学道无魔道不成，神人得计是无名。光风自觉长潇洒，明月何曾有死生。早悟梅山难养性，何如福地别寻盟。梅花香里堪联句，莫笑人间石鼎鸣。

30.《春日闻杜宇》

杜鹃日日劝人归，一片归心谁得知。望帝有神如可问，谓予何日是归期。

31.《谢黄禅师华严会供食》

十兆九万拜，求道心如惔。毗卢顶上珠，直欲一手探。天厨送谁馔，众腹岂敢贫。君有维摩心，作茧怜吴蚕。八万四千供，只须丈室函。昔我闻晨钟，今载草堂柟。流年急如梭，长歌愧仙蓝。勇寻赵州关，何畏白发鬖。愿为护法轮，金甲持长铩。又恐回道人，晚遇黄龙南。

32.《崇真院绝粒偶书付儿熙之定之并呈张苍峰刘洞》

西汉有臣龚胜卒，闭口不食十四日。我今半月忍渴饥，求死不死更无术。精神常与天往来，不知饮食为何物。若非功行积未成，便是业债偿未毕。太清群仙宴会多，凤箫龙笛鸣瑶瑟。岂无道兄相提携，骑龙直上寥天一。

33.《代上张经历》

中原自古多豪杰，晋国尤多贤大夫。学问断无虚议论，功名须有大规模。臂间弓矢真良将，舌底诗书笑腐儒。自恨两贤相识晚，不妨杯酒恣歌呼。

34.《和叶爱梅韵》

道逢患难正当行，礼食从来孰重轻。绿鬓行藏堪检点，白头去就要分明。了知死别如龚胜，未必生还似子卿。纬地经天文不丧，许君独擅大声名。

35.《和詹苍崖韵》

八闽英杰盛如林，安得三忠存至今。旧俗风流千载事，精忠大义一般心。早知平陆风波恶，何心巅崖云雾深。此日脊梁非铁硬，小颜拳爪定相侵。

36.《寄谢叔鲁三首》

红叶飘摇霜露清，去年今日正同行。夜来似与君相见，明月一窗梅影横。

37.《寄谢叔鲁三首》

一岁思君君不来，君来我去欠徘徊。归时只见留诗在，何日相逢畅好怀。

38.《寄谢叔鲁三首》

平生结客知心少，乱世逢人笑口难。近日老天频送喜，谁来对酒共清欢。

39.《赏牡丹》

兰佩蓉裳骨相寒，山中何日鼎成丹。春深富贵花如此，一笑尊前醉眼看。

40.《赏牡丹》

洛阳园里草茵寒，梦想尧夫一寸丹。安得根头知上品，今人多是就花看。

41.《题东观壁》

观外好看船往回，观中几度见桃开。常瞻紫气青牛去，又带白云黄鹤来。天地无情搔短发，古今多变付残杯。醉中尚有醒时眼，不信玉山人可推。

42.《题东观壁》

老树犹能识道回，好怀长对碧天开。青山绿水何人管，明月清风要我来。少日曾闻黄石教，平生几掷左慈杯。道兄惯见人间事，快抱棋枰信手推。

43.《谢惠椒酱等物》

堇荼易地味不甘，姜桂到老性愈辣。人言申椒能变化，我见苾芬终不灭。古来郊庙荐德馨，此物气味通神明。开口一笑露眼睛，望君点化佛老成。

44.《谢惠椒酱等物》

孔子爱食蔬菜羹，羹中无酱必不食。先生执酱馈高年，此味珍羞岂易得。瓶中有粟岂过望，谁怜陶令分嘉饷。喜君不作无发人，免得东坡借擂酱。

45.《代上杜按察三首》

东南官吏欠清风，五十年来世道穷。须信太平在今日，人间又有杜祁公。

46.《代上杜按察三首》

庆历诸公开太平，选贤按察救生灵。当时只有一杜杞，岂若先生真福星。

47.《代上杜按察三首》

万物宁无吐气时，平生爱诵杜陵诗。如今天下知元结，六百年间再见之。

48.《荆棘中杏花》

墙东荒蹊抱村斜，荆棘狼籍盘根芽。何年丹杏此留种，小红濈濈争春华。野人惯见谩不省，独有诗客来咨嗟。天真不到铅粉笔，富艷自是宫闱花。曲池芳迳非宿昔，苍苔浊酒同天涯。

京师惜花如惜玉，晓担卖彻东西家。杏花看红不看白，十日忙杀游春车。谁家园里有此树，郑重已着重帏遮。阿娇新宠贮金屋，明妃远嫁愁清笳。落花萦帘拂床席，亦有飘泊沾泥沙。

天公无心物自物，得意未用相陵夸。黄昏人归花不语，惟有落月啼栖鸦。

49.《乞醯》

平生忍酸寒，鼻吸醋三斗。先民耻乞字，乞醯良可丑。卖鸡买鱼烹，鸡鱼谁舍取。将为水晶脍，聊悦苦吟口。主人曰无醯，调和只宜酒。一夜严霜寒，池冰坚可扣。谁知酒不冰，流澌鱼可走。旁观粲然笑，易牙知此否。始知五味和，咸酸必相有。提壶我有示，君瓮肯发瓿。

宿诺惠未来，望梅渴已久。似闻君酿醯，巧心出杨柳。杨柳属他人，肠断香山叟。举瓢酌醯时，又忆玉纤手。一顾一心酸，泪珠满翠袖。此亦人至情，何不告朋友。古人有乞浆，得酒意愈厚。又恐酒俱来，太岁正在酉。

50.《儒富庄》

一从孔氏去藏书，直至秦人不喜儒。柱下老仙今有后，安知文不在兹乎。

51.《儒富庄》

东观群儒作好官，束书不许散人看。何时遂作西林友，读得韩文熟已难。

52.《示儿二首》

门户兴衰不自由，乐天知命我无忧。大儿安得孔文举，生子何如孙仲谋。天上麒麟元有数，人间豚犬不须愁。养男不教父之过，莫视诗书如寇仇。

53.《示儿二首》

千古兴亡我尽知，一家消息又何疑。古来圣哲少才子，世乱英雄多义儿。靖节少陵能自解，孔明王猛使人悲。只虞错改金根字，焉用城南劝学诗。

54.《送刘治中之信州》

冰玉古溪山，治中今士元。邦人敬文简，道化望曾孙。朱子书堂在，东莱讲席存。十年儒道晦，此日啼登门。

55.《送张子高归延平》

乱世读书少，前人教子难。青灯尝合席，红叶攒归鞍。梅自知春近，松应耐岁寒。楼高新月好，后夜与谁看。

56.《谢麪》

丰年自古说来牟，四月麦熟胜秋收。天厨送食不待求，有麪餺饦吾何忧。安得化身为儿童，戏沙作麪可报答。授记或为阿育王，请铸八万四千塔。

57.《元旦阻雨二首》

洪钧一转岁开端，草木群生亦喜欢。安得明年此时节，江东重睹旧衣冠。

58.《元旦阻雨二首》

莫道新年贺客迟，晴天暖日却相期。春风只被多情苦，红嫩青新总要诗。

59.《初到建宁赋诗一首》

雪中松柏愈青青，扶植纲常在此行。天下久无龚胜洁，人间何独伯夷清。义高便觉生堪舍，礼重方知死甚轻。南八男儿终不屈，皇天上帝眼分明。

60.《辞洞斋华父二刘兄惠寒衣》

平生爱读龚胜传，进退存亡断得明。范叔绨袍虽见意，大颠衣服莫留行。此时要看英雄样，好汉应无儿女情。只愿诸贤扶世教，饿夫含笑死犹生。

61.《和曹东谷韵》

万古纲常担上肩，脊梁铁硬对皇天。人生芳秽有千载，世上荣枯无百年。此日识公知有道，何时与我咏游仙。不为苏武即龚胜，万一因行拜杜鹃。

62.《和李白浔阳紫极宫感秋》

雨歇月明松，天碧光入竹。好怀一时开，乾坤清可掬。相携尘外游，此乐岂我独。扫开松上云，恐有鹤来宿。爽气逼斗牛，何待蜀仙卜。独怜天心劳，千岁几剥复。沧海有红尘，不见虚舟覆。问讯安期生，何年枣当熟。

63.《九宫山》

真人何人结幽栖，累世奎光焕紫泥。日月高奔黄道近，衡庐傍出玉绳低。

64.《绝粒偶书二首》

丹府金童善主家，百神听命静无哗。从今何必餐松柏，但吸日精吐月华。

65.《绝粒偶书二首》

龟衔甘露争先到，凤吸醴泉随后来。投在太清仙酒瓮，道人日饮两三杯。

66.《扇》

蒲葵也解归掌握，纨素未应捐箧中。莫把暗尘涴明月，好驱大暑来清风。

67.《送半村厉元吉出尉乌程》

十二街头三尺雪，骏马健行如跛鳖。生怀故人厉半村，拂袖前行何勇决。叠山居士强欲吟，冻笔如椎砚欲裂。京国青衫十载交，欲言不言情哽咽。愿君勿作绕指柔，愿君勿作在镰铁。

甘雨幽遐冤草甦，清风宇宙贪泉竭。循良讵困圣明时，玉烛光华待调燮。

68.《谢刘纯父惠木绵布》

嘉树种木绵，天何厚八闽。厥土不宜桑，蚕事殊艰辛。木绵收千株，八口不忧贫。江东易此种，亦可致富殷。奈何来瘴疠，或者畏苍旻。吾知饶信间，蚕月如岐邠。儿童皆衣帛，岂但奉老亲。妇女贱罗绮，卖丝买金银。角齿不兼与，天道斯平均。所以木棉利，不畀江东人。

避秦衣木叶，矧肯羞悬鹑。天下有元德，孔融愿卜邻。绨袍望不及，共裘心自仁。赠我以两端，物意皆可珍。洁白如雪积，丽密过棉纯。羔缝不足贵，狐腋难拟伦。絺纩皆作贡，此物不荐陈。岂非神禹意，隐匿遗小民。诗多草木名，笺疏徒谆谆。国家无楚越，欲识固无因。

剪裁为大裘，穷冬胜三春。拜嘉重感激，触物尤酸辛。吁嗟彼寒谷，邹律今不神。三宫坐穹庐，雨雪或十旬。安得移此惠，飞到君王身。塞上寒堕指，挟纩谁为温。人各赐两端，费银二万斤。大军四十万，谈笑却胡尘。感君道义交，何异骨肉亲。可与知者道，众人笑且嗔。

玉案未能报，琼琚情则真。春秋二百年，币交几君臣。季札有赠好，千古尚如新。

69.《谢人冬至送鸭酒》

阳复旦闭关，万物畏坤含。双凫飞天外，鹜食何贪婪。儒道又一泰，十年乱愈餤。谁家读书堂，庭阶无青薄。此时谈诗书，莲经提鱼篮。平生太玄文，知者无一谭。之子爱野鹜，骥驹舞两骖。厚颜酒食馔，不猎悬鹑鹌。寒威甚毒矢，三杯胜七鐖。烂醉寻梅花，登峰吾尚堪。

70.《谢人惠米线》

玉粒百谷王，有功满人寰。舂磨作琼屑，飞雷落九关。翕张化瑶线，弦直又可弯。汤镬海沸腾，玉龙自相扳。银涛滚雪浪，出没几洲澴。有味胜汤饼，饫歌不愁癏。包裹数十里，莹洁无点班。兴师远持糒，此物正可颁。千万一日饱，不费金数锾。长安权贵人，五鼎靳笑颜。玉食过九重，恨无土宇版。岂知有琼糜，天雨到市阛。愿献空峒帝，马迷龙难攀。

71.《谢惠药》

雪深不能鑱黄精，天寒不能斸茯苓。瑶草共食何日长，还丹独炼何时成。

如来怜我似鹤形，指挥龙树露神灵。佛无老死无生灭，何用劳我以长生。

72.《谢张四居士惠纸衾》

何年捣玉楮，莹洁无滓坌。清兴厌纯绵，安有尘可振。夜卧白昼中，冰雪心不紊。梦觉梅花香，炉红绝烟熅。疑到玉皇前，俯视日月晕。人间绮罗帐，何异锦覆粪。吾慕忍寒人，从师游鲁邻。爵禄不可辞，高举已在汶。独怜无褐民，茅檐冻欲偾。大裘正万丈，德心欠广运。

天下皆无寒，孔孟有素蕴。愿与物为春，衾铁吾不愠。以君志趣高，惠我无俗韵。缟带报纻衣，侨札真契分。

73.《赠道士阮太虚何存斋》

六道四生苦，何人不烦恼。官人自做官，道人自修道。相逢不下马，各自寻蓬岛。前生非亲契，今生如何好。本来无因缘，安得有果报。来非人捉来，到是天送到。我若不呈丑，道教一齐倒。春风缚不住，秋月蚀愈皎。莫登时贵门，谈天恨欠早。对面不相识，开口便激恼。譬如弄杂剧，徒取傍人笑。道我是风颠，知我已明了。莫愁我饥渴，天厨食天饱。真宰善解家，未敢与入道。

74.《赠何古梅学医》

永州何仙药最灵，神丸能溃邕州城。广西两道再清平，百万赤子荷更生。笙鹤一去三百年，东南忽变为膻腥。为血为肉生灵苦，在者疮痍何日痊，上界真人有同性，不学神仙学孔孟。有术医国无人知，要为吾民救微命。察脉肥瘠韩子精，论疾阴阳子产明。神功端不让思邈，古道依然如宋清。得钱卖药少取利，无钱乞药喜舍施。好客来时入酒垆，无朋终日阅书市。忆昔民生三皇前，下寿无疾享百年。神人妙用不可见，本草灵素犹有传。古云医不通三书，世上断不服其药。如君胸中有炎黄，冷笑三书尽糟粕。我闻上帝最好生，活人功多朝玉京。请看岐叟至陶葛，神仙多是良医成。东南干戈二十秋，人无贫富眉长愁。千人幸有一人在，到处呻吟无歌讴。遗黎若要家平康，但愿良医自天降。不龟手药有灵时，好看良医作良相。

75.《赠画梅吴雪坞》

冷凝寒极雪漫漫，天下无人知袁安。起来门前问梅竹，吾友可以话岁寒。岁寒心肠似铁石，不与万木同摧残。有时醉中画梅竹，沤钧只在掌握间。人生莫与天争巧，上帝一见开笑颜。八极俗物不足道，千年陈人无可观。谁人奈得此雪过，春风去后终须还。千红万紫争烂漫，梅竹携手隐空山。皋陶庭坚不祀苦，程婴杵臼存孤难。岂无当门独立者，五更风雪不相干。

76.《赠画士刘信可》

毛颖摧锋入墨池，白云窗下展乌丝。乘君袖里孤山月，写尽横斜竹外枝。

77.《赠画士刘信可》

谱系庭筠出管城，胸中千亩尽秋清。儿童不不误挥毫意，闲傍虚檐听雨声。

78.《自况》

手捻琪花吹玉萧，至人长与道逍遥。黄云白鹤无拘束，闲看吴儿弄晚潮。

79.《窗间戏题》

云在青山自往还，鹤穿云外上青天。云来鹤去不相试，两个无心莫结缘。

80.《赋松》

乔松磊磊多奇节，冬无霜雪夏无热。根头更有千岁苓，知谁可语长生诀。

81.《挂冠》

玉皇殿下卸恩袍，羞见冥鸿惜羽毛。天地有心扶社稷，朝廷无意得英豪。早知骨鲠撄时忌，何似山林道迹高。次第秋风到兰菊，归家痛饮读离骚。

82.《求纸衾》

避世知无地，危身只信天。宁持龚胜扇，不着挺之绵。养性真同道，知心有宿缘。纸衾加惠絮，晴日卧云边。

83.《送程楚翁远游》

近日人传庾岭梅，南枝落尽北枝开。长安旧日元无此，尽是江南人送来。

84.《题龟峰》

三十二峰峰最高，脚踏高处真人豪。远观灵山一培嵝，俯视彭蠡无波涛。眼明始见沧海阔，心閒却怜人世劳。后百千年谁独立，万古一览皆秋毫。

85.《题庆全庵》

莲如君子甘离世，菊似逸民难出山。不信众芳□寂寞，天香流出满人间。

86.《题庆全庵》

长松落落多奇节，冬无雪霜夏无热。根头更有千岁苓，知谁可语长生诀。

87.《吾友张四居士为僧敢献善颂》

天台罗汉形模，也学丹霞划草。少年大振宗风，好个五山长老。

88.《五星》

五纬煌煌聚在秦，项王称霸沛公臣。谁知四百年天下，已属宽仁大度人。

89.《仙隐观》

秋日闲十日，面怀秋山空。烟霞固常态，败叶铺山红。平生五大夫，投老一秃翁。相看各萧索，事付不语中。二轮固代谢，四季弭初终。义霜素凄惨，温律复冲融。相期保岁寒，木末回春风。

90.《与魏梅墅》

义熙陶令书甲子，春秋仲尼尊天王。孔明汉贼不两立，梁公十念臣而皇。

91.《赠卜者魏易斋》

伯阳曾著易参同，夺尽阴阳造化功。白玉五城人可到，黄金一鼎道无穷。先生救世心衣苦，后派多才命必通。魏本大名名易显，子明且为筮江东。

92.《赠儒医陈西岩》

猪苓桔梗最为奇，药笼书囊用有诗。莫把眼前穷达论，要知良相即良医。

93.《赠宋相士》

堕甑看无益，乘轩计亦疏。忍贫吾自解，过论子姑徐。但得耆而艾，饱观诗与书。时乎一杯酒，此外尽从渠。

94.《忠贤祠》

正气冲融自一家，宦情儒墨共根芽。身因世故归民社，道为时谋重圣涯。千古寒光流夜月，满天余彩漾晴霞。殷勤瞻拜诸公侧，送尽长林几晚鸦。

95.《竹》

新篁娟娟如绿玉，潇然出尘澹无欲。清风明月谁主张，留得此群在空谷。

96.《蚕》

养口资身赖以桑，终成王道泽流长。吐丝不羡蜘蛛巧，饲叶频催织女忙。三起三眠时化运，一生一死命天常。待看献茧盆缫后，先与吾皇织衮裳。

97.《和毛静可韵》

孟韩相慕久悬悬，恨不论诗早十年。吾道不行知有命，斯文将丧更由天。此生何恨为龚胜，来世谁能知少连。不信无人扶宇宙，是邦豪杰已林然。

98.《秦人洞》

来避秦人万事休，鸟啼花落几春秋。洞门深锁无人到，山自青青水自流。

99.《谢惠楮衾》

吴宫金蹙凤花绫，春暖熏笼换水沉。那似冰桥楮夫子，满床明月解微吟。

100.《赠秋山道人》

晒衣台上草春深，天遣诗人近士林。宇宙中间千万变，长歌收拾付闲心。

101.《赠相士郭少仙》

崇兰生深林，澹泊一点芳。江梅倚修竹，醖藉万斛香。气骨抱金玉，精神贮冰霜。若以色见我，照红还海棠。

102.《古诗赠相士吴楚》

世乱异人出，高者为神仙。方术皆救世，可知愚与贤。喜君风鉴别，妙处不可传。着眼看福人，要识太平年。

103.《和游古意韵》

死易程婴岂不知，十年死后未为非。文辞未必改秦甥，敲朴徒能抱御衣。无志何劳悲庙黍，得仁更不食山薇。儒冠有愧一厮养，何忍葵心对落晖。

104.《觅茶》

茂绿林中三五家，短墙半露小桃花。客行马上多春日，特扣柴门觅一菜。

105.《戏道士阮太虚》

阮郎正好住天台，玉女多情忍放回。雨散云收一天碧，薰风吹梦到瑶台。

106.《谢送夏衣》

南州久客困炎歊，汗浥春衫上白毛。细葛含风常着看，此情犹胜旧绨袍。

夏言与他的词作

编者按:

夏言（1482—1548），字公谨，信州贵溪（今江西贵溪）人。明代政治家、文学家。正德十二年（1517）登进士第。初授行人，后任兵科给事中，以正直敢言自负。明世宗继位后，以疏陈武宗朝弊政，受世宗赏识。又因议礼而受宠，升至礼部尚书兼武英殿大学士入参机务，累加少师、特进光禄大夫、上柱国，其后被擢为首辅。在嘉靖官场，他先后四次被罢职，又三次被召还。嘉靖二十七年（1548），因支持收复河套，再遭严嵩诬陷，终被弃市处死，年六十七。明穆宗时复官，追谥“文愍”。夏言是文学家，所作诗文宏整，又以词曲擅名，有《桂洲集》及《南宫奏稿》传世。他又是书法家，少警敏，能属文，尤长笔札。其正行亦遒美，但肥过而滞，老过而稚。榜书尤可观。记载夏言生平历史的有《明史·夏言传》，另有明王世贞撰《嘉靖以来首辅传》，叙事更为精彩。

夏言为人豪迈强直，纵横辩博，任官极有才干。世宗继位后，即上书指言先代之弊，并提出意见:“现在陛下刚开始办理各项政务，请于每日早朝以后，亲自到文华殿批阅奏章，召内阁大臣当面商量决定，如有关重大利害的事情，则下达给全体大臣集中商议。不应和身边宦官商量后就直接从宫中发出圣旨。即使陛下所做出的取舍，也一定要下到内阁，经讨论然后实施，以杜绝为人蒙骗或弄虚作假的弊病。”世宗赞赏并采纳了他的意见。后来，他领命和御史郑本公、主事汪文盛一起考核世宗身边的侍卫及京城卫队的冗员，裁汰了三千二百人，又上书陈述九条意见。京城治安秩序因此得以稳定。

嘉靖初年，他和御史樊继祖等外出清理庄田，把被侵吞的民产如数夺出来归还百姓。为弹劾宦官赵灵、建昌侯张延龄，他前后上书七次。又请把后宫负郭庄田改为亲蚕厂、公桑园，禁止一切亲戚、乡人的请托及河南、山东一些富人把民田献给王府的行为。他曾解救过被逮捕的永平知府郭九皋。他极力谏诤，以为世宗赐给庄奉夫人的弟弟邢福海、肃奉夫人的弟弟顾福世袭千户锦衣，是为不妥。他的奏章大多梗直，被世人传诵。在兵科都给事中任上，他评定青羊山平叛的功罪，议论和奏章都很恰当。副使牛鸾缴获了乱军中的通讯名单，为了安抚人心，夏言请求烧毁了它。此事深得朝臣赞同。

改革礼制，是夏言深得世宗宠爱的主要原因。嘉靖七年，世宗正锐意于修饰礼文的工作，认为天地合在一起祭祀不合礼制，想分别建立两个郊祀台，加上日月，共四个祭坛。大学士张璁不敢决定，世宗以占卜问于太祖也不吉利，正想作罢，恰好夏言上书，请世宗亲耕于京城南郊，皇后亲蚕于京城北郊，为天下人示范。世宗因为这南北郊的说法与分别建立两个郊祀台的说法一致，所以命令张璁以诏书询问，夏言于是上书，详论始末，提出分祭天地之议。朝臣不同意，张璁也责问他，詹事霍韬攻击得尤其厉害。世宗非常恼火，将霍韬下狱，颁发加盖玉玺的诏书奖励夏言，赐给他四品官的官服和俸禄，完全接受了他的意见。夏言从此受世宗宠信。修造京城祭祀的工程就让夏言负责监督。后来，世宗擢拔夏言为礼部尚书，他名正言顺地展开了多项礼制改造和建设。《五礼通考》有载："帝自排廷议，定大礼，遂以制作礼乐自任，而夏言始用事。乃议皇后亲蚕，议勾龙弃配社稷，议分祭天地，议罢太宗配祀，议朝日夕月、别建东西二郊，议祀高禖，议文庙设主更从祀诸儒，议祧德祖正太祖南向，议祈穀，议大禘，议帝社帝稷。"（《五礼通考》卷二十）所有这些奏议，都经夏言论证提出，世宗都没有独断，必下首辅张璁等议而后决。纪昀有论夏言曰："（言）特学问淹博，于故事夙所留意。又值世宗锐意改制之时，故于一朝典礼，多所酌定。如南北郊分祀、更定文庙祀典及大禘礼仪、立先蚕坛之类，悉言所赞成。迨帝擢掌礼部，益力举其职。前后奏牍，亦多有可采。"（《钦定四库全书总目》卷五十五）

明世宗朝是权臣角触最厉害的时代，这个时代，无论皇帝还是大臣，一个个都是弄权的高手。世宗入继大统之初，羽翼未丰，借助首辅杨廷和之力。当"大礼议"之争与杨等人出现矛盾，不及半年便让杨致仕，又连罢两任内阁首辅蒋冕、毛纪。他的老师费宏为首辅不到三年，也被罢免。而议礼派的核心人物张璁、桂萼，由微臣而登高位，但也时时惊心。张璁四次遭罢，桂萼也两次遭罢。所以，夏言在这个时代四次遭罢，最后被杀，也就不奇怪了。皇帝一方面封官赏赐予以笼络，一方面便是廷杖迁谪贬官予以打击。同时，利用阁臣的矛盾和廷臣的争斗，让他们互相倾轧。皇上高高在上，进退辅臣，杖责言官，呵察朝臣，由此强化皇权，“唯我独尊”。对臣下而言，才学已不重要，取悦皇上，才是首选。

皇上的刚愎自用，必然是非不分。收复河套，本为国家大事。夏言有经世济用之才，希望建功立业，本身无错。何况皇上也给予肯定支持，下旨褒奖。可忽然转变，下诏责备，视国事如儿戏，形势瞬间逆转。严嵩揣得帝心，随即扇风点火。最后，皇上居然听信了漏洞百出的诬告，而对夏言申辩提出的几个疑问丝毫不察，对应时而起的谣言也不加分析。于是，一代辅臣就这样被皇上的盛怒、严嵩的下套而冤杀了。

对夏言的文学，前人评价不一，综其所论，对他的政论文多所肯定，如《明史本传》说夏言“豪迈有俊才，纵横辨博，人莫能屈”。又说他“性警敏，善属文。”尤其是论礼的一些奏章，纪昀说他“学问淹博”，“前后奏牍，亦多有可采”。对他的诗词，评价都不太高。《四库提要》说：“言未相时，以词曲擅名，然集内词亦未甚工，诗文宏整而平易，犹明中叶之旧格。”《艺苑卮言》谓：“我朝以词名家者，伯温秾剑有致，去宋尚隔一尘。……公谨最号雄爽，比之稼轩，觉少精思。”从时代而言，明诗已不如宋诗，宋诗又不如唐诗，这是时势造成的区别。就夏言个人而言，他主要是政治家，从事的是社会政治的管理，没有太多的时间去思考文学，所以他的诗词“亦未甚工”，也自有其原因。

这里选录了夏言的相关史料，主要有两篇传记、一些写于上饶或内容与上饶有关的诗词文章，还有一些评论，可供基本研究者选用。（吴长庚）

南宫奏稿提要

《南宫奏稿》五卷，明夏言撰。言字公谨，贵溪人。正德丁丑进士，授兵科给事中。歴官礼部尚书，武英殿大学士。后以主复河套，爲严嵩所搆，坐与曾铣交关，弃市。隆庆初追复原官，谥文愍，事迹具《明史本传》。言初以才器受知世宗，而柄用之后，志骄气溢，傲愎自专，卒以致败，其事业殊无可称。特学问淹博，于故事夙所留意。又值世宗锐意改制之时，故于一朝典礼，多所酌定。如南北郊分祀，更定文庙祀典，及大禘礼，编修励守谦家藏本，仪立先蚕坛之类，悉言所赞成。迨帝擢掌礼部，益力举其职。前后奏牍，亦多有可采。此本爲御史王廷赡所刊行，即其官尚书时所上，自郊庙大典，以至封爵贡举，大端略具。其间牵合古义，附會时局者，往往不免。然明代典章，至嘉靖而一大变。史志但撮举纲要，不能具其建议之所以。然观于是集，端委一一具在，录而存之，亦议礼者得失之林。非谓其持论之皆当也。

四库全书总目，钦定四库全书总目，卷五十五

桂洲奏议提要

《桂洲奏议》二十一卷，明夏言撰。言有《南宫奏稿》，巳著录。是编又益以谏垣所上，分爲二十一卷，乃言入阁之后，巡抚江西副都御史王暐等所刊，事在嘉靖十八年后。暐以事获罪，主其狱者即言也。言以论南北郊分祀，受知世宗，遂被擢用。史称其奏定典礼，多可采者。今核其所论，实惟议礼一事有关典制沿革，故录其《南宫奏稿》，而此集则别存其目焉。

四库全书总目，钦定四库全书总目，卷五十六

《太庙勑议》一卷，明嘉靖中礼部颁行本也。成祖既迁都北平，而南京太庙仍旧不废。至嘉靖十三年，南京太庙灾，礼部尚书湛若水疏请重建。世宗勑羣臣集议，尚书夏言及大学士张孚敬等会疏，称国不当有二庙，请以南京太庙香火归并奉先殿，其太庙故址，仿古坛墠遗意，高筑墙垣，令所司谨其启闭。帝从其议，言因取所奉勑旨及会议题稿，彙成此帙，奏请刋行。

四库全书总目，钦定四库全书总目，卷八十三

桂洲集提要

《桂洲集》十八卷，明夏言撰。言有《南宫奏稿》，巳著录。此集凡赋诗词八卷，文十卷，首有年谱。言未相时，以词曲擅名，然集内词亦未甚工，诗文宏整而平易，犹明中叶之旧格。

四库全书总目，钦定四库全书总目，卷一百七十六

明史夏言传

夏言字公谨，贵溪人。父鼎，临清知州。言举正德十二年进士，授行人，擢兵科给事中。性警敏，善属文。及居言路，謇谔自负。世宗嗣位，疏言：正德以来，壅蔽已极。今陛下维新庶政，请日视朝后，御文华殿阅章疏，召阁臣面决。或事關大利害，则下廷臣集议，不宜谋及亵近，径发中旨。圣意所予夺，亦必下内阁议而后行，绝壅蔽矫诈之弊。帝嘉纳之。

奉诏，偕御史郑本公立事汪文盛，覈亲军及京衞冗员，汰三千二百人。复条九事以上，辇下为肃清。嘉靖初，偕御史樊继祖等出按庄田，悉夺还民产。劾中官赵霦、建昌侯张延龄，疏凡七上。请改后宫负郭庄田为亲蚕，厰公桑园一切禁戚里求请，及河南山东奸人献民田王府者，救被逮永平知府郭九臯。庄奉夫人弟邢福海、肃奉夫人弟顾福传，旨授锦衣世千戶，言力争不可，诸疏率谔谔为人传诵。屡迁兵科都给事中，勘青羊山平贼功罪，论奏悉当。副使牛鸾获贼中交通名籍，言请毁之，以安衆心。孝宗朝，令吏兵二部，每季具两京大臣、及在外文武方面官履历进御，正德后渐废，以言请复之。七年调吏科。当是时，帝鋭意礼文事，以天地合祀非礼，欲分建二郊并日月而四。大学士张孚敬不敢决，帝卜之太祖，亦不吉，议且寝。會言上疏，请帝亲耕南郊，后亲蚕北郊，为天下倡。帝以南北郊之说，与分建二郊合，令孚敬谕旨。言乃请分祀天地，廷臣持不可。孚敬亦难之，詹事霍韬诋尤力。帝大怒，下韬狱，降玺书奬言，赐四品服俸，卒从其请。又赞成二郊配飨，议语详礼志。言自是大蒙帝眷，郊坛工兴，即命言监之。

延绥饥，言荐佥都御史李如圭为巡抚。吏部推代如圭者，帝不用。再推及言，御史熊爵谓言出如圭，为已地。至比之张彩。帝切责爵，令言毋辨。而言不平，讦爵，且辞新命。帝乃止。孚敬颐指百寮，无敢与抗者。言自以受帝知，独不为下。孚敬乃大害言宠，言亦怨孚敬骤用彭泽为太常卿，不右已。两人遂有隙。言抗疏劾孚敬，及吏部尚书方献夫。孚敬、献夫皆疏辨求去，帝顾诸人，厚为两解之。言既显与孚敬、献夫、韬为难，益以强直，厚自结。帝欲辑郊礼为成书，擢言侍读学士，充纂修官，直经筵日讲，仍兼吏科都给事中。言又赞帝更定文庙祀典，及大禘礼，帝益喜。十年三月，遂擢少詹事，兼翰林学士掌院事，直讲如故。言眉目疎朗，美须髯，音吐疏畅，不操乡音。每进讲，帝必目属，欲大用之。孚敬忌弥甚，遂与彭泽搆薛侃狱，下言法司。已，帝觉孚敬曲，乃罢孚敬而释言。八月四郊工成，进言礼部左侍郎，仍掌院事。踰月代李时为本部尚书，去谏官。未浃歳，拜六卿，前此未有也。

时士大夫犹恶孚敬，恃言抗之。言既以开敏结帝知，又折节下士。御史喻希礼石金请宥大礼大狱，得罪诸臣，帝大怒，令言劾。言谓希礼、金无他肠，请帝寛恕。帝责言对状，逮二人诏狱遠窜之。言引罪乃已，以是大得公卿间声。帝制作礼乐，多言为尚书时所议。阁臣李时、翟銮取充位。帝每作诗，辄赐言，悉酬和勒石以进，帝益喜。奏对应制，倚待可办。数召见，谘政事，善窥帝旨，有所傅會。赐银章一，俾密封言事，文曰“学博才优”先后赐绣蟒、飞鱼麒麟服，玉带兼金、上尊珍馔时物无虚月。孚敬、献夫复相继入辅，知帝眷言厚，亦不敢与较。已而皆谢事，议礼诸人，独霍韬在，雠言不置。

十五年，以顺天府尹刘淑相事，韬、言相攻讦，韬卒不胜，事详韬传中。言由是气遂骄。郎中张元孝、李遂与小忤，即奏谪之。皇子生，帝赐言甚渥，初加太子太保，进少傅，兼太子太傅。闰十二月，遂兼武英殿大学士，入参机务。扈跸谒陵，还至沙河，言庖中火延郭勛、李时帐，帝付言疏六亦焚，言当独引罪，与勛等合谢被谯责焉。时李时为首辅，政多自言出。顾鼎臣入，恃先达且年长，颇欲有所可否。言意不悦，鼎臣遂不敢与争。其冬时卒，言为首辅。十八年，以祇荐皇天上帝册表，加少师，特进光禄大夫上柱国。明世人臣无加上柱国者，言所自拟也。

武定侯郭勛得幸，害言宠。而礼部尚书严嵩亦心妒言。言与嵩扈跸承天，帝谒显陵毕，嵩再请表贺，言乞俟还京，帝报罢，意大不怿。嵩知帝指，固以请，帝乃曰：礼乐自天子出可也。令表贺。帝自是不悦言。帝幸大峪山，言进居守勅稍迟，帝责让，言惧请罪，帝大怒曰：言自卑官，因孚敬议郊礼进，乃怠慢不恭，进密疏不用赐章，其悉还累所降手勅。言益惧，疏谢，请免追银章手勅，为子孙百世荣，词甚哀。帝怒不解，疑言毁损，令礼部追取，削少师勲阶，以少保尚书大学士致仕。言乃以手勅四百余并银章上之，居数日，怒解命止。行复以少傅太子太傅入直。言疏谢，帝悦，谕令励初忠，秉公持正，免衆怨。言心知所云衆怨者郭勛輩也，再疏谢，谓自处不敢后他人，一志孤立为衆所忌。帝复不悦，诘责之。惶恐谢乃已。未几，雷震奉天殿，召言及鼎臣，不时至，帝复诘让，令礼部劾之，言等请罪。帝复让言傲慢，并责鼎臣。已，乃还所追银章御书。陕西奏捷，复少师、太子太师，进吏部尚书，华蓋殿大学士。江淮贼平，玺书奬励，赐金币兼支大学士俸。鼎臣殁，翟銮再入，恂恂若属吏，不敢龃齬。而霍韬入掌詹事府，数修怨，以郭勛与言有隙，结令助已，日相搆。既而韬死，言勛交恶自若。九庙灾，言方以疾在告，乞罢不允。昭圣太后崩，诏问太子服制，言报疏有譌字，帝切责言。言谢罪，且乞还家治疾。帝益怒，令以少保尚书大学士致仕。言始闻帝怒，已上御边十四策，冀以解。帝曰：言既蕴忠谋，何坚自爱，负朕眷倚！姑不问。初，言撰青词及他文，最当帝意。言罢，独翟銮在，非帝所急也。及将出都，诣西苑斋宫叩首谢，帝闻而怜之，特赐酒馔，俾还私第治疾，俟后命。會郭勛以言官重劾，亦引疾在告。京山侯崔元新有宠，直内苑，忌勛。帝从容问元：言、勛皆朕股肱，相妒何也？元不对。帝问言归何时？曰：俟圣诞后始敢请。又问勛何疾？曰勛无疾，言归即出耳。帝颔之。言官知帝眷言恶勛，因共劾勛。勛辨语誖谩，帝怒削勛。同事王廷相籍给事中高时者，言所厚也，尽发勛贪纵不法十数事，遂下勛狱。复言少傅、太子太师、礼部尚书、武英殿大学士。疾愈，入直。言虽在告，阁事多取裁治，勛狱悉其指授。

二十一年春，一品。九年满，遣中使赐银币、寳钞、羊酒内馔，尽复其官阶。玺书奬美，赐宴，礼部尚书、侍郎、都御史陪侍。当是时，帝虽优礼言，然恩眷不及初矣。慈庆、慈宁两宫宴驾，勛尝请改其一居太子，言不可，合帝意。至是，帝猝问太子当何居？言忘前语，念兴作费烦对如勛指。帝不悦，又疑言官劾勛出言意。及建大享殿，命中官高忠监视，言不进勅稾入直。西苑诸臣，帝皆令乘马。又赐香叶束发巾，用皮帛为履，言谓非人臣法，服不受，又独乘腰舆。帝积数憾，欲去言。而严嵩因得间之。

嵩与言同乡，称先达，事言甚谨。言入阁，援嵩自代，以门客畜之。嵩心恨甚。言既失帝意，嵩日以佞柔宠，言惧，斥呼嵩与谋。嵩则已潜造陶仲文第，谋齮言代其位。言知甚愠，讽言官屡劾嵩。帝方怜嵩，不聽也。两人遂大郄。六月，嵩燕见，顿首而泣，愬言见凌状。帝使悉陈言罪，嵩因振暴其短，帝大怒，手敕都察院数言罪。且曰：郭勛已下狱，犹千罗百织。言官为朝廷耳目，専聽言主使，朕不早朝，言亦不入阁。军国重事，取裁私家。王言要密视，等戏玩，言官不一言，徒欺谤君上，致神鬼怒，雨甚伤禾。言大惧，请罪。居十余日，献帝讳辰，犹召入拜，候直西苑。言因谢恩，乞骸骨，语极哀。疏留八日。會七月朔日食既，下手诏曰：日食过分，正坐下慢上之咎。其落言职，闲住。帝又自引三失，布告天下。御史乔佑给事中沈良才等，皆具疏论，言且请罪，帝大怒，贬黜十三人。高时以劾勛故，独谪遠边。于是严嵩遂代言入阁。言久贵用事，家富厚，服用豪侈，多通问遗，久之不召。监司府县吏亦稍慢易之。悒悒不乐，遇元旦圣寿，必上表贺，称草土臣。帝亦渐怜之，复尚书大学士。至二十四年，帝微觉嵩贪恣，复思言，遣官赍勅召还，尽复少师诸官阶，亦加嵩少师，若与言并者。言至直陵嵩，出其上。凡所批答，略不顾嵩。嵩噤不敢吐一语，所引用私人，言斥逐之，亦不敢救，衔次骨。

海内士大夫方怨嵩贪忮，谓言能压嵩，制其命，深以为快。而言以废弃久，务张权，文选郎高简之戍，唐龙、许成名、崔桐、王用宾、黄佐之罢，王杲、王暐、孙继鲁之狱，皆言主之。贵州巡抚王学益、山东巡抚何鳌为言官论劾，辄拟旨逮讯。龙故与嵩善，暐事牵世蕃，其他所谴逐不尽当，朝士侧目。最后，御史陈其学以盐法事劾崔元，及锦衣都督陆炳。言拟旨令陈状，皆造言请死。炳长跪乃得解。二人与嵩比而搆言，言未之悟也。帝数使小内竖诣言所，言负气，岸奴视之。嵩必延坐，亲纳金钱袖中。以故日誉嵩而短言。言进青词，往往失帝旨。嵩闻益精治其事。未几，河套议起，言故慷慨以经济自许，思建立不世功，因陕西总督曾铣请复河套，赞决之。嵩与元炳媒孽其间，竟以此败。江都人苏纲者，言继妻父也。雅与铣善，铣方请复河套，纲亟称于言。言倚铣可办，密疏荐之。谓羣臣无如铣忠者。帝令言拟旨优奬之者再。铣喜，益锐意出师。帝忽降旨诘责，语甚厉。嵩揣知帝意，遂力言河套不可复，语侵言，言始大惧。疏辨，且言嵩未尝异议，今乃尽诿于臣。帝责言强君胁衆。嵩复腾疏攻言，言亦力辨，而帝已入嵩谮，怒不可解。

二十七年正月，尽夺言官阶，以尚书致仕，犹无意杀之也。会有蜚语闻禁中，谓言去时怨谤，嵩复代仇鸾草奏，讦言纳铣金，交關为奸利，事连苏纲，遂下铣、纲诏狱。嵩与元炳谋，坐铣交结近侍律斩，纲戍边，遣官校逮言。言抵通州，闻铣所坐，大惊堕车，曰：噫！吾死矣。再疏讼冤，言：鸾方就逮，上降谕不两日，鸾何以知上语？又何知嵩疏而附丽若此？蓋嵩与崔元辈诈为之，以倾臣。嵩静言庸违似共工，谦恭下士似王莽，奸巧弄权，父子専政似司马懿。在内诸臣受其牢笼，知有嵩不知有陛下。在外诸臣受其箝制，亦知有嵩不知有陛下。臣生死系嵩掌握，惟归命圣慈，曲赐保全。帝不省，狱成。刑部尚书喻茂坚、左都御史屠侨等当言死，援议贵议能条以上，帝不从，切责茂坚等，夺其俸，犹及言前不戴香冠事。其年十月，竟弃言市。妻苏流广西，从子主事克承、从孙尚寳丞朝庆削籍为民。言死时，年六十有七。

言豪迈有俊才，纵横辨博，人莫能屈。既受特眷，揣帝意，不欲臣下党比。遂日与诸议礼贵人抗，帝以为不党，遇益厚。然卒为严嵩所挤。言死，嵩祸及天下。久，乃多惜言者。而言所推毂徐阶，后卒能去嵩为名相。隆庆初，其家上书，白冤状。诏复其官，赐祭葬，谥文愍。言始无子，妾有身，妻忌而嫁之，生一子。言死，妻逆之归，貌甚类言，且得官矣。忽病死，言竟无后。

赞曰：璁萼献夫议尊兴献，遂请改孝宗为皇伯考。紊正统之绪，渎继世之伦。曲学阿世，陷其君为过，举而不顾，谬矣。逮乎遭时得君动援，议礼自固，务快恩讐，宜其见恶当时，贻讥后世也。言所奏定典礼，亦多因时傅會，虽终明之世，多守其说，顾其志骄气盈，卒为嵩所挤，亦有以取之耳。究观诸人，立身本末，与其议事建言，固皆无足取裁云尔。

史部，正史类，明史，卷一百九十六

王以旂字士招，江寧人。総督曾铣议复河套，大学士夏言主之。数下优旨奬铣，令以旂集廷臣议，以旂等力主铣议。议上，帝意忽变。严旨咎铣，令再议。以旂等惶恐，尽反前说。帝逮铣，令以旂代之。套寇自西海还，肆掠永昌，镇羌总兵官王继祖御却之，已复来犯，并及镇。番山丹部将蔡勲马宗援，三战皆捷。前后斩首一百四十余级，论功，廕以旂一子。已而，寇数万，复屯寧夏塞外，将大入。官军击之，斩首六十余级，寇宵遁。延绥寧夏开马市，二镇市五千匹。其长朗台吉等，约束所部，终市无哗。以旂以闻，诏大赉。

史部，正史类，明史，卷一百九十九

曾铣字子重，江都人。帝忽出手诏，谕辅臣曰：今逐套贼，师果有名否？兵食果有余，成功可必否？一铣何足言，如生民荼毒何？初铣建议时，辅臣夏言欲倚以成大功，主之甚力。及是大骇，请帝自裁断。帝命刋手诏，徧给与议诸臣。时严嵩方与言有隙，欲因以倾言，乃极言套必不可复，陰诋言。故引罪乞罢，以激帝怒。旋复显攻言，谓向拟旨褒铣，臣皆不预闻。兵部尚书王以旂會廷臣覆奏，遂尽反前说，言套不可复。帝乃遣官逮铣，出以旂代之。责科道官不言，悉杖于廷，停俸四月。帝虽怒铣，然无意杀之。

史部，正史类，明史，卷二百四

十一年冬，彗星见。诏求直言。恩以天道遠、人道迩，乃备指大臣邪正，谓大学士李时，小心谦抑，解棼拨乱，非其所长。翟銮附势持禄，惟事模稜。户部尚书许讚，谦厚和易，虽乏剸断，不经之费必无。礼部尚书夏言，多蓄之学，不羈之才，驾驭任之，庶几救时宰相。

史部，正史类，明史，卷二百九

嘉靖以来首辅传·夏言传 卷三 明王世贞撰

夏言字公谨，广信之贵溪人。性警敏，能属文，尤长于笔札。自其在公车，则已奕奕有儁声。举进士，授行人司行人，擢兵科给事中。奉诏覈斥锦衣冒滥官属三千二百，出按皇庄侵占农地二万余顷。糺中贵人赵彬、建昌矦张延龄，前后七疏，皆报可。转右给事中，同考会试，疏请杜内臣传，乞救知府郭九皋等缇逮，及请慎出入以严政体，及论邢福海等不当，以传奉陞，皆谔谔为人所传诵。

丁母忧，归服除，守故官，寻转礼科左，遂进兵科都给事中。时山西剧盗陈卿糺衆据青羊山为乱，朝廷大會诸镇兵讨平之。而所遣将臣以下，久争功不决，且有因而为利者。言核其事。遂命往覆勘，次第功罪皆当，还朝，考武举试。时兵部廷推左都御史王宪出行边御寇，宪有难色，言即劾罢之。而上实心器言。会吏科缺都给事中，故事，当以左序迁。特旨移言，长吏科。言以是益自负。时上方贵辅臣张孚敬等，相与推明宗祀礼乐之事。言谓农桑天下本，今人主既亲耕，行籍田礼，而后不亲蚕，非所以昭陰教示妇职也。

因上皇后亲蚕，疏上大悦，报旨称美。

而南北郊之议起，高皇帝初即位，为圜丘于南郊以祀天，为方泽于北郊以祀地。行之未几而合之，恒以元正之后三日致祭。因大享羣臣，葢颇用汉唐故事云。上与辅臣孚敬密议之，不以为善也。孚敬微泄之。言乃上疏，谓当以冬至祭天于南郊之圜丘，以夏至祭地于北郊之方泽。而引《周礼》及高皇帝初即位诏为据，而谓汉唐以为不足法，上益大悦。下礼官会羣臣议，有谓以高帝二百年之定制为不当轻易者，有谓工巨而财诎不当轻举者，有谓夏至前而冬至后于天尊地卑不称者，十之七八。上乃诏言见便殿，赐玺书褒奬与四品服，欲以风厉羣臣，而卒莫之应。詹事霍韬辨论益切，至贻书切责言，指以为奸邪，言恚，缴其书上之。因遂劾韬五罪，上怒甚，械韬下之御史台狱，辅臣孚敬为力请，不听，久之乃释还职。

上不欲太宗与太祖并配天，与孚敬议以太祖配天，而太宗祀大享殿，如古明堂以配上帝，孚敬意难之，下羣臣议，亦莫之应。而言复伸上指，攷古礼以请，上益大悦。以祀典成，进翰林院侍读学士，仍兼都给事中，侍经筵日讲，赐金饰花犀带，视尚书。言尝荐都察院左佥都御史李如圭，以右副都御史出赈济陕西，于是佥都御史缺，廷推言与右谕德彭泽。上迟徊久之。而御史熊爵谓，言出如圭，以为己地。言亦辞。上乃勉慰言，俾食四品俸。泽以孚敬力，复超为太常卿。言，楚士也。恨孚敬不已荐，而右彭泽，衔之切骨。且觇上意，雅不欲大臣太专，乃露章论孚敬与吏部尚书方献夫有所好恶，彭泽奸邪，不当骤迁。上虽为两解，而孚敬与泽亦遂恶言矣。

上以四时祀太庙，奉太祖为始祖居中，而太宗以下皆东西相乡，至大祫则以太祖之四世祖德祖居中，而懿熙仁三世皆合，而太祖屈居五。至是欲举禘祭大雩秋报之礼，下羣臣议。言以为禘者禘也，谓禘其所自出之帝也。德祖既为太祖之始祖，岂可复为始祖所自出之帝乎？请虚其位而加隆称焉，仍以太祖配。中允廖道南则谓，朱氏为颛顼裔，宜禘颛顼。辅臣孚敬会羣僚议东阁，倡言曰：请虚位者失之，无尊颛顼者失之远，宜仍禘德祖便。言复上书诤之，上虽意未决，而心是言。旋特进詹事府少詹事，兼翰林院学士。

言眉目疎朗，美须髯，大音声，不操楚语，上故已才言，至进讲，愈目属之。既显，与孚敬异。孚敬恨，乃因行人司正薛侃之疏，用彭泽计而倾之，卒不胜，语见孚敬传。言出狱之月余，遂进礼部左侍郎，兼翰林院学士，掌院事。未几命礼部尚书李时入阁，而言代之，与时并召对，所以褒勉独有加。时荐绅大夫尚与孚敬讐敌，谓言能抗之。而言既以开敏结上知，又折节下士。时有御史喻希礼上疏，谓祈天求嗣不在祠醮，而在行仁政。因请宥大礼大狱得罪诸臣，御史石金亦言之，且谓人才用舍，政事张弛，一切付之廷论。而陛下恭默凝神，提挈纲领，使其真精内蕴。根本固，则螽斯之庆自集。上疑其有所讥讽，大怒，下书数百言苛责之，命言参究，毋得党护。言谓希礼、金所奏内称宥罪，可迓天休是。但常情福利之说，养心不贵勤察，则启人君怠逸之渐，论事迂疎，罪实难逭。第原其本意，似亦无它。乞俯优容，或加饬治。上益怒，下旨谓此曹仇君怨上，意在报复；奸巧欺諄，罪不可逭。因责言位列大臣朕所简拔，专务徇私不图报主，先已戒其党护奏上参劾肆怠不恭，责其具状以对，而逮希礼、金于诏狱，贬谪荒徼。及言谢罪，疏闻，亦弗罪也。以是言益得公卿间声。

御史冯恩尝有疏，品第三公九卿长佐，多所不满，而独称言“救时宰相”。上既以制作礼乐自任，于故典多所更易，其事在春官，而言为之长，所建白多当上意。上亦欲骤贵之，其委寄与阁臣埒多出六卿上。尝赐银记一曰“学博才优”俾得密封言事，未满考，以督南郊，特加太子太保，寻进加少保，加俸一级，督建皇史宬，加兼太子太傅。重书寳训实录，成，进少傅。再以监建宗庙，工成，加兼太子太师。前后锡赉御书、绣蟒、飞鱼、麒麟服色，玉带兼金，上尊珍馔、时鲜之类无虚，月为之释。其先军伍，有所陈乞，亡不立得而是。

时霍韬起家吏部左侍郎，以旧郄思中言，莫能间也。而会顺天府尹刘淑相与言之狎戚费完不相善，坐奸人所中下狱，疑言之庇其客而主之，因上书讦言罪。上怒不听，言亦疑韬主之，谓淑相与韬谒陵，归，纵饮九龙池，为不敬，而韬时已转为南京礼部尚书矣。乃上书论言，以朦胧为故少师费宏请谥，得文宪。且灭口关情节当死，言亦讦韬大罪十余条，几于讼师巷口。上两不之辨，而镌韬俸一秩，以谢言。韬至南京复攻之，上亦不深责。而言气稍稍骄，郎中张元孝、李遂坐小忤，即参谪之。皇子生，言入对。上喜甚，手簪花于帽，侑以白金文币甚渥，遂兼武英殿大学士，入内阁。是时李时为华盖殿大学士，以年老朴诚居首辅，而上所以委寄之，不能如言重，一切礼文之事，皆以属言，赏亦称是。

言气益骄，渐孺视八座。尝从上谒陵驻沙河，言庖中火延武定侯勋及大学士时行帐，燬，而上别授言廷臣六疏亦从燬。言与二臣合辞请罪，上俱弗问，而独责言，当特疏而今者不特疏，为属不敬。言皇恐乞休，上留而勉励之。时献皇帝已崇为皇考别庙矣。通州同知丰坊，小人也。上疏请复古礼，建明堂加尊献皇帝庙号，称宗以配上帝。下礼部议。部臣嵩议，以功则太宗亲，则献帝以配帝，惟上裁而不敢任称宗。上不悦，令再议。户部左侍郎唐胄争之力，辩之强，上褫其官。于是部臣嵩惧而如命，献帝遂称睿宗，入太庙。言亦莫能持也。寻以满六年考录一子，中书舍人兼支大学士俸。俄李时卒，言居首。寻以祇荐皇天上帝奉册劳言，加特进光禄大夫上柱国，少师，余如故。上柱国于人臣未有加者，加之自言始，其自拟也，人颇以为异。

时顾鼎臣亦加少保，太子太傅，礼部尚书，武英殿大学士。鼎臣，苏之崑山人，举进士第一，授翰林院修撰，累迁至今官。鼎臣于言为先达，长且十岁。言躐而贵至师傅，先大拜。踰二岁而鼎臣继之，意不肯相下，事有所可否，言内不能善也。寻上以章圣皇太后祔葬承天之显陵躬行谒视，言与太师翊国公勋俱扈从，而鼎臣同留守，其委寄特重。因赐言、勋、鼎臣蟒服玉带，白金彩币。

郭勋者，故武定侯也。而喜张孚敬，孚敬左右之，得幸，上至贵重封上公。数上书论劾大臣，无不立应。与言争宠而妬，上至承天谒陵毕，礼部臣嵩请率羣臣贺表。上问之言，谓宜俟回銮至京而后举。上乃报罢，殊不悦。嵩得其指，乃固请贺。上荅诏以贺非卿等诚言所谓方是，第礼乐自上出，贺亦可也。言数与所亲厚大臣宴游竟日。上间有宣谕，独勋在，赏赉稍厚于言。以是益骄恣，数侵言。言亦强应之。言既小失上指，而会上幸大峪山閲视永陵工，言进居守勑而迟，上怒责言，自小官因孚敬议郊礼进，乃每每怠肆不恭。因悉勒令上其前后所赐银记、玺书、手札。惧，谢罪，固请上银记玺书手札。而上愈疑其有所毁损，削其勋阶少师等官，令以少保尚书大学士致仕。言乃检十年中玺书手札四百余通，并银记上之。上怒解。会言朝辞，已出而遣中贵人止之。随谕吏部，复少傅太子太傅，仍故官。言即入朝，具疏谢，上报览奏，卿已赴阁，宜益励初忠，尽心匡辅，秉公持正。不惟副朕简任，亦免衆怨也，卿其思之。言拟所云衆怨者，郭勛辈也。复疏谢，谓自处不敢后于它人，唯一志孤立为衆所忌。上不悦，随诘责之，并乙其疏中洗改字。言乃皇恐，引罪报闻，而御史有论擿顾鼎臣留守偏徇事，上不听，或以为言实嗾之也。亡何，奉先殿雷震，召言与阁臣往视震所，不时至。上复不悦，命礼部糺之。言等复请罪。上曰：朕所以数宽言，非为言为左右谊重也，言乃滋惰成性，蔑不知警，何以表率百僚？鼎臣亦相效尤耶？念其知罪，姑宥之。

尚书霍韬入掌詹事府，数面诘言。而郭勛喜其得助，益横。时有训导萧时芳者，疏言三臣皆中兴元佐，同功一体。而外议沸腾，心迹未白，非国家福。宜赐之坐，以杯酒释其心。御史舒鹏翼亦有言，上俱不听。而训导罢为民，御史坐謫。言又上疏乞骸骨，谓位高则怨尤易集，官久则过失自多咎，积而不悟，则谤日闻，身危而不避则过将大。今臣年近六旬，精力衰谢，宗支零落，孑然一身，不能朝夕自存。凡世人所利者，臣复何心恋慕。上勉以勿负朕心而已。久之，还言所赐银记及玺书手札。

会陕西三边大捷，推功言，复勛阶及少师太子太师，仍进吏部尚书华蓋殿大学士。江淮寇平，复推功言，赐白金、彩币，赐玺书褒奬阁臣之与边功。正德中一再见而已。明年，以北边谧，再赐玺书褒奬。时九庙灾，言方以疾在告，乞休不允。霍韬死，而言与郭勛为仇益甚。言既数以病请急，然实不病，而以无子，故多拥诸姬妾为懽。慈寿皇太后崩，上传示太子服制议，言报疏有譌笔，上遂切责，令陈状。言引罪，因乞还乡治疾。上怒，尽削其勛阶散官，以礼部尚书武英殿大学士致仕。言始闻上之怒之，乃上备边事宜，冀以解。上曰：若既蕴忠谋，何自爱而欲去朕耶？姑不问。是时上方治斋醮，其为青词及它文，独言与尚书严嵩称旨。内阁仅翟銮在，非上所急也。而言且陛辞，因诣西苑斋宫叩首，上闻而怜之，特赐酒馔，俾还私第调理，以俟后命。

而郭勛转恣横，其于督工治兵、掊克盗歛以数十万计。上微觉其事。前是春时给事御史请敕勛与提督大臣会派役卒，勛弗便也。内阁撰敕，且数月而勛弗肯领，寻与言俱引疾在告。京山侯崔元害勛宠久，上以元荐景神殿新得独对，从容问：言勛皆吾股肱也，而相妬者何也？元不敢对。上复曰：言疾欲归，果否？归当在何时？元乃曰：俟圣诞后始敢请耳。又问勋何疾？元曰：勋实不病，言归即出耳。上首颔久之。而给事御史伺上有留言而恶勋意，因劾勋故不领勅，为作奸植党，以骩国法。奏辩有臣奸何事？党何人？又有何必更劳赐勅等语，多不逊。上大怒，于是削同事者尚书王廷相官，夺伯陈鏸俸。而给事中高时者，言所厚也，因尽列勋贪纵不法数十条上下之，诏狱，移三法司，覆谳论斩，夺封爵诰券。狱成，而疏留中不下。寻复言少傅、太子太师、礼部尚书、武英殿大学士，俾疾愈而后之任。言虽以疾在外，然阁事多所取决。而于穷治勋狱，指授批根，无所不极。上犹心念勋，疑其中言搆也。久之，言一品满九年考，上遣中使赐金币、寳钞，肥羜上尊，尽复其阶勋官职，赐勅褒谕，锡宴礼部。

前是，言与少保礼部尚书严嵩同乡，称晚进，而言以议礼骤贵，不为之下。而嵩事之甚谨。言之入内阁，嵩遂越顾鼎臣而代长礼部，言有力焉。嵩奉行唯恐不当意，言亦以门客畜之。会坐失上旨当罢，呼嵩与谋。而嵩已造上所幸秉一真人，第谋掎言，而代其位，言觉之。嵩既数为给事御史所攻，乃益为恭谨以媚上。上是时已心爱嵩甚于言。言乃日嗾所善给事御史益攻嵩，上益怜之。上居西苑斋宫，许入直诸贵人得乘马，言独制小腰舆以乘，上闻之不善也。人主故所御翼善冠，上不御而御道士冠。因命尚方倣而雕沈水香为五冠，以赐言，及成国公希忠、京山侯元、大学士銮、尚书嵩。言独密疏：谓非人臣法服，不敢当。上大怒。时昭圣、章圣太后故御慈庆、慈宁会皆晏驾，郭勋故请改其一宫为皇太子宫，言与上意合，不许。而至是，上卒问皇太子宫当何建？言偶忘之，念兴作工役费重，仓卒对曰：今两宫皆虚，可改其一以居皇太子。上愈怒，令五臣皆出直，寻召成国公等入对，罢言不召。尚书嵩乃故冠香冠，而冒轻纱帽于上，使上见之，上果悦。因令成国公等三人出而留嵩，慰谕甚至。嵩顿首雨泣，诉言之见陵陷。上使悉言罪，乃得甚口。少顷，上遂手勅都察院，数言三罪，又谓郭勋既以不领勅下狱矣，犹复千罗百织不已，与太监高交关共谋，朕不早朝，言亦不入阁。军国重事，私家裁之，王言要密视等戏具。且言官为朝廷耳目，一犬不如，专一听受主使，逆君沽誉，倾人取位，以奉所悦；戕人一家，以代报复。卿等其布此谕，俾中外知之。上盖欲言官论劾言，而尚疑言之且复用，相顾莫敢发，亦不敢请罪者。

十六日而上忽宣言入拜皇考（讳忌仍直西苑）圣诞。礼成。言乃谢恩，因乞骸骨，疏上之八日，而始奉御批，令革职，阙闲住。时日有食之。既，上谕礼部以臣子欺逼君、外阴侵犯内阳之咎言，以臣欺君上，作威作福，不下郭勛。念与卿等累年供事，免死去之为失刑。于是给事御史乃敢合疏论言，且请罪。上益怒，命部院尽覆覈之，谪降十余人，余留者亦夺半岁俸。而高时独改謫边遠，蓋以其尝论郭勛故也。亡何，勛病死刑部狱。上以恚，因它事夺尚书吴山职，余镌俸有差。而还勛子孙侯爵，蓋实惜之云。

言久贵用事，家富厚，高甍雕题，广囿曲池之胜；媵侍便辟，及音声八部，皆选服御膳羞如王公。其始，海内缙绅意其且复用，问遗踵接。而最后渐不召，则渐亦希简，而监司守令间不能尽酬答。言居恒邑邑不乐，遇元正圣寿，必上表贺，称草土臣。上亦报闻而已。久而渐怜之，复礼部尚书武英殿大学士，仍致仕。是时代言首者翟銮得罪去，代銮者嵩最得上意，而同事大臣许赞、张璧以老病或罢或徙，嵩独相。上微闻其专，特召言，自家复任。既陛见，尽复其阶勳职秩。时严嵩已为少傅、兼太子太师矣，则亦加少师，以示并重。而言愈骄，直陵之，出其上。凡有所拟旨行意而已不复顾问嵩，嵩亦默默不能吐一语，而心恨之甚。故事，阁臣日给酒馔。当會食，言与嵩对案，不食所给，而自携庖甚丰，亦不以食嵩。始嵩信其子世蕃黩贿报复睚眦，海内咸恨之，谓言能夺嵩而制其命，深以为快。

未久言复恣。御史陈九德论劾文选司郎中高简，下诏狱。而都给事中杨上林、左给事中徐良傅复劾之。言有所不悦于简及上林等拟，杖简于廷，戍之。而以上林为不早奏，罢为民。以尚书唐龙与嵩善，亦罢为民。都御史孙继鲁、何鳌、王学益为言官所论紏，即遣缇骑捕逮之，非居间不解。继鲁至盆死狱中。吏部尚书闻渊老臣也，不能澳涊事言。会其部左侍郎缺，当以翰林臣补，而礼部左右侍郎许成名、崔桐皆欲得之。吏部初拟成名，而桐有力，遂推桐。给事中言之语有连少詹事黄佐、王用賔，遂悉勒致仕，而夺渊俸半年。下文选郎中于狱抵罪。渊自是气夺，不复抗矣。

给事中马锡承言意，劾户部尚书王杲受贿嘱运司事，上怒，下杲狱。而都给事中厉汝进遂推劾严嵩子世蕃，及太仓尚书王暐皆有请嘱。言欲借以摇嵩，嵩辩疏上，上即为杖汝进等，几死，而遠谪之。暐斥为民，杲坐戍，言亦不能救也。御史陈其学以盐法事，论京山侯崔元，都督同知陆炳，言拟令陈状，皆造言请死，有所进橐。炳至长跪而解。以是皆与嵩比而谋搆言，言殊不自悟。上左右小璫来谒言者，言奴视之。其诣嵩，嵩必执手延坐款款，密持黄金置其袖，以是争好嵩而恶言。上或使夜瞰言嵩寓直何状，言时已酣就枕，嵩知之，故篝灯坐视青词草。言初以是得幸，老而倦思，听客具藁，亦不复检阅，多旧所进者，上每掷之地而弃之，左右无为报言，言亦不复顾。嵩闻而益精，专其事，以是上益爱之。

而河套之议起。始，言繇书生以片言合上意。骤起鼎贵，欲建立奇功，名以自显。固居恒谓高皇帝制文臣，非出将入相，不得封公侯，非谓文臣不得封公侯也。文臣不得为丞相，非谓不得为三公也。以故于议抚大同、讨安南、平汝寇，皆自显露其筴，不复托之代言，而犹未慊其志。曾铣者，故亦功名士也。以御史平辽阳叛卒显，累官总督陕西三边，念河套肥饶，地久弃之，边与敌共之。彼得乘间入，巢窟其中，畜牧水草，于犯秦陇甚易。欲以十万衆逐之。因故地入城增戍填其中，其为全陕计甚备。闻于言，言见以为名美，大悦。而有苏夫人者，继妻也。有才色，言嬖而畏之。其父纲，颇交通关节，恣其奸利。铣故纲同乡，雅善之，亦有所结纳。纲亟为言，称铣才。言益自信，以为功必可成。亟下兵部，会廷臣议铣所请。大司农金钱以数十万计，调山东河南良家子亦不下万余，皆心知其难，不敢决。而言意亦小沮。会铣疏，复请给誓剑，得专僇节帅以下。上心恶之，始下谕言：等河套之患久矣，今以征逐为名，不知师出果有名否？兵果有余力，食果有余积，成功可必否？一铣何足言，祇恐百姓受无辜之僇耳！言惧，不敢决，请上裁。上乃以前谕，下司礼监印。兵部及预议诸臣。严嵩既以窥上指，乃上疏极称敌之不易胜，河套之必不可复。师既无名，费复不浅。而谓在廷之臣无不知其非者，第有所畏耳。因引咎乞罢。上始报嵩，以言私荐曾铣任事之忠，不顾国安危民生死，唯徇铣馋欲耳。而不允嵩辞。言惧，上疏谢罪，且谓嵩于计议之际了无异词，而今忽先臣具奏，不过诿臣以自解耳。上不悦，责言之专徇私情，强君胁衆，令吏礼二部都察院参看。嵩遂具疏，力诋言之擅权，谓机事大小，毫发不复关同。言亦力辩，而上怒不可回矣。兵部会议，上遂罢河套之役，而使缇骑捕铣，吏礼部都察院参劾言。于是尚书渊等论言事为任意迹涉强君，上责其奉旨议奏，犹谓迹涉此，非媚即畏，是何臣体？姑不究。因尽夺言余官，俾以尚书致仕。言出国门，而难作矣。

始，咸宁侯仇鸾镇甘肃，贪愎而桀骜，数违总督进止，铣论纠其罪状数千言，拟旨令官校逮捕矣。严嵩既得志，与侯元都督炳谋欲深言罪，乃代鸾具草，谓尝辟曾铣复套议，故铣恨而中之。又敌入延安，杀掠吏民数万，轻出定边营，损卒复数千，惧而遣其子曾淳以五千金贿苏纲，俾转以二万金贿言，故为之解，而戒使复套以为功。时曾淳以胄子在太学，上遂捕淳与苏纲，下诏狱。都督炳极意煅炼，而侯元行金于中贵人，实其事。狱上，论纲边戍，且追所受金。遂籍而使缇骑捕言。言始靓鸾辩，谓彼方就逮，发疏时，上下谕不两日，何以知上语而敷演为文？又何知嵩疏而附丽若此？蓋嵩与崔元辈为之也。其辞甚明晰，而上方怒甚，弗省也。铣就逮，以小缓期罪，缇骑长夺其官，法司当铣，比守边将帅，守备不设，律斩。上不许，令更拟。于是取嵩指，以交结近侍官员，紊乱朝政，律斩妻子，流二千里。铣性果鋭，有机略，其死不当罪，天下闻而寃之。

又十二日，而言亦至。时于车中闻铣所坐，惊堕车，曰：噫！吾死矣。复具疏以辩，其辞甚苦。而刑部尚书喻茂坚、都察院左都御史屠侨、大理卿朱廷立等据曾铣律以请，而谓言实当八议。所谓议贵、议能者。上怒，切责茂坚等阿附其语，犹及言前不戴香冠事，而言妻苏氏及广西从子礼部主事克承，从孙尚寳司丞朝庆，皆夺职为编氓。言至秋，竟坐弃市，年六十有七。言虽以骄蹇得上恶。然亦颇能持争。上尝谕之，欲退处西内，使太子监国。言时年六十，答谕云：臣全数已尽万死，不敢奉诏。上为之止。其后所深恨言者，挫郭勋与不肯戴道士冠。而天下方怨勋之横，与严嵩之奸贪，谓言能裁之，以是多惜言者。隆庆初，其家上书白寃状，复吏部尚书。已，再尽复其官，赐谥文愍，予祭葬。言始有妾，孕七月而苏氏妬之，嫁民间，生一子。后言死，而苏氏知之，迎置家，其貌甚类言，且得官矣。而卒病死，言竟无后。

史部，传记类，总录之属，嘉靖以来首辅传，卷三明王世贞撰

夏言诗词作品选录（均录自《四库全书》）

鵝峯草堂为永豐吕孝子賦

鵝峰何孤高，草堂在其趾。中有幽棲人，乃是吕孝子。
親柩殯中堂，孽火旁舍起。抱柩仰天號，反風烈燄止。
柩出火復炎，煨燼盡衡宇。異哉眞孝感，事出鄉人語。
平生敦行義，轻財仁族里。里豪憚秉直，隣帛奪復予。
妖佛倡淫巫，正言闢神理。吁嗟孝子心，恬澹若止水。
利禄終免營，名勝乃其恥。天道實祐善，承家有哲嗣。
儁才起贤科，词苑得佳士。居然道義资，豈獨公輔器。
昔予官馆阁，門牆篤深誼。作詩頌令德，以昭千百祀。

夜歸象麓草堂用孟浩然韻

落日欲没山氣昏，烟林棲鳥聲正喧。白沙翠竹繞江村，洲前蘿月映石門。
石門露濕青楓樹，老鶴長鳴不知处。遙看穉子候荆扉，野色蒼茫過橋去。

登葛仙山二首

危磴入青冥，凭高駐鶴亭。四山暗風雨，半壑響雷霆。
龍起西潭霧，山圍北斗星。長生有真訣，吾欲叩仙灵。

昔闻勾漏令，今謁左宫仙。井憶燒丹处，臺留化鶴年。
路盤九龍上，山轉七星懸。誰識塵寰裏，烟霞自有天。

奉次空同過象山书院韻

千尋峭壁俯清溪，野竹含風弄晚凄。祠下几年無過客，崖前此日重留題。
未逾滄海難忘楫，欲步丹霄信有梯。悵望講堂荒草合，日斜惟聽鳥聲啼。

經陆象山先生墓

十里松楸翳薜蘿，百年芳冢正嵯峨。山川几处還增重，草木兹鄉亦自多。
道在死生真孟浪，教殘風俗竟如何？瓣香尚拟歸途拜，仰止高風下馬過。

遊仙巖二首

玉洞灵巖天下稀，丹霞赤霧望中微。古藤裊裊猿猱接，遠水悠悠鷗鷺飛。
十里風煙迷客棹，半崖花竹隱僧扉。此中似有尋真路，塵土何年遂拂衣。

灵巖聖跡古來傳，到此應知别有天。背日渐開云外錦，含風不動水中蓮。
清江百丈渴欲飲，立壁千尋詩可鐫。翠竹白沙江路晚，蒼茫回首隔風煙。

弋阳道中

篠簹渡頭楊柳低，桃花灘上子规啼。兰橈蕩入葛溪口，三十二峰春日西。

送王仁六歸鉛山

五月南風江草長，坐憐楚客棹相將。鵞湖山下秋田熟，到日雞肥酒甕香。

入灵溪口

危橋跨水玉虹流，瀲滟春波畫鷁浮。百里雙溪初入口，龍岡山下是源頭。

望灵山

立壁峭崖森似戟，攢峰懸嶠蹙如螺。九華五老虚攬結，不及灵山秀色多。

沁園春·送李侍御龍洲巡按江西

两岸垂杨，一湾芳草，深护龙洲。想夜雨当年，主人云卧；雷门春水，忽占鳌头。白简凝霜，铁冠峩豸，十载登朝侍冕旒，人争避，行行骢马，按部洪州。　　大江章贡交流，有卷雨飞云帝子楼。看霜雪威稜，豺狼遁野；云霄风力，鵰鹗横秋。白首懷乡，丹心恋阙，客梦时时到旧邱。烦君去，把穷檐民瘼，子细谘诹。

答毛东塘

瘴雨蛮烟万里开，海邦民物覩春台。不须更立分茆柱，重译今看入贡来。

赠陈思慎守上思州

鳳凰山势入龙州，曲曲明江绕郡流。莫聽啼猿惊絶域，伏波铜柱壮千秋。

謁二忠祠　夏言

朝出南城門，望见城南祠。含悽眺田野，灑淚升堂基。
棟宇何峩峩，松栢森前墀。言念二君子，皎皎雙玉枝。
聖皇啓初運，元孽據滇池。銜命属后先，仗節死一时。
義氣奮殊俗，英聲動邊陲。列聖眷明德，憲臣繼陳辞。
褒揚錫異典，記述磨穹碑。余奉萬里役，弭節昆明涯。
弔往有深蹙，感今重遐思。道消仁義捐，俗降節槩虧。
洶濤蕩激中，见此千仞崖。疾風轉高蓬，勁草終弗移。
斯人久徂谢，爼豆光陆離。榮名豈終極，天枉奚足悲。

圓通寺

古寺翠崖陰，危亭絶頂臨。鶴巢松有梦，云出岫無心。
仄徑攀蘿上，叢臺刻竹吟。南蠻秋日暝，哀響合来吟。

過善化寺

月向潭中静，泉從云外流。寺門通徑曲，楼阁傍崖幽。
掃石懷留偈，凴軒一散愁。偶來得奇賞，忘却入遐休。

重安江晚渡

重安江色清可憐，江頭下馬渡江船。黄茅野屋淡秋日，粉堞山城愁暮烟。
朱旗郵兵走相報，繡衣使者來行邊。故人經年不见面，何得萬里同尊前。

岳武穆祠和韻满江紅

南渡偏安，瞻王氣，中原消歇。嘆諸公經綸顛倒，可憐忠烈。曾见凄凉亡國事，而今惟有西湖月。覩祠宫宰木尚南枝，傷心切。　　人生易，頭如雪，竹簡汗，青難滅。拄乾坤，要使金甌無缺。后土漫藏遺臭骨，龍泉耻飲奸臣血。恨當时無奈小人朋，盈朝闕。

遊灵隠和楊邃老詩

捫蘿詰曲历崔嵬，玉削芙蓉面面開。白日老僧初出定，仲春有客到山來。
林深秖樹云霞遶，地逈諸天日月回。世上宰官元是佛，洞門猿鶴莫驚猜。

侍上觀九龍池詩

駐蹕灵湫上，依巖帳殿門。雨從龍洞作，云擁鳳輿来。
玉竇春明溜，金潭晝殷雷。翠華清樾下，天語賜徘徊。

宿宣風馆詩

石梁潦水静依痕，云碓斜舂沙港渾。寒葉隨林迷徑路，暝煙生野失山邨。
歸心遠客情偏劇，望眼高堂日又昏。厭聽候蟲眠旅馆，坐燒紅燭役吟魂。

西苑寓直事詩

水風清透芰荷香，会景庭中捧御牀。朱箔黃簾垂四面，銀灯寶炬列千行。
湧玉亭前夜放舟，碧荷香靜雨初收。遥看北岸紅煙裏，水殿珠簾盡上鈎。
黃金盤子爇龍涎，波面風來香满船。銀燭光摇簾影細，水晶宫裏夜朝天。

咏杖詩

九節蒼蒼碧玉同，隨行隨止伴衰翁。寒蹊点雪鳩頭白，春徑挨花鶴膝紅。
縮地一從人去后，敲門多在月明中。扶危指佞兼堪用，亘古誰如贊相功。

貴溪

奔走傷心萬里天，北來消息每驚傳。百年此日逢多難，千古吾鄉有四贤。賈誼才名均行輩，劉蕡科第我同年。獨慚不與东都籍，短疏何时玉陛前。

安鄉道中觀婦人插田

南村北村競栽禾，新婦小姑兼阿婆。青裾束腰白裹頭，手擲新秧如擲梭。
打鼓不停歌不息，似比男兒更膂力。自古男耕女专織，憐爾一身勤兩役。
吁嗟乎！長安多少閨中人，十指不動金满身。

秋日同李序菴顧未斋張亭溪飲鄭氏莊

雨后沙全濕，風前竹半斜。野橋通細水，秋圃映餘花。
出郭悲塵鞅，臨池憶釣槎。清歌且終日，應不问年華。

象麓草堂初成和杜

水碧沙明洲渚迴，籬深竹静草堂開。風吹山木蕭蕭下，日落江帆片片來。
有客相過时載酒，主人無事日登臺。愁看直北關山迥，白草黃云秋正哀。

送大司馬王阳明总督兩廣

聖主资文武，中軍得范韓。尚书初出閫，上將復登壇。
日月廻龍節，風霜壓豸冠。先聲諸路動，雄略萬夫看。
珠虎懸金印，旌旗擁玉鞍。星營刁斗振，云陣鳥蛇盤。
海色羊城濶，山形象郡寒。坐令歸壤地，行见滅兇殘。
蠻獠祠諸葛，蒼生倚谢安。還朝畫麟阁，勲業炳如丹。

沁園春・賀張靜峰总督兩廣

山入五羊，江通八桂，仗鉞臨戎。正貢篚新來，交蠻面革；楼船纔返，黎冠功成。栢府丰裁，轅門號令。南仲威存北伐名，况一时，三移節鎮，兩轉中丞。　　大江月白風清，佇相送旌旄嶺外行。念諸葛沉機，南人懾服；仲淹英略，西賊闻驚。天子中興，廟謨神武，直挽天河洗甲兵。早歸朝，更將經濟，報荅昇平。

浣溪沙・送費推官之嶺南

莫厭西南道路長，丈夫膂力正方剛。之官仍買過家航。桂嶺春烟籠橡榭，鵝溪秋水蔭桄榔。憐君青鬢坐黄堂。　　宫漏沉沉夏日長，雨餘殿阁晝生凉。南風微送苑荷香。草阁抛书携白日，竹牀欹枕聽滄浪。梦魂时復到江鄉。

三臺令・西湖感舊

猶是西泠橋畔，難尋春柳春花。只有婆娑老樹，夕阳依舊棲鴉。

喜遷鶯

臨水阁，倚風軒細，雨熟梅天。一池新水碧荷圓，榴花紅欲燃。薄羅裳，轻紈扇，睡起綠陰満院，曲闌斜轉正開。凭何处，玉簫聲初夏。

夏言字公謹，貴溪人。正德丁丑进士，授行人，历吏科都給事中，改翰林侍讀学士，累官少師、吏部尚书兼華蓋殿大学士。后棄市，追謚文愍。有桂洲集。顧言云：相君優于词，自成别調，頗多豔藻。穆敬甫云：夏公律法精嚴，間出逸趣。李舒章云：文愍詩頗長應制，第有形模而少氣色。詩話：貴溪游览贈酬之作不及分宜，而應制詩篇投頌合雅，不若袁文榮之近于谀也。

集部，总集类，明詩綜，卷四十一

夏言字公謹，貴溪人。正德丁丑进士，授行人，历吏科都給事中，以議禮稱旨，改翰林院侍讀，入直内阁，历官至吏部尚书，華蓋殿大学士，謚文愍，有元相桂翁词，及鷗園新曲，行世。

集部，词曲类，词選之属，御選历代詩餘，卷一百十

夏言以議禮驟貴，世廟因正月降雪，命言等作时玉賦。石塘曾銑，夏之内戚，作漁家傲词，互相賡唱，遂起河套之議。故黄泰泉有“千金不買陳平計”之句，盖譏之也。

湧幢小品集部，词曲类，词選之属，御選历代詩餘，卷一百二十

词至夏桂洲、嚴介溪，俱以百字令、木兰花慢为贈答之什。如陆儼山、周白川亦無不效之，但悉遵舊人之韻，千篇一律，了無旨趣。若桂洲閨豔小令，膾炙人口者，則又嫁名于無名氏，集中三百九十調，應酬居多。介溪往來词調，紛紛于扇面畫幅，相见輒用以媚之。嘗有寄陆儼山百字令后半云：祇今遥指江云，重吟渭樹，高興参差發。四十年來同宦海，不覺颾馳星滅。槐省垂魚，鳳池鳴玉，相對俱華髪。君恩報了，五湖同訪煙月。此正奸雄之語也。余雖不欲以人廢言，亦豈至为其所欺耶？

錢允治集部，词曲类，词選之属，御選历代詩餘，卷一百二十

我朝以词名家者，伯温穠纖有致，去宋尚隔一塵。用修好入六朝，麗字似近而遠。公謹最號雄爽，比之稼軒，覺少精思。藝苑卮言。

集部，词曲类，词選之属，御選历代詩餘，卷一百二十

历史评价

王世贞：夏文愍如登小丘，展足见平野，然是疏议耳。[《艺苑卮言·卷五》] 少师袭伟遘躐，要阶裀起几望，终作傪人才，长于奏牍，他诗如武库矛戈，种种出间，殊少利器，又如夏侯鼎，古意荡然。

丰坊：古语云：“取法乎上，仅得乎中；取法乎中，斯为下矣。”永、宣之后，人趋时尚，于是效宋仲温、宋昌裔、解大绅、沈民则、姜伯振、张汝弼、

李宾之、陈公甫、庄孔旸、李献吉、何仲默、金元玉、詹仲和、张君玉、夏公谨、王履吉者，靡然成风。古法无余，浊俗满纸。[《书诀》]

何乔远：嘉靖中年以后相者，夏贵溪、严分宜两人。贵溪始为给事，赫然见才，誓不奔走权贵间，至分宜亦挹挹有送，岂不皆君子哉。不保其身同，及于祸患生，以主宠为已，私物也。贵溪峻而渐于不逊，分宜卑而沦于不忠，上怒下愤所繇来矣。[《名山藏·卷七十二》]

沈德符：至嘉靖间，夏言以少詹事与张孚敬互讦，下狱赦出，未几拜相，后三逐三召还，再下狱即死西市。本朝二百余年，宰相蒙殊眷又罹极法者，惟夏一人而已。[《万历野获编补遗·卷二》]

黄道周：自古宰相，生值明时，无大故而伏斧锧者，唯汉刘屈牦及先朝夏言耳。汉武帝决意空汉南，心疑丞相坠北伐之师，故一旦破法而戮屈牦。世宗决意弃河套，心疑开衅挠玄修之事，故一旦破法而诛夏言。[《黄漳浦文选·卷一》]

谷应泰：①桂洲胎祸于香冠，分宜追思乎召鹤。②独惜世宗自负非常，而明杀辅臣，始于夏言；明杀谏官，始于继盛。[《明史纪事本末·卷五十四》]

张廷玉：言所奏定典礼，亦多可采。而志骄气溢，卒为嵩所挤。究观诸人立身本末与所言是非，固两不相掩云。[《明史·卷一百九十六·列传第八十四》]

纪昀：言初以才器受知世宗，而柄用之后，志骄气溢，傲愎自专，卒以致败，其事业殊无可称。特学问淹博，于故事夙所留意。又值世宗锐意改制之时，故于一朝典礼，多所酌定。如南北郊分祀、更定文庙祀典及大禘礼仪、立先蚕坛之类，悉言所赞成。迨帝擢掌礼部，益力举其职。前后奏牍，亦多有可采。

蔡东藩：世宗与夏言，皆以好刚失之，世宗惟好刚故，几罹弑逆之变，夏言惟好刚故，屡遭构陷之冤，独严嵩阴柔险诈，象恭滔天，世宗不能烛其恶，夏言反欲凌以威，此皆为柔术所牢笼，堕其术中而不之悟，无惑乎为所播弄也。[明史演义：谴宫变妃嫔罹重辟]复套之议，曾铣创之于先，夏言赞之于后，固筹边之胜算也……世宗初从铣议，后入嵩言，杀道济而自坏长城，死得臣而遂亡晋毒，一误再误，何其昏愦若此？［明史演义：复河套将相蒙冤］

《明朝那些事》：夏言起自微寒，豪迈而有俊才，纵横驳辩，人莫能屈，虽身处宦海，仍心系天下，胸怀万民，然终为严嵩所害。

【信州散文】

遗吴元济书

【唐】吴武陵

夫势有不必得，事有不必疑。徒取暴逆之名，而殄物败俗，不可谓智。一日破亡，平生亲爱，连头就戮，不可谓仁。支属繁衍，因缘磨灭，先魂伤馁，不可谓教。数百里之内，拘若槛穽，常疑死于左右手，低回姑息，不可谓明。且三皇以来数千万载，何有悖理乱常，而能自毕者哉？

贞元时，德宗以函容御天下，河北诸镇，专地不臣；朝廷资以爵号，桀黠者自谓得计，以反为利。于是杨惠琳、刘辟、李锜、卢从史等又乱。皇帝即位，赫然命偏师讨之，尽伏其辜，所谓时也。日者张大尉厌捍御之勤，谢易定为国老。田尚书知虑绝俗，又以魏溥来归，幽澶沧景皆为信臣。然而兴足下者，独齐赵耳，夫齐安可为恃哉？

徐压其首，梁薄其翼。魏齗其胫，滑针其腹，淮南承其冲，分兵不足相救，全举则曹鲁东平非其有也。彼何苦而自弃哉？若赵则固竖子耳！前日主上以泽潞为之导，既斥从史，姑赦罪，复爵禄之。天下之人欲讨者十八。无何残丞相御史，朝廷以足下，故未加斧钺也。然则中山搏藁城之险，太原乘井陉之隘，燕狗乐寿，邢扼临城；清河决其南，弓高断其北。孤雏腐鼠，求贳不暇，又曷以救人哉？二镇不敢动亦明矣，足下何待而穷处耶？

昔仆之师裴道明尝言，唐家二百载，有中兴主当其时，狠傲者尽灭，河湟之地复矣。今天子英武，任贤同符；太宗宽仁，厚物有元宗之度，罚无贷罪，赏无遗功。诸侯豢齐赵以稔其衅，群帅筑室厉兵，进窥房蔡。屯田继漕前锋，扼喉后阵，抚背左排右掖，其几何而不踣邪？足下勿谓部曲勿我欺，人心与足下一也。足下反天子，人亦欲反足下矣。易地而论，则婴凶横之命，不若奉大君官守矣。枕戈持矛，死不得地，不若坐兼爵命，而保允嗣也。足下苟能挺知已之烈，莫若发一介籍士马，土疆归之有司。上以覆载之仁，必保纳足下，涤垢洗瑕，以倡四海。将校官属不失宠且贵，何哉？为国者不以纤恶，盖大善也。且贰而伐服而舍宠，荣可厚，骨肉可保，何独不为哉？

三州至狭也，万国至广也。力不相侔，判然可知。假使官军有败，而行阵未尝乏。足下一败，则成禽矣。夫一壮士不能当十夫者，以其左右前后咸敌也，矧以一卒欲当百人哉？昏迷不返，诸侯之师集城下；环垒刳堑，灌以流潦，主将怨携，士卒崩离。田儋吕兴发于肘腋，革不得裹，宗不得祀，臣仆以为诫，子孙所不祖。生为暗愎之人，没为忧幽之鬼，何其痛哉！

元济得书不悟。

编者按：

此书为唐吴武陵作。吴武陵（？—835）初名侃，信州人，系吴勔之子。唐元和二年（807）举进士，拜翰林学士。吴元济叛，武陵作诗以开导他，元济不悟。裴度东讨，韩愈为司马，武陵多次给韩愈献计，决贼必亡。太和初，为太学博士。后出为韶州刺史。以赃贬潘州司户参军，卒于任。武陵著有书一卷，《新唐书志》存诗一卷，《全唐诗》收录，并传于世。

唐宪宗元和九年（814），淮西节度使吴少阳死，其子元济踞淮西叛乱。并派兵四出抢掠。唐宪宗在宰相武元衡和大臣裴度的支持下，发兵进讨。由于统兵将帅拥兵自重，军令不一，加之淮西和河北同时用兵，战线过长，故战事拖延了三年，毫无进展。后来，名将李晟之子李愬被任为西线统帅，宰相裴度又亲临北线督战，战事才出现转机。元和十四年（819），李愬于雪夜攻入蔡州，一举俘获了吴元济，遂取得了淮西之役的全面胜利。

此书写于吴元济兵叛的第二年，作者作此书指陈利害，劝其归顺。首段开宗明义，指出吴元济叛乱是不智、不仁、不孝、不明之举，义正词严地提出“悖理乱常”，必不能自毕，即最终必然没有好结果的论点，总领全文。第二段引用贞元、元和时期诸节度使不听朝廷节制，肆为播乱，“尽伏其辜”的实事，提出警示。指出归顺朝廷是唯一出路。第三段破除幻想，分析叛乱的支持者齐、赵，即淄青节度使李师道、成德节度使王承宗的处境，他们自身即如“孤雏腐鼠，求贳不暇，又曷以救人哉？”说明他们根本不敢妄动。第四段申明，朝廷有中兴之主，与其“婴凶横之命”，“死不得地。不若坐兼爵命，而保允嗣”，何独不为哉？第五段从地域及军事力量的对比，比较叛乱与归顺的利害得失，说明归顺之利，叛乱只能死路一条。

全文紧扣中心，层层递进，反复劝诫，义正词严。尤其是多次提出反问，气势充盈，颇有力量。文字警醒，是中唐书信佳作。（吴长庚）

信州南岩草衣禅师宴坐记

【唐】权德舆

信州南岩有清净宴坐之地，而禅师在焉。师所由来，莫得而详。初，州人析薪者遇之于中，野其形，块然与草木俱。咨于州长，乃延就兹地，三十年矣。

州人不知其所以然也，遂以草衣号焉。足不蹈地，口不尝味，日无昼夜，时无寒暑，寂默之境，一绳床而已。万有嚣然，此心不动。其内则以三世五蕴皆从妄作，然后以无有法，谛观十二因缘，于正智中得真常性，方寸之地湛然虚无。身及智慧，二俱清净。微言软语，有时而闻。涉其境之远近，随其根之上下，如雨润万物，风行空中。履其门阈，皆获趣入；若非干元机于无际，穷实相之源底，则四时攻于外，百疾生于内矣。

古所谓遗物离人，而立于独者，禅师得之。呜呼！世人感物以游心，心迁于物，则利害生焉。吉凶形焉。牵挛鞿锁，荡而不复，至人则返静于动，复性于情，夭寿仁鄙之殊，由此作也。斯盖出谛之一说耳，于禅师之道，其犹稊稗耶！

建中二年，予以使役道于上饶，时左司郎崔公出为郡佐，探禅师之味也，熟为予详言之。拂拭缨尘，携手接足；洗我以善，得于仪形。且以为楞严之妙旨，毗耶之密用，皆在是矣。又焉知此地之宴坐，不为他方之说法乎？故粗书闻见，以志于石。

史部，地理类，都会郡县之属，江西通志，卷一百二十二

编者按：

权德舆（759—818），字载之，天水略阳（今甘肃秦安东北）人，后徙居江苏润州丹徒（今镇江）。唐朝文学家、宰相，起居舍人权皋之子。少有才气，未冠时即以文章称，杜佑、裴胄交相推荐。唐德宗闻其才，召为太常博士，改左补阙，兼制诰，进中书舍人，历礼部侍郎，三次知贡举。唐宪宗时，累迁礼部尚书、同平章事。后坐事罢相，历任东都留守。复拜太常卿，徙刑部尚书，出为山南西道节度使。元和十三年（818）去世，享年六十。追赠左仆射，谥号“文”。权德舆掌诰九年，三知贡举，位历卿相，在贞元，元和年间名重一时。

权德舆在唐建中二年（781），因官差经过上饶，听过左司郎崔某介绍草衣禅师之事。后五年，他又以大理评事、摄监察御史充任江西观察使李兼的判官。在这里有机会与上饶陆羽、诗人孟浩然结交，这篇文章应当就创作于这时。南岩，在信州上饶之南，有古刹，传为唐草衣禅师建。地涌崇冈，旁连翠麓。山之半裂为邃窦，可容千人。寺据岩而建，宋重修，改名广福院。朱熹、韩元吉、辛弃疾、徐思远有四老南岩之会。

此文记载了一个六根清净、飘然世外的僧人形象。他，既不知其所自来，又甘于寂寞之境，孤独之身。就这样一个人独处山中，却能“于正智中得真常性”。显然，他是佛教禅宗中人。文章对他的“持戒及定生慧”这一传统修炼方法显然是赞扬的。持戒即遵守佛教的清规戒律，不为外界的诱惑和欲望所扰，“万有嚣然，此心不动”。将此心清静下来，就能因戒生定。心定而无杂念，便能破除我执，感悟物我一体，就能获得般若大智慧。

文中说的“十二因缘”是佛教重要基础理论之一，它是释迦牟尼自修自证得到的真理，指从“无明”到“老死”这一过程的十二个环节，每一环节因果相连，三世相续而无间断，使人流转于生死轮回大海，而不能得以出离。所以，只有破除“无明”，才能解脱生死，求得心灵寄托。文章的第三段着重谈到外物对人心的影响问题，世人就因为“感物以游心，心迁于物”，才会生出种种利弊。而草衣禅师就因为能“返静于动，复性于情”，不为物役，不以情牵，才能够飘然物外，这也正是作者所赞赏的。（吴长庚）

信州兴造记

【宋】王安石

晋陵张公治信之明年，皇祐三年也。奸强怗柔，隐诎发舒，既政大行，民以宁息。夏六月乙亥大水，公徙囚于高狱，命百隶戒不共有常诛。夜漏半，水破城，灭府寺苞民庐居。公趋谯门，坐其下，敕吏士以桴收其鳏孤老癃，与所徙之囚，咸得不死。

丙子水降，公从宾佐按行，隐度符县，调富民水之所不至者夫钱，户七百八十六。收佛寺之积材一千一百三十有二，不足则前此公所命富民出粟以赒贫民者三十三人，自言曰："食新矣，赒可以已，愿输粟直以佐材费。"七月甲午，募人城水之所入垣，群府之缺，考监军之室，立司理之。狱营州之西北亢爽之墟以宅屯，驻之师，除其故营，以时教士刺伐坐作之法，故所无也。作驿曰饶阳，作宅曰回车，筑二亭于南门之外，左曰仁，右曰智，山水之所附也。梁四十有二，舟于两亭之间，以通车徒之道，筑一亭于州门之左，曰宴月吉，所以属宾也。凡为梁一，为城垣九千尺，为屋八，以楹数之，得五百五十二。自七月九日卒九月七日，为日五十二，为夫一万一千四百二十五。中家以下，见城郭室屋之完，而不知材之所出，见徒之合散，而不见役使之及已。凡故之所有必具，其所无也，乃今有之。故其经费，卒不出县官之给，公所以救灾补败之政如此，其贤于世吏远矣。

今州县之灾相属，民未病灾也。且有治灾之政出焉。弛舍之不适，裒取之不中，元奸宿豪，舞手以乘民，而民始病。病极矣，吏乃始警然自喜，民相与诽且笑之而不知也。吏而不知为政，其重困民多如此。此余所以哀民而闵吏之不学也，由是而言，则为公之民，不幸而遇害灾，其亦庶乎无憾矣。

史部，地理类，都会郡县之属，江西通志，卷一百二十三

编者按：

这篇《信州兴造记》，实际是救灾修城记，写的是北宋皇祐三年（1051），信州大水，冲决城墙，信州太守张衡率众救灾并重修城墙的事。

王安石（1021—1086），字介甫，号半山，临川（今江西抚州市临川区）人，北宋著名思想家、政治家、文学家、改革家。庆历三年（1402）进士及第，历任扬州签判、鄞县知县、舒州通判、常州知府、江东刑狱提典等职，政绩显著。熙宁二年（1069），任参知政事，次年拜相，主持变法。因守旧派反对，熙宁七年（1074）罢相。一年后，宋神宗再次起用，旋又罢相，退居江宁。元祐元年（1086），保守派得势，新法皆废，郁然病逝于钟山（今江苏南京），赠太傅。绍圣元年（1094），获谥“文”，故世称王文公。

信州上饶的古城墙，今已荡然无存，只是在《广信府志·城池》中略有记载，才知道信州城始建于唐乾元间，其长短高厚皆合于规制，其后历朝均有重修。而记载详细者，则首推此篇。今人汲军教授作《信州古城考》，发于《信州文史》名胜篇，可为参读。（吴长庚）

仁智亭记

【宋】王宁

直广信门之外，面溪背城，左右为亭，曰仁智。云者始作于皇祐之三年，语在王文公《兴造记》。其后尝圮，至宣和七年而复，是为今亭。言广信故事者，亭居其一。

然亭溪相值，不能五步。或春夏之交潦水大至，溢而薄于城下，亭则几没。比势稍杀，土疏址弱，柱倾壁坏，一毁一敝，治不复初。而又阍守不设，外无蔽障，窭贫丐盗隐其中，粪坏朽腐露积如垤。过客维舟，捉鼻欲去。间稍加葺，则为酒垆曹伍、恶子醉呼、博投凭借为地。所谓山水之胜，兼仁智而有之者，漫不孰何。名曰存古实废焉尔。

今太守钱公象祖为郡之二年，当淳熙十年，政以美成，人用浃和。乃先致力于溪之浮桥，谓亭所以翼桥而为之壮观者也。桥新而亭蔽弗称，则又致力于亭焉。始工其左，施及于右。盖左曰仁，右曰智。合故屋十有六间，仍其故而饰之，别为新屋二十楹。其八为门，夹道而峙，榜曰“明晖”。而仁智之名则揭亭上，以彰其旧。于是庳陋高明，湮微发舒。过者愿留，留者愿久。卓哉其为侯馆之最也。

惟信溪来自玉山，水行濡驶，滩石曲折，汇于城之东隅，而后安平抒徐，抱城而西。溪南诸山，如列屏障。翠色萦带，赴入于溪。晴阴昏雪月光洁，木落水清，云归风定。俯仰变态，应接不暇，真仁智之所乐。

而文公之所为志者，顾其近在咫尺，而向也无以有此，何哉？夫人有所作为类耻不自己出，而唯人之从。苟其意之所向，则虽僻在遐邈之境，榛翳莽苍之虚，亦将从事幽寻，毕力规创，以为自我作。古得名不磨，若先达胜士遗美故迹。脱令历历具在，接乎吾前，盖有未尝过而问焉者。故其日就蛊败，以及泯没，可为永忾。

绝俗无我之君子，乃能屏去意见，不以自囿。追古人而与之俱，则其所废，则宜无不复。如公之于亭是已。初亭之兴也，公虑故时水淫之害，则固址以石立壁，以木藩其外而级其下，使来者举武而上，偃然即安。就丁大浸，恃以无恐。而明晖所得山水特富，足以辅亭之不及。至其为名，亦必取曾文清为寓公时诗语而书之。则又知其志于传□□事必求是之意。而其中之所要，自不几终不□出之也。

仁亭成于十一月甲子，又甲子而智亭成。宁实典治其事，因得书公修建颠末，使有考云。

编者按：

王宁，字德和。宋江阴（今属江苏）人。孝宗乾道二年（1166）进士（清康熙《常州府志》卷一七、二二）。知归安县（《嘉泰吴兴志》卷八）。光宗绍熙四年（1193），为大理寺主簿（《宋会要辑稿》选举二二之一二）。宁宗庆元元年（1195），迁太府寺丞兼左曹郎官（同上书选举二一之六）。三年，以贪黩由淮东提举放罢（同上书职官七四之二）。嘉泰元年（1201），由四川总领改差湖北路转运副使（同上书职官七四之一一），累官直徽猷阁。有《笑庵集》十卷（《万姓统谱》卷四四），已佚。按文中所言，王宁曾在广信府任职，修亭之事，“宁实典治其事”，所以，才得书其始末。

根据这篇记文，我们可考知，信州城南门口的浮桥，在宋仁宗皇祐三年（1051）前已经通行。但亭和桥本为一体，“亭所以翼桥而为之壮观者也”，也就是说，建亭是为了护桥同时也美化了桥，使桥显得更为壮观。所以浮桥头的仁、智二亭受到重视。

文章首段言信州南门外建有仁、智二亭，见载于王安石《兴造记》，历年遭水淹而圮，宣和七年（1125）修复至今。第二段更具体叙述水淹亭坏的状况，以及因缺乏管理二亭被污染、名存实废的状况。第三段写淳熙十年（1183），钱象祖来任太守，致力于浮桥的修治，随之又因“桥新而亭敝弗称”，又致力于二亭的重修，原有的十六间房重新装修，又新建二十楹，夹道而峙，使整个桥馆焕然一新。后面三段就此发表议论，先是说信水西流至此，城南景色清佳，真仁智之所乐；其次感叹于江山胜迹日就蛊败以至泯没，竟无人过问；其三赞扬“绝俗无我之君子”如钱公之修亭事。最后标明时间，并说明自己曾经“实典治其事”。

在古代生产力比较低下的时代，浮桥是城市交通的重要设施。上饶城南的浮桥，从1051年前后直至新中国成立，900年间，一直发挥着沟通南北交通的作用。抗战时期，张恨水回忆上饶的童年生活，写了《我与上饶》发表于《前线日报》战地专栏，文中记忆最深的就是上饶的浮桥。直至20世纪50年代中期，上饶至福建的公路开通，上饶城南才有了现代的桥，浮桥才渐渐失去了作用。(吴彧滔)

信州学记

【宋】孔武仲

信州新学作于元丰五年十一月之庚寅，成于明年三月之乙未。既成，州之学者相与造余而言，请为之记。惟圣宋划五代之弊，合并四海，仁义礼智之泽，浃于民心者，百有余年。而熙宁以来，学校最盛。内自京师，旁达边郡，聚士有舍，讲业有师，课程诵说，与夫赏罚陟黜之法，日增月长，以至大备。四方之士幸遭太平君子长养人材之时，赢粮束书，争集黉舍，惟恐在后。

信为江东之远州，南属闽，东被浙，士之待举者七百余人，而例不除学官。前此三年，天子从使者之请，以州官兼治学事。余适为幕中吏，得以承乏庠序。其地在于城之东，形势庳窄，民庐挟其旁，山林蔽其后。居处无夏屋，出入无高门。而士之来者，犹相望不绝，何耶？相招以讲习论辨之益，而于居处之安，则未暇议也。夫居不求其安者，士之分也。上之所以待士者，岂当若此乎？传曰：处士就闲燕，盖教之不以其道，居之不以其地，其病一也。在上者，孰不欲有为，以厌满人心之所愿？然文书有上下之禀，议论有同异之惑。财局于府库而不可出；力隐于兵民而不得用。此事之所以常废，而人不被其泽也。窃为学者忧之。

會转运判官郑公亹、知州事杨公仲儒相与谋议，以招学者为先急。乃发库钱五十万以付有司，而余实与二三联事之人，升降险阻，拟度广轮。凡地之在民者，劝以贸易，良材坚甓，出于诸县，然后隳山发石，翦劚草木。高者损以为平，狭者培以为广。旁积步道，以属于旧学之北，而营其上为经史之阁，教授之堂，诸生之舍。环起参出，整若棊局。视旧之广加倍，以增高丈有三尺。诸山森然，若翔若踊，出于三面，使士之来者，去湫隘而即亢爽，脱卑闇而登高明。又为之大其正门，高其墙垣，庖湢之所，皆易新之。而饮食燕息之具滋设，此余与二三同僚所以佐公上之命而劝相学者之万一也。

夫学之道，先后有伦，始卒有渐。不得其端，虽有强力，不可以至也。孟子曰：学则三代共之，皆所以明人伦也。夫所谓人伦者，岂他乎哉？其分见于君臣父子之间，其守寓于仁义忠信之际，其文礼乐诗书，其声钥鼓琴瑟，士之志于道者，不惮岁月，以游心于其间。至于四十年焉，则可以仕矣。此圣人所谓不惑之时也。涵之益广，浚之益深。又十年焉，则性命之理，较然于前，若数一二，则可以为大夫矣。此圣人所谓知天命之时也。然则知天命当在四十之后，而学之所教者，未成材之士也。古之人知此而求之，是以行应规矩，智揆万变。处焉可以为子弟师法；出焉足以有功烈于民。盖道德在我，则其成物为不难焉！今学者既得朋友以相与处矣，则学之序可以不知哉？

按旧学作于嘉祐七年，距今未远，而栋梁有败折者，甓瓦有断缺者。物之兴坏不可久，其势如此。后数十年间，则今日之新，岂特为故耶？意必有更而大之者，不为之记，则惮无以知今所以兴作之详也。乃为之书，使来者稽焉。

编者按：

孔武仲（1042—1097），字常父，今峡江县罗田镇西江村人。 孔子四十七代孙，孔文仲大弟。自幼聪慧好学。嘉祐八年（1063）登进士甲科第六。初授谷城县主簿。历任江州（今江西九江）、信州（今江西上饶）军事推官、湘潭知县。后任国子监司业、集贤院校理时，奏请朝廷改革科举制度，恢复以诗赋取士，选贤举能。元祐六年（1091）七月，以宝文阁待制出任宣州（今安徽宣城）、洪州（今江西南昌）知州。绍圣三年（1096），因朝廷党派斗争激化被免职，定居池州（今安徽贵池县）。从此，专事文学研究，与欧阳修、苏轼、苏辙、黄庭坚等人过从甚密，诗词唱酬，书信不绝。一生著书说百余卷，主要有《书说》十三卷、《诗说》二十卷、《论语说》十卷、《金华讲义》十三卷、《孔氏奏议》三卷、《芍药园序》及《孔氏杂说》等。

古代州县皆有学校，州设州学，县有县学，皆属官学。又有书院，则多为私学。据《广信府志》载，信州州学建于春浦门内，旧在郡城西北隅。宋景德三年（1006），州守杨举正迁于城东。庆历四年（1044），州守张铸以学制湫隘，拓而新之，且请题署于朝。宋神宗元丰五年（1082），转运判官郑亶、信州知州杨仲儒进行扩建重修，至第二年三月修成，而由信州军事推官孔武仲写了这篇学记。

文章的第一段讲学校教育的发展，以宋熙宁以来最盛，一是自京师到边郡，校舍、教师、课程、赏罚陟黜之法，都日渐增长完备。二是四方学子赢粮束书，争先恐后，前来就学。第二段历述信州教育现状，例不设学官，以州官兼摄学事，学校场地狭窄，设施极差，而来学者甚众，但“教之不以其道，居之不以其地”，存在问题很多。第三段叙述转运判官郑公亶、知州事杨仲儒相与谋议，以招学者为先急，拨款五十万，扩建学校，为经史之阁，教授之堂，诸生之舍，还建了学校大门、食堂，加高了围墙。学校焕然一新。第四段就此发表议论，论及教育成才之序。最后一段提出“物之兴坏不可久，其势如此”，希望后之来者更新而扩大，特以为记。（吴彧滔）

两贤祠记

【宋】韩元吉

并江而东行，当闽浙之交，是为上饶郡。灵山连延，秀挺森耸，与怀玉诸峰巉岩相映带。其物产丰美，土壤平坦，故比来之渡江者爱而多寓焉。

广教僧舍在城西北三里而近，尤为幽清，小溪回环，松竹茂密，有茶丛生数亩。父老相传唐陆鸿渐所种也，因号茶山。泉发下甚乳，而其泉亦以陆子名。绍兴中，故中书舍人吕公居仁，尝寓于寺。公以文章名于时，而直道劲节，不容于当路；屏居避谤，赍志以没。上饶士子稍宗其学，问田夫野老，能记其曳杖行吟，风流韵度也。后数年，故礼部侍郎文清曾公吉甫复来居之。二公非生平交，俱以诗名江右，适相继寓此，而曾公为最久。杜门以诗书教子弟，或经时不入州府，不问世故，好事者间从公游谈风月尔。公亦自号茶山居士，若将终身焉。

朝廷更庶政，一时端士正人始得进用。而吕公前已没世，莫不惜而哀之。公起为部刺史，遂以道德文章入侍天子，盖退而老于稽山之下。而上饶之人，称一时衣冠之盛。及二公姓字，则拳拳不忘。寺之僮奴，指其庭竹，则曰此文清公所植也。山有隙地，旧以为圃，指其花卉，则曰此文清公所植也。一亭一轩，爱而不敢动，曰此文清公所建立或命名也。主僧居人者言：小年走诸方，侍其师清于草堂，清每与其徒诵二公诗语，且道其禅学之妙。居人窃闻之，以谓非今世之人。不意游上饶，及见二公于此寺。今既叨洒扫之职矣，俯仰踰三十载，既再见而不可得，将虚其室，绘二公之像，事以香火，而祭其讳日焉。于是，榜以两贤堂而求为之记。

夫自中原隔绝，士大夫违其乡居，类多寄迹浮图之宇。固有厌苦，愿其速去者矣，未有能知其贤，既去而见思也。在《诗》有之：“蔽芾甘棠，勿剪勿伐，召伯所茇。”注曰：“茇之为言草舍也。召伯听于甘棠之下，而民之被其德者，思其人，敬其木，不加剪伐云尔。”今二公之寓室，殆亦茇舍之比也。然非有听讼之劳，及民之化而人又佛徒，岂能尽知吾儒之事与？夫贤者之详，乃尊敬爱慕不已，至祓饰其居，以为二公之思而祠之。使二公也，得位以行其志，则所以致民之思者，岂不足侔于召伯哉！

编者按：

韩元吉，事详前文。本文所述两贤，指宋代诗人文学家吕本中和曾几。他们都曾经先后侨寓于茶山广教寺，故合而论之。

曾几事详前文，吕本中（1084—1145），字居仁，世称东莱先生，祖籍莱州，寿州（治今安徽凤台）人。仁宗朝宰相吕夷简、哲宗元祐间宰相吕公著皆其先祖，南宋东莱郡侯吕好问为其父。他是宋代著名诗人、词人、道学家。绍兴六年（1136），召赴行在，特赐进士出身，擢起居舍人兼权中书舍人。八年（1138）二月，迁中书舍人。三月，兼侍讲。六月，兼权直学士院。后为秦桧排挤，提举太平观，郁郁而卒。学者称为东莱先生，赐谥文清。《全宋词》录其词二十七首，诗约一千二百七十首。吕氏早年过着诗酒风流的生活，效法陈师道黄庭坚，诗风轻松流美，“清芙可爱”，二十岁左右戏作《江西诗社宗派图》，使“江西派”定名。虽然未把自己列入其中，但后人多视其为“江西派”。后期推崇李白苏轼。南渡后，时有悲慨时事之作，诗风也更为浑厚。词作虽少，但亦有佳评．王灼谓其词“佳处”亦“如其诗”,《啸翁词评》谓其词“工稳清润”。

吕本中绍兴十五年（1145）即去世，他“不容于当路”，被罢而提举太平观，时间大约在绍兴八年（1138），那么他来上饶，寓于茶山寺的时间也应当在这段时间。吕本中在上饶“屏居避谤，赍志以没”后，又“后数年”，曾几相继寓居于此，时间则应当在绍兴十六、十七年（1147—1148）之后。

文章写到两贤先后来居，上饶士人对他们的尊崇和怀念，对吕本中，“上饶士子稍宗其学”，且田夫野老，“能记其曳杖行吟，风流韵度”。对曾几来居，则“以诗书教子弟”，并“从公游谈风月”。所以，在他们身后，上饶之人“及二公姓字，则拳拳不忘”。茶山寺之僮奴，指其庭竹，就说“此文清公所植也”；指花卉，就说“此文清公所种也”肯定了他们对上饶文化传承的深刻影响。文中引用《诗经·召南·甘棠》之言，意思是：“可爱的甘棠树，不要砍伐它！召公在这里露宿过。”对寺僧居人“虚其室，绘二公之像，事以香火，而祭其讳日”的行为表示了肯定与赞赏。（吴长庚）

信州州学大成殿记

【宋】朱熹

绍兴五年秋九月，熹自长沙蒙恩召还，道过上饶，其州学教授嘉兴林君某来见，请问所以为学之意甚勤。与之语，知其平日所用力者，皆古人为己之学，而其进则未已也。既，乃起而言曰："此邦学政，其弊久矣！士子习熟见闻，因仍浅陋。知有科举而不知有学问。且屋不时修，亦多颓圮。而礼殿之坏为尤甚，至于像设衣冠位次，又皆不如法式。某不自料既为之讲以所闻，幸颇有知向方者，又将撤其故殿而一新之。傥遂有成，愿得一言以记之，且有以进其学者于将来，则幸甚。"

熹谢不敏，退而问诸邦人，则皆曰林君所以教其诸生者有常业。而皆本于古人为己之意，其于学之庶务，则又巨细必亲，无所漏失，故能当此俭岁，既广其弟子之员，且什五六，而犹有余力以及此。盖属役之初，首出餐钱以给诸费，而漕台州家亦有助焉。诸生之有职秩者，又相与捐俸入以相其事。瓦木工徒之直，一毫无所取于民也。熹心善之。比归而往观焉，则其轩楹宏敞，堂室靓深，先圣乡明，先师西面，左右众贤以次列坐，一如今岁奉常所下新制。而其冠冕服韨，应图合礼，取诸监学，靡有僭差。盖虽近辅名藩，鲜有能及之者。熹于是焉喟然太息，益信林君之学有以充其志，而力又有以行其学也。

岁晚还家，甫尔休息，林君复以书来，曰殿既讫，功将以来岁正月丁亥朔旦谒守贰，合群吏，率诸生而释菜以落之。前日之请，愿卒有以赐之也。熹惟国家稽古命祀，而礼先圣先师于学宫，盖将以明夫道之有统，使天下之学者，皆知有所向往而几及之，非徒修其墙屋、设其貌像、盛其器服、升降俯仰之容以为观美而已也。而今之为吏，于是数者犹有不及，求其能如林君之所为者，则既难矣！而况欲其仰体国家之意，以身为率，使其学者皆知古人之所以为学者，而必庶几焉，岂不又难矣哉！

于是为记其事，使刻诸石以励其徒，且使后之君子有以考焉，而毋忘林君之志也。

编者按：

朱熹是举世闻名的思想家、教育家、文学家。他祖籍婺源，出生福建尤溪，居武夷讲学，为往来临安，必经上饶。过化存神，留下丰富的文化遗存。这篇记文，就是他为上饶州学大成殿修成后应州学教授林至之邀而写成的。

全文大体可分三层次，第一层写道过上饶，林君问学，谈学政之弊，将有所为。第二层写朱子询诸邦人，善其所事。特别是归而往观，见其殿礼有序，靡有僭差。而益信林君之学有以充其志，而力又有以行其学。第三层写得报大殿修讫，将释菜落成。乃就建殿而论三事：其一是祭祀之典。即礼先圣先师于学官，是为了明白道之有统。这个统就是道统，也就是指作为儒家思想核心的“仁义道德”。千百年来，传承儒家此道者有一个历史的发展过程。这个过程就是“尧以是传之舜，舜以是传之禹，禹以是传之汤，汤以是传之文武周公，文武周公传之孔子，孔子传之孟轲。轲之死，不得其传焉”。千年之后，至北宋五子周、二程、张、邵继其统，至南宋朱子集其大成。这个传承谱系也就是朱子所说的“道统”。其二是为己之学。修身是为己之学，“古之学者为己”，是说古代学者学为修身，励志、明道；“今之学者为人”，是说当代学者只会为人？就是做给别人看。为己之学是理学家教育思想的根本，也是儒家伦理学说的根本。其三是学知向方。即读书非徒为科举，而是学成经邦治国的学问。朱子的这些思想，直至今天，犹有值得借鉴之处。（吴长庚）

稼轩记

【宋】洪迈

国家行在武林，广信最密迩畿辅。东舟西车，蜂午错出，势处便近，士大夫乐寄焉。环城中外，买宅且百数。基局不能宽，亦曰避燥湿寒暑而已耳。郡治之北可里所，故有旷土存，三面傅城，前枕澄湖如宝带，其纵千有二百三十尺，其衡八百有三十尺，截然砥平，可庐以居，而前乎相攸者皆莫识其处。天作地藏，择然后予。济南辛侯幼安最后至，一旦独得之，既筑室百楹，财占地什四。乃荒左偏以立圃，稻田泱泱，居然衍十弓。意他日释位得归，必躬耕于是，故凭高作屋下临之，是为“稼轩”。田边立亭曰“植杖”，若将真秉耒耨之为者。东冈西阜，北墅南麓，以青径款竹扉，锦路行海棠。集山有楼，婆娑有室，信步有亭，涤砚有渚。皆约略位置，规岁月绪成之，而主人初未之识也。绘图畀予曰：“吾甚爱吾轩，为吾记。”

余谓侯本以中州隽人，抱忠仗义，章显闻于南邦。齐虏巧负国，赤手领五十骑缚取于五万众中，如挟毚兔，束马衔枚，间关西奏淮，至通昼夜不粒食。壮声英概，懦士为之兴起！圣天子一见三叹息，用是简深知，入登九卿，出节使二道，四立连率幕府。顷赖士祸作，自潭薄于江西，两地震惊，谈笑扫空之。使遭事会之来，契中原还职方式，彼周公瑾、谢安石事业，侯固饶为之。此志未偿，因自诡放浪林泉，从老农学稼，无亦大不可欤？

若予者，伥伥一世间，不能为人轩轾，乃当急须袯襫，醉眠牛背，与荛童牧竖肩相摩。幸未黧老时，及见侯，展大功名，锦衣来归，竟厦屋潭潭之乐。将荷笠棹舟，风乎玉溪之上。因园隶内，谒曰：“是尝有力于稼轩者”，侯当辍食迎门，曲席而坐，握手一笑，拂壁间石细读之，庶不为生客。

侯名弃疾，今以右文殿修撰再安抚江南西路云。

编者按

洪迈（1123—1202），字景卢，号容斋，又号野处，南宋饶州鄱阳（今江西省鄱阳县）人。洪皓第三子。官至翰林院学士、资政大夫、端明殿学士，宰执、封魏郡开国公、光禄大夫。卒年八十，谥“文敏”。配张氏，兵部侍郎张渊道女、继配陈氏，均封和国夫人。南宋文学家。主要作品有《容斋随笔》《夷坚志》。

宋孝宗淳熙八年（1181），南宋词人辛弃疾在江西信州上饶（今江西上饶）城北灵山之畔建成了他的新居，名为“稼轩”。辛弃疾认为，人生应该勤奋，并以田间劳作为先，所以用稼轩作为自己的号。这篇文章就是洪迈为此而作的文章。

文章首段以“国家行在武林，广信最密迩畿辅”一句交代了新居的地理位置。信州最靠近南宋都城杭州，虽离京城很近，但却远离京城的纷扰。因此许多士大夫都居住在这里。接着写到主人独到的眼光。这块钟灵毓秀之处，只有辛弃疾的过人眼“识”才能择之。接着镜头拉近，“东冈西阜，北墅南麓，以青径款竹扉，锦路行海棠。集山有楼，婆娑有室，信步有亭，涤砚有渚。皆约略位置，规岁月绪成之”。园内景色一览无余，亭台楼阁，海棠竹扉，一派旖旎风光，尽显盎然情趣。第二段由园及人，写稼轩主人辛弃疾的成就和功绩。最后，作者又描绘了未来老友相聚的有趣场景。

作者试图以此文告诉老友，应以民族大业为重，隐居虽是最终的归宿，但当下不应以个人进退为限，如要隐居，还应留待将来，其弦外音，显而易见。文章借记园为名，规劝友人，使得文章内涵深刻，非俗不可耐的阿谀之作，亦非一般的应酬文章。在写作过程中，作者先是用辛弃疾的自身辉煌来重新激起他的热情，劝其重振雄风，随后又用未来的情景来唤起他的斗志，这样做，既感染了对方，又能在不知不觉中打动对方，手法运用极为巧妙，可见作者的良苦用心。（吴长庚）

与参政魏容斋书

【宋】谢枋得

九月吉日，前宋逋播臣皇帝游民谢某，谨斋沐顿首，致书于大参政公阁下：大元制世，民物一新。宋室逋臣，只欠一死。上天降才，其生也有日，其死也有时。某愿一死全节久矣，所恨时未至耳。皇帝慈仁如天，不妄杀一忠臣义士，虽曰文天祥被奸民诬告而枉死，后来冤状明白，奸民亦正典刑。其待亡国之逋臣，可谓厚矣。某虽至愚极闇，岂不知恩，所以宁为民不为官者，忠臣不事二君，烈女不事二夫，此天地间常道也。有伊尹之道，有伊尹之志，则何事非君？何使非民？若伯夷、柳下惠，则自知不能为伊尹，决不敢学伊尹矣！

自丙戌程御史（号雪楼）将隆旨宣唤之后，今第五次蒙皇帝以礼招来，上有尧舜，下有巢由；上有成汤，下有随光；上有周武，下有夷齐。某所以效虞人之死而不往，愿学夷齐之死而不仕者，正欲使天下万世，知皇帝之量可与为尧舜，可与为汤武，能使谢某不失臣节，视死如归也。兹蒙大参相公居管、周先生道院日夜劳动、录事司吏卒十余人及坊正屋主监守、岂不忧某之逃走耶？某是男儿，死即死耳，不可为不义屈。何必逃走？大参相公忧虑，亦大劳矣。先民有言，忼慨赴死易，从容就义难。某兹蒙大参相公缧绁而到大都，以缞绖见留忠斋诸公。且问诸公，容一谢某，听其为大元闲民，于大元治道何损？杀一谢某，成其为大宋死节，于大元治道何益？只恐前误大宋，后误大元。上帝监观，必有报应。诸公自无面目立于天地间。某母丧未葬，据礼经不可除服，只当缞绖见。公卿凶服，不可入公门。皇帝有命。当历写江南官吏贪酷，生灵愁苦之状，作万言书，献阙下一听进退。忠臣不事二君，烈女不事二夫。此某书中第一义也。

某自九月十一日离嘉禾，即不食烟火。今则并勺水一果不入口矣。惟愿速死，与周夷齐、汉龚胜同垂青史，可以愧天下万世为臣不忠者。兹蒙颁赐，仰见礼士之盛心。某闻之，食人之粟者，当分人之忧；衣人之衣者，当任人之劳；乘人之车者，当载人之难。某既以死自处，度此生不能报答恩遇矣。义不敢拜受，所有钧翰台馈事件，尽交还来使，回纳使帑。外郎又传钧旨云，欲访问某何事？某初志亦愿效一得之愚，今则决不敢矣。鲁有公甫文伯死，其母敬姜不哭。室老曰：焉有子死而不哭者夫？其母曰：孔子圣人也，再逐于鲁，而此子不能从。今其死也，未闻有长者来，而内人皆行哭失声，闺中自杀者三。此子也，必于妇人厚，而于长者薄也。吾所以不哭，君子曰此言出于母之口，不害其为贤母也。若出于妇人之口，则不免为妒妇矣。言一也，所居之位异，则人心变矣。某义不出仕者也，今虽有忠谋奇计，则人必以为妬妇矣。恐徒为天下所笑，惟相度容之干冒钧严，不胜悚栗。

集部，别集类，南宋建炎至德祐，叠山集，卷二

编者按：

这篇书信是谢枋得被强制押送大都后写给元福建参政魏天祐拒绝投降的血泪文字。

谢枋得（1226—1289），字君直，号叠山，别号依斋，信州弋阳人。宝祐四年（1256）与文天祥同科中进士。次年复试教官，中兼经科，任建宁府教授，未上。吴潜宣抚江南东、西两路，命他担任干办公事。宝祐六年（1258），蒙古军大举攻宋，谢枋得被朝廷任为礼兵部架阁，负责招募民兵，筹集军饷，谢枋得变卖家产，八方奔走，经他多方筹措，共招募得民兵一万多人。团结民兵，以保护饶州、信州、抚州三州。景定五年（1264），他在建康当考官时，丞相兼枢密使贾似道奉币向蒙古军求和，蒙古军北撤，贾似道就开始打击抗战派将领。诬陷各地抗蒙将领贪污军费，逼他们破产赔偿。谢枋得极为愤慨，也对时局失望至极，便以贾似道政事为题，考试学生。揭示贾似道“窃政柄，害忠良，误国毒民”的罪行。被追夺两官，贬谪兴国（今湖北阳新县），直到咸淳三年

（1267）才被放回家乡。

此后，他隐居弋阳的家中，没有出仕。咸淳三年（1267），朝廷赦免谢枋得，准许他回居乡里，应吴潜征辟，组织民兵抗元。德祐元年（1275），元将伯颜率元兵大举攻宋，降将吕文焕引导元兵沿长江东下攻占鄂州、黄州、蕲州、安庆、九江，谢枋得以江东提刑、江西招谕使的身份担任信州知州。再次招集义兵，继续进行抗元斗争，但终因寡不敌众而失败。由于元军的追捕，他被迫隐姓埋名，逃亡福建，隐遁于建宁唐石山中。宋亡，流寓建阳，以卖卜教书度日。这场战争中，谢枋得的妻子李氏宁死不屈，与次女和两个婢女自尽，谢枋得的两个兄弟、三个侄子也被元军迫害致死。南宋终因回天乏术，走上了灭亡之途。

元朝统一中国后，就开始拉拢汉族士大夫，由于谢枋得的文名和威望，元朝曾先后五次派人来诱降，但都被他严词拒绝。元世祖至元二十五年（1288）的冬天，福建行省参政魏天祐奉元帝之命，强迫谢枋得北上大都。这时，谢枋得虽然形容枯瘦，但仍精神抖擞，慷慨赋诗赠别亲友。他一到大都，就问太皇太后谢道清坟墓和宋恭宗所在的方向，恸哭再拜，后拘留于悯忠寺（今法源寺），见壁间有曹娥碑，哭泣说："小女子犹尔，吾岂不汝若哉！"并再次进行绝食斗争。留梦炎派医生拿了杂有米饭的药汤请他去喝，他一面怒骂，一面将药罐拂在地上。四月初五（1289年4月25日），谢枋在大都悯忠寺（今北京法源寺）绝食五天，终于为国尽节，至死未降为元臣。

这篇却聘书写得很精彩，第一段开门见山，表明自己的态度："忠臣不事二君，烈女不事二夫，此天地间常道也"。第二段用中国传统伦理道德观念申述自己的要求，"不失臣节""容一谢某，听其为大元闲民"。第三段进一步申述"义不出仕"的理由。谢枋得出身封建官僚家庭，本人又是南宋大臣。自幼熟读儒家经典，一生恪守传统道德，谢枋得誓不从元，从思想根源上来说，一是为了捍卫中华传统文化，二是程朱理学对其产生的深刻影响。谢枋得深受朱熹的理学思想影响，所以他在本书中强调："忠臣不事二君，烈女不事二夫，此天地间常道也"，"此某书中第一义也"。

谢枋得是南宋末年著名的爱国诗人，诗文豪迈奇绝，自成一家。他的散文格调高奇，很有气势。他写了大量的书、序、记、启等方面的文章，"文词清丽，高迈奇绝，汪洋演迤，自成一家”。他所作文章，切中时弊，令人读之泣下。如《谒辛稼轩先生祠记》《上丞相留忠斋书》《上程雪楼御史书》《与参政魏容斋书》等都是文中上品，不可多得。尤其是本文写得慷慨愤激，义正词严。他的诗伤时感旧，沉痛苍凉，诗风朴素端正，有时也饶有韵致。担任六部侍郎，聪明过人，文章奇绝；学通“六经”，淹贯百家。有《叠山集》存世。明景泰七年赐谥“文节”。（吴长庚）

广信文献录序

【元】危素

信，东南大郡也。其山奇拔，其水清写。其钟而为人，有文章，尚节概。自唐吴武陵父子及校书王贞白启其端绪，至于宋室南迁，中原故家多侨寓于此，而士习益盛。由佥书枢密院事张公叔夜、直秘阁知同州郑氏骧以来，皆能仗节死义，尤足为是邦之重矣。余邻家贵溪之境，少读柳仪曹作吴君文集序，奖誉备至。余往求之，卒不可得，而武陵之文，亦复不传。及被命修宋史，信独无一字送官。捃拾他书，仅成数传，其间阙遗固亦多矣。盖州县无良吏，家无贤子孙，使忠贤泯没，史家有遗恨，非可惜哉！

永丰士舒彬文质，时客京师，睹其事而慨焉。乃发愤还其乡，网罗散逸，得昔人所为文辞，久而汇萃成编，题曰广信文献录。文质居贫，方汲汲于养，而寝食之间，不忘乎此。访求故家世族，至于浮屠老子之宫，残碑断碣，无不搜辑。众颇非，笑之，而文质不答。其老师宿学及闻前代故实者，则曰："盛哉文质之举也！"已而日积月累，可以更考见数县之事。及再游京师，假公私书补其未备，而所得益富。而文质将还江南，遍求以记载之。

向使广信之人皆有志若此，则吴氏父子之文，安得并与飘风游尘，一归于昧耶？余故嘉其笃于好古，而为之叙。

编者按：

危素（1303—1372），字太朴，号云林，江西金溪人，唐朝抚州刺史危全讽的后代，元末明初历史学家、文学家。元朝至正元年，出任经筵检讨，负责主编宋、辽、金三部历史，并注释《尔雅》。他由国子助教升迁翰林编修、太常博士、兵部员外郎、监察御史、工部侍郎、大司农丞、礼部尚书。至正二十年（1360）拜参知政事。公元1370年，危素被谪居和州（今安徽省含山县），守余阙庙，悲惨地度过晚年；一年后，即洪武五年（1372）正月幽恨而死，年七十。著有《吴草庐年谱》《元海运志》《危学士集》等。

这篇文献录序作于元至正十一年（1351），是为广丰人舒彬（字文质）所编的《广信文献录》所作的序言。舒彬事未见他载，元末明初诗人蓝智有《雪中送舒文质归广信》，又蓝仁有《海上行送舒文质之京赴危大参之召》，皆提到舒文质，可见他也应是当时知名之士。因危素奉命修《宋史》，而信州“独无一字材料送官”。时舒彬客居京师，睹其事而慨然，乃发愤还乡，广为收集整理，编成《广信文献录》，危素感其事，而为之作序。今《全元文》卷一四七一“危素四”收录此文，而全书却未见著录。这篇序文有三层意思，其一肯定信州乃东南大郡，出了吴武陵父子及校书王贞白，宋室南迁，中原故家多侨寓于此，如张叔夜、郑骧等人，然求其文献而不可得。其二介绍永丰人舒文质发愤还其乡，网罗散逸，得昔人所为文辞，久而汇萃成编，题曰《广信文献录》。其三发表感慨，且说明写作此序的目的。

据此序可知，上饶历史文献的收集整理，舒文质是第一人，而《广信文献录》则是广信府最早的一部文献总集。可惜年代久远，书已无存，唯剩此一序。（吴长庚）

南岩文公祠记

【明】汪伟

吾信为闽之门户。文公游仕四方，必道出焉。故信之山水最为所赏爱，至今深山穷谷，虽土人亦罕至，而往往有公遗墨。鹅湖以讲道特显，南岩去郡治绝溪而南十里许，公盖尝至焉。景泰癸酉，郡守四明姚侯堂，得寺僧口识公五言诗一律，又得公咏一滴泉诗一联于郡学李训导，姚守谨录而传之。二诗旧书于法堂之壁，壁圮，诗逸不存，非姚侯之好事，则坠地久矣。

成化庚子后守锡山谈侯纲肖公像于岩间，欲修祀事而未遑也。嘉靖五年春，巡按监察御史秦公亦四明人，以旨代弭节于郡，偶偕守巡。少参张公怀佥宪钟公云端游南岩，拜文公像，赋诗二章以致向往。因语署郡事同知叶君逢阳曰："像而弗祀，非亵欤？"对曰："有司之过也。"乃议复其事，杂徭民兵一人以顾役之资，充春秋牲醴。费有余，以饰祠宇。庶事易集而可久。秦公曰："倅议是也。"叶君遂来请曰："愿文其事于石，以示后俾勿坏。"予曰："文公于吾人之功，诚罔极也。然不备观群言之赜，无以知公之为勤；不精思而力践之，无以知公之为功。肤学小生，喜立意见。未尝尽读公之书而遽疑焉，而遽讥评焉，斯道何由而明哉？伟观诸君子于先哲过化之地，顾其泉石草木，若召公之棠思封植之得，其一字一句，若伏生之书思，表章之，可谓笃信善学者矣！其于风教之助，岂小补哉？伟所以累叹息，欣忭而不能已也。"敬书其始末，以谂来者。

秦公名钺，字懋功。起家进士，为御史，风裁凛然。出按江右，务持大体。不尚武猛苛察，而下益畏。所至以访民隐、求贤才为急，人服其得体。

叶君字子大，文公乡人。由进士历县令，有声摄广信，同知称敏云。

史部，地理类，都会郡县之属，江西通志，卷一百三十一

编者按：

汪伟，字器之，信州弋阳人（今弋阳县南岩镇旗山村人）。举弘治壬子江西乡试荐第二，明弘治九年（1496）进士三甲第一，选庶吉士，授检讨，充经筵讲官，纂修实录，与兄俊齐名，时称二汪。正德初，以不能阿附宦官刘瑾，调南京礼部主事。瑾诛复旧职，寻升南京国子司业祭酒，丰采疑峻，六馆有咲，比河清之喻，刊定《近思录》，以授诸生。武宗南狩，伟率僚属诸生伏请车驾临幸太学，不听。扈从都督江彬伪旨取玉砚，伟抗声对曰："伟有秀才时破砚在，可持去。"彬乃止。时值江西宁王宸濠叛乱，沿江而下欲取南京。留都战守之策多赖谘焉。官太学十年，所定条例至今循守不变。嘉靖改元，升南京礼部右侍郎，制词称其"操存端毅，涉夷险而所守不渝；道义精纯，历南北而其声益彰"。寻升本部左侍郎。时尚书缺，伟署部事三月，一时黜陟，人服其公。世宗下廷议追尊典礼，伟执兄俊之前议，上不悦。遂恳疏乞休，章三上，乃允归，与兄弟葛中野服，倘佯山水间。讲劘至道，家无厚业，课耕自给而已。以疾终。伟负经济才，台中尝有越格推荐汪伟可任边寄者，后不果。久处散地，晚始向用，而以直道疏节黜，赍志以没，可慨也。著有《闲斋集》藏于家。

淳熙九年（1182），朱子从浙东归，至上饶，拜访了南涧韩元吉，又邀约诗人徐安国，共游南岩奇境。辛弃疾获知，也携酒而至。四老相聚于南岩，诗酒吟唱。相得甚欢。朱熹弟子余大雅、西岩名士汤钤和其他后学士子相拥而行，朱熹作五律《咏南岩》一首，游览了一滴泉后，又作七律《咏一滴泉》诗一首，四老各有题壁。后人仰前贤遗风，多有来游，题咏甚多。至有汇集成书。明毛腾《南岩诗文序》云："追宋真儒晦翁朱先生与其友辛幼安、徐行仲、韩无咎诸公讲道于兹，自是名益重，而山灵益显……逮我国朝，郡守姚侯堂询晦翁遗诗，纪之石壁。谈侯纲则肖晦翁遗像，而建之以祠……僧裔圆祥雅好文墨，恐世远年淹，古人之行踪弗显，乃录贤士大夫诗文之尤者，约数千言以梓之。"

汪伟之记既承其绪，又载巡按御史秦钺、信州同知叶逢阳即其地建祠祭祀之事。且点明其义，先哲过化存神，即泉石草木，也当如《诗·召南·甘棠》所载，不得砍伐损毁。伏生之书思，指历史上曾有伏生献书故事。秦始皇下焚书令，伏生冒险将《尚书》藏于壁间，西汉时将其取出并献给朝廷，为文化的传播做出了贡献。对南岩的古迹亦当保存保护，以为风教之助。（吴长庚）

谢特恩赐建忠礼书院琼恩堂宝泽楼表

【明】夏言

伏蒙胜恩，赐臣忠礼书院、琼恩堂、宝泽楼，特敕有司建造，工部置匾给赐者，臣诚欢诚感，顿首顿首。

上言离明丽正，睹经天纬地之文；乾健当阳，遘风虎云龙之会。道逢交泰，恩出非常。御藻宸章，日星赫其炳耀；华堂雄构，山川赖其光荣。渥眷有加，矜渐无措。恭惟皇帝陛下，天德地业，育万有而同仁；汤武尧文，冠百王而独圣。清明旁烛，敦大兼容。定礼作乐，创法于群几之先；制度考文，收功于末论之后。取善不遗于葑菲，录贤每乘其瑕疵。

如臣鄙朴之资，亦在甄收之列。但臣学未闻道，徒有志于古人；才乏通方，实无见于当世。讵意受知于明圣，蒙恩越出于常流。谏署从容，久陪国论。词垣密勿，数侍讲帷。方兼亚以詹端，旋晋长于宗伯。荐膺□□陟孤卿祇近清光，手诏枉压于朝夕；宠颁群□，□□□假于尊常。顾蓬荜卑栖，祗惧天章之亵；乃丝□□，过叨宸藻之荣。堂匾琼恩，铭刻琬琰之贵，楼题宝泽，庆流河汉之光。重以书院之名，特加忠礼之誉。惟兹嘉号，悉出渊衷，惠锡频仍，褒称备厚。楣扁命冬官之大匠，公功勤方岳之有司。盛典彰隆，宠恩崇异，乃近代人臣之所未有，实前兹世主之所罕施。白鹿徒闻，匪出玉音之特建；紫阳尚在，未缘圣主之亲题。南纪增辉，中朝动色。子孙永宝，族里具瞻。盖将侈百祀之美谈，讵止专一时之幸会。

臣敢不弥坚素节，益罄丹心，非仁义不陈于前，有谋猷则顺于外。竭忠于礼，仰承圣训之惓惓；以正事君，敢易臣衷之耿耿。伏愿天休滋至，神嘏攸纯。圣子神孙，衍皇图于有永，天高地厚，祝睿算于无疆。臣无任瞻天仰圣，激切屏营之至。

编者按：

本文是夏言写给皇上的一封感谢信。夏言既以改革礼制深得明世宗宠爱，对他的赏赐也很多，又很丰厚。嘉靖十三年（1534），世宗特恩赐夏言，在广信府所在地上饶，建忠礼书院、琼恩堂、宝泽楼等楼群，夏言感其深恩，于是写了这篇谢表。

谢表的内容无非是感激吹捧皇上的话，但谢表的形式用的是骈文体，语言较清新平易，一改前人典雅晦涩之风，颇有可读之处。这个谢表也证实了，夏言的上饶府第确是奉敕建造的。查《闽中理学渊源考》卷九十二有载，宁德人陈裦，字邦进，嘉靖十二年（1533）巡按江西，时夏言为相，欲毁民居以扩建苑囿，陈作书以讽之云："费鹅湖之变，几至灭族。相公方缔欢鱼水，当造福子孙。"霍韬叹曰："真御史也"，云云。

夏言为人豪迈，才能过人，纵横议论，无人能屈。受皇上恩宠后，他揣摸世宗的心思，不想让大臣拉帮结派，因而他长期与议定"大礼"的达官们意见不一。世宗以为他不结党，对他更加厚待，然而最终还是被严嵩迫害至死。夏言死后，严嵩祸国殃民，时间长了，天下有很多人开始惋惜夏言之死。而夏言曾经推荐、提携的徐阶，后来终究铲除严嵩，为一代名臣。

纪昀有评价云：言初以才器受知世宗，而柄用之后，志骄气溢，傲愎自专，卒以致败，其事业殊无可称。特学问淹博，于故事夙所留意。又值世宗锐意改制之时，故于一朝典礼，多所酌定。如南北郊分祀、更定文庙祀典及大禘礼仪、立先蚕坛之类，悉言所赞成。迨帝擢掌礼部，益力举其职。前后奏牍，亦多有可采。

今上饶市新建的宝泽楼、白鸥园，其名皆出自夏言府第后花园。（吴长庚）

重建广信府治厅事记

【明】叶镗

信故为州，为路，入明始改为广信府。其府治则肇于洪武初，太守王公范之鼎建。嗣是则金公铣、王公翰、陈公廷琏相继增新拓故，规制大备。嘉靖壬戌年，适罹郁攸之灾，虽两庑吏廨仅存，而前后厅事则皆毁。

明年，郡侯近山王公以水部正郎来莅郡事，睹兹故址，慨然兴嗟，曰：兹政事之堂也。虽时诎举赢，庸可缓乎？乃谋之同寅，佥以为然。于是节缩浮费，鸠材庀工。伐木于山，埴甓于野，役民于隙，不加赋，不瘠肥，民用不扰。未几而工事就绪，经始于癸亥年八月，落成于甲子年四月，前堂后宇，左库右署，焕然改观矣。乃谋砻石以纪岁月，属予志之。

會予以秩满南还，遹观厥成，不敢以不文辞。

谨按，信之为郡，乃吴楚闽越之交，实要区也。其山川之奇特，溪谷之靓深秀，实甲于诸郡。北枕灵山，南拥金屏；东联怀玉，西引鹅湖。而冰玉诸溪，环汇停潴，如襟如带。昔人谓地上于饶，俗美于广，良非虚语。府治适当山水之中，形胜为最。往往莅兹土者，率多元夫巨人，声称位望，炳然于时。其流芳于史册，脍炙于口碑者，后先相望。谓非山川之致，士民之祐与？

予闻在昔，民风俭朴勤生，野人至有白首不识城市者，而士大夫雅以清议为重。至若侈靡嚚讼之风，浮薄之习俗，群耻之，稍为近古，今则寝异于昔矣。化导之机，顾不赖于上与？郡侯王公，岂弟宜民，不激不随。而下车之初，首轸民隐政先急务类如此。二三君子又尽东南之美夫，非更新之会乎？是则皆可纪者。

王公名陈策，字思董，泰州人。贰守王公名时拱，字端夫，同安人。通守胡公名晓，字东白，绩溪人。推府李公名畿嗣，字明卿，蕲水人。其与劳于斯役者，则于法得书，因备录之，以纪其成云。

史部，地理类，都会郡县之属，江西通志，卷一百三十一 。

编者按：

叶镗，字汝声，上饶县乾元乡（今上饶县尊桥乡）人，明嘉靖二十年（1541）辛丑科殿试金榜第二甲第十五名进士出身，授庶吉士改刑科给事中。嘉靖三十六年（1557）为南京大理寺卿，四十年（1561）任刑部右侍郎，四十二年（1563）转刑部左侍郎。屡官至刑部侍郎。世宗朝言事称旨，命总理部事。一时贵戚敛手，寻擢南少司寇，晋秩尚书。致仕归。

《江西通志》卷二十《公署》载："广信府府署在广信门内，唐乾元初始建，宋皇祐间圮于水，知州事张衡修葺，王安石为文记之。绍兴间知州事何润重建，淳熙间知州事林枅重修，韩元吉有记。元季毁于兵，明洪武三年知府王范鼎建。成化间知府王翰复修，弘治二年知府陈廷琏因旧而饰之。嘉靖四十一年，知府王陈策重建，郡人叶谟记。"可知，信州从设州建署，已经七次重修重建。本次重建，值火灾之后，整个府衙，仅两庑吏廨尚存，而前后厅事则皆毁。

这篇记文首先简单介绍了府治的初建及历代重修，本次重建的原因。其二言本次重建的基本原则：节缩浮费，鸠材庀工。伐木于山，埴甓于野，役民于隙。不加赋，不瘠肥，民用不扰。可见出明代吏治之严。其三论上饶山川俊美与来守兹土者"声称位望，炳然于时"，其间流芳史册、脍炙口碑者，先后相望，实为山川之致，士民之祐。其四论教化民风之重。皆有可纪者。最后备录"劳于斯役"者的官员名姓。

在古代社会，因官衙设置简略，官吏人数有限，府衙县衙的建筑，大体为"前堂后宇，左库右署"，规模都不甚大。（吴长庚）

冰溪娄先生墓志铭

【明】夏尚朴

宸濠叛逆，冰溪以妃族被逮，死狱中。圣天子御极，诏议狱，开释无辜。娄氏皆得原宥。有大臣阅奏牍，见冰溪姓名，顾谓同列曰：是即所谓楼上先生。昔尝不受宸濠衰服之命，岂有从逆之意耶？不死，当见原，士论惜之。

逮系之初，众皆惧祸，不敢近。独其婿太学生上泸余锭，奉其父英薮之命，周旋其间，不避艰险。及械送臬司，遣人潜随其后，为之给衣药，服食晏然，如在家时。不幸以疾卒，其衣衾棺椁殡殓以礼，某年某月某日卜葬上泸之郭墩。予以门生得相役，而视其婿锭，以墓铭见属，义不得而辞也。

按冰溪讳忱，字诚善，其先信阳人。元季有讳子福者，逃难南奔，遂家上饶之盈济坊。曾祖讳德华，祖讳思显，赠河南道监察御史。轻财尚义，乡称长者。妣杨氏，父讳谅，字克贞，成都训导，封南京兵部职方司郎中，号一斋，受业聘君吴康斋，得河洛之传，妣余氏。幼有奇质，落语辄惊人，顾为文不能徇时好，以故连不得志于有司。晚由岁贡受归安训导，未几即弃官而归。忿其兄之所为，托疾不下楼者十年，自号病阁。户部侍郎邵二泉呼为楼上先生。及兄死，作下楼歌以讽之。国母之丧，类受衰服，独冰溪以吊服从事，且力陈古义却之。几为宸濠捶挫以死，赖都宪王阳明救解得免。生于某年某月某日，卒于某年某月某日，享年七十，娶王氏，生三女，长适杭州府知府永丰吕夔，次适锭，次适李某，皆同邑人也。侧室杨氏，生男仕幼名瑞松，女一皆幼。

宸濠逆节将萌，娄妃泣谏不从。事败妃死，槛送京师，每食必取饭呼娄妃食，叹曰：恨不用尔之言至此。湖广参政同邑郑毅立之以诗哭之，曰：道义传心有定论，贤妃原是一斋孙。夫以一女子，尚知用祖之训，识君臣大义，曾谓贤如冰溪，老且死，而乃亡父之训，甘为逆贼之党耶？因志其墓，而系之以铭。铭曰：有山苍苍，有水洋洋，是为陈克斋之乡。公死有知，当撰杖履，与之徜徉。

集部，别集类，明洪武至崇祯，东岩集，卷五

编者按：

夏尚朴（1466—1538），一作良朴，字敦夫、敬夫，号东岩。信州永丰（今江西上饶广丰区）人，明代文学家、诗人。早年师从吴与弼，后师娄谅，传主敬之学。正德六年（1511）中进士。历官南京礼部主事、惠州府知府、山东提学副使、南京太仆少卿。夏尚朴常与魏校、湛若水等人共同讲学，其诗除互赠应酬之作外，大部分写家乡四季景物以及恬静隐居生活，以诗明志，借景抒怀；也有反映民间疾苦之作；还有一些言理诗，颇富哲理和情趣。山水游记亦颇具特色，令人读后有"独坐幽篁"之感。著有《东岩集》和《东岩诗集》各六卷，并传于世。他的思想对崇仁派后期学说的发展做出过贡献。

上饶娄氏为理学世家，娄谅有二子：娄性、娄忱。长子娄性，字符善，成化十三年（1477）丁酉科乡试，明成化十七年（1481）辛丑科进士。历任南京吏部考功郎、南京太仆寺卿，官至兵部职方司郎中。娄性有两个女儿：长女娄素珍，嫁宁王宸濠为正妃；次女嫁铅山翰林院编修、礼部尚书费宷为妻。宸濠叛乱，娄妃谏而不听，投水死。宸濠战败被擒后，娄氏家族均受牵连而入狱。本文所写的主人翁冰溪先生，即指上饶娄谅之次子娄忱。由于本文的记载，娄忱很多被湮没的事迹得以保存于世。

这篇墓志铭是娄忱死后，家人请其所作。首段叙其冤，恰逢“诏议狱，开释无辜”，大臣阅卷，见冰溪姓名，知为“楼上先生”，冤得释。其二追忆被逮之初，独其婿太学生上泸余锭周旋其间，给衣药服食，不幸病死狱中，归葬上饶。其三综述娄忱家世、生平、事迹、后嗣。文中提到两件事，一是“忿其兄之所为，托疾不下楼者十年，自号病阁”；二是宸濠母丧，他“类受衰服，独冰溪以吊服从事，且力陈古义却之。几为宸濠捶挫以死，赖都先王阳明救解得免”。这两件事足以表明，娄忱是极有个性、不谄附权贵之人，他的铮铮傲骨足以使他和宸濠划清界限。然而覆巢之下，岂有完卵，他还是冤死狱中。其三从宸濠角度补证其冤。宸濠逆谋初萌，妃泣谏不从，事败妃死，而宸濠有悔：“恨不用尔之言至此”。可见娄妃之节。作者就此反问：夫以一女子尚且知道祖父之训，识得君臣大义，而贤如冰溪，其年已老且死，又怎么会忘记乃父之训，而甘为逆贼之党呢？这就为娄忱的冤死画上一个句号。

此文虽是墓志，却全文紧扣其冤，层层推进，写得有声有色，是一篇有特色的墓铭。（吴长庚）

茶山寺观泉亭记

【明】何吾驺

余生平有泉癖，其于陆羽《茶经》，不啻楞严金刚也。羽尝遍游天下，以尽名山大川水味，而归老信州，摄息茶山中，凿井得泉，欣然遇之，以为天下莫及也。

自羽至今，世代几更，烟锁雾落，而水泓澄如初。非独井也，灵山茶芽，其制法佳者，如芝草绿苔。一种香素，大非世俗佞好可比。皆羽千百年来精气呵唻，而茶因之。郡人仿效，日引月新。

余归舟，道经郡治。关、高二使君邀余于观泉亭，竟夕，所酌皆诸方名酿，乃不觉所进茗香浮其上，余以是知斯泉之有神也。使君为具盆汲沐，老子白须，根根可数。噫！余将归隐香山，安得领一派泉脉以去饭蔬没齿，永与鸿渐先生作老友也。

编者按：

何吾驺（1581—1651），字龙友，号象冈，初字瑞虎，晚号闲足道人。香山（今中山）小榄人。明代万历三十四年（1606）丙午科举人，己未（1619）授庶吉士。崇祯元年（1628）升左春坊，充经筵讲官，后升少詹事兼侍读学士，崇祯五年（1632）擢礼部右侍郎，六年（1633）癸酉再升礼部尚书，任大学士兼代理首辅，因议事被罢官。弘光元年（1645）清兵陷京，福王召任首辅，至清兵入闽，弃官返乡。著有《元气常诗集》三卷、《元气堂文集》三十卷、《云芨轩稿》二卷、《经筵日讲拜稽集》四卷、《周易补注》四卷、《中麓阁集》及石刻楷书四种等。其诗文笃实渊雅，为时人所重。兼善书法，取法钟繇、王羲之、苏轼等名家，兼习章草，融会贯通。与其诗文同受推崇。

茶山寺陆羽泉在上饶市以北，《广信府志》记载，陆羽来茶山后，建山舍（后人称陆鸿渐宅），环居种茶数亩，晨昏培育，不辞辛劳，故唐世征赞陆氏诗有“生为茶经累季疵，秃衿杨杓亦何辞”句。宅旁开凿一泉“其水似井而傍山，色白味甘，是为乳泉；土色赤，又名胭脂井”，人称“天下第四泉”。

不仅陆羽和陆羽泉备受文人赞赏，茶山也为古今人们所向往。茶山原有广教寺，因陆羽在此山种茶，山称茶山，寺名茶山寺。寺建于唐天祐年间，几度兴废。至清康熙丙午，推官黎士宏重建。甲寅复毁，知府孙世昌葺。壬辰，知府周錞元复葺。寺宇在陆羽泉东南，已拆除多年，附近有东轩、清樾轩、横碧轩、香寂园、松风亭和梅野等古迹，由宋人吕本中、曾几、徐元杰等先后构筑，为读书著述之地。（吴长庚）

创修曲江书院记

【清】李光地

文明之运，始于国家，又视乎推行者之至不至。苟其设诚而推行之，虽微上之振起，士君子固不忍愚其民也，况在蒸蒸作人之世乎？文翁之于蜀，退之之于潮，当时兵革犹未尽偃，而巴峦之西，岭徼之外，僻深荒远，素未耀乎光明，二公者皆以太守为吏民师，能使人士奋兴，俗化移易，前史称贤焉。

今天子拨祸乱，致太平，永为有道之长。求端于学校教化，崇道尊儒，统一经术，可谓恩明意美矣。而守土者或推行之未至，或以文具推行而设诚之未笃。无论僻深荒远，文教阙焉。虽以圣哲居游之区，时世之未远，风流之未坠，罕能寻搜章表以为邦人劝者。岂贾生所谓"移风易俗，非俗吏所能为者"耶？

西江，故人文地。在宋，庐陵、临川、南丰诸子为文章宗师。濂溪、明道、伊川于此相授受焉。南渡后，有陆氏兄弟以学行与朱子道义相切。而朱子趋朝来往，必由信州取道。故玉山之讲，鹅湖之会，道脉攸系，迹在此邦。文献不彰，绪风亦歇。有志之士，仰止高山，亦何从而游憩焉？

太守周君嵩山，慨然远览。既访玉山、鹅湖遗址，檄其属邑兴修。百年茂草，屹尔宫墙。而又即府治佳处，创为钟灵书院。临溪环山，在阛都而有泉林之趣。招致士之秀者近百人，讲肄其中。又以为文翁在蜀，相如为之师；退之在潮，赵德司其教。不远千里，求宿学者，督率身则。以时省视，而作兴之。

先时郡士科名寥落，自书院立，明年即有首举于乡者，后遂连年相踵起。故曰山川之秀，有开之者也；人文之盛，有倡之者也。人地之钟灵尢绝期，开而倡之，则或百年而不相值。

呜呼！此余所为于君有感也。虽然科名其小者尔。生圣人之世，被圣人之泽，当勉为德业之彦，共定太平之基。此去庐山之下，有白鹿洞焉。朱子之规，陆子之讲，班班犹在也。取与玉山讲义，玩思而服行之。使贤太守之迹，他日于蜀、潮而有光，是则师生之贤，亦邂逅执笔者所惓惓云。

史部，地理类，都会郡县之属，江西通志，卷一百三十四

编者按：

李光地（1642—1718），字晋卿，号厚庵，别号榕村，福建泉州府安溪（今福建安溪）人。清代康熙朝大臣，理学名臣。康熙九年（1670）中进士，历任翰林院编修、翰林学士、兵部右侍郎、直隶巡抚，协助平定“三藩之乱”“统一台湾”，康熙四十四年（1705），拜文渊阁大学士兼吏部尚书。康熙五十五年（1717），因疝疾速发，卒于任所，享年七十七岁，谥号“文贞”。雍正元年（1723），加赠太子太傅，入祀贤良祠。着有《历像要义》《四书解》《性理精义》《朱子全书》等书。

钟灵讲院即后之信江书院，这所书院兴办较晚，清康熙朝始建。自宋以来五百多年间，宋有韩元吉、辛弃疾、曾几住在上饶，都没有创建书院。明有高官夏言、杨时乔、郑以伟，也没有创建书院。娄谅有理学旧居，却无授学的书院。宋元之间是江西书院发展的鼎盛时期，信州自东吴设县，唐乾元立州，明洪武改府，数百年间，也一度人文鼎盛，境内各县都相继建立了多所书院，而州府所在地的上饶城中竟无一所书院。以至于骚人墨客往来此地，竟无一处仰止先贤、问学游憩之地。所以，李光地在文章中说，这里是人文之地，有文章宗师，有理学授受，有朱陆道义相切，有玉山讲义、鹅湖论辩，道脉攸系，迹在此邦。却为何文献不彰，绪风亦歇。有志之士，仰止高山，亦何从而游憩焉？正因为有这个疑问，所以，他对知府周錞元扩建曲江书院，更名钟灵讲院的政绩便给予了充分的肯定。文章最后指出，兴办书院，推行教育，科名其小者也，生于圣人之世，光被圣人之泽，当勉为德业之彦，共定太平之基，这才是最为重要的。（吴长庚）

恭谢鹅湖书院御书扁联疏

【清】白潢

题为圣世崇隆，正学宸章，臣宠被先儒，恳赐详题，以伸谢悃事。

臣该看得鹅湖书院，为有宋先儒讲学之地，蒙皇上振兴文教，御书“穷理居敬”扁额一副，“章岩月朗中天镜，石井波分太极泉”对联一联，颁赐书院。于陛辞之日给发臣收领，敬谨制备，亲赍悬挂讫。

钦惟我皇上，统承洙泗，治轶唐虞。四海同文，冠百王而首出；八纮在宥，集千圣之大成。作述兼隆，勋华普被。犹念江右乃人才渊薮，而鹅湖钟川岳英灵。朱陆之讲席攸存，贤圣之师承未远。特颁宸翰，用焕名区。恭绎天文，首崇实学。作擘窠之字，穷理居敬，一言统学术之全。挥垂露之毫，石井章岩，两语揭山川之秀。钦承睿藻，欣际昌辰。敬卜清和，高悬御墨。翚飞结宇，腾千丈之祥光；琰刻填金，永万年之盛事。有云而卿，有星而景。观人文之化成，如日之升，如月之恒，与乾坤而同寿。将见中天朗月休光景铄于西江；太极甘泉沆瀣汪洋于庐阜。家敦礼乐，焕云章而益勉操修；人淑诗书，瞻奎画而弥勤惕励。发蒙震聩，尽沐君师启牖之功；入室升堂，均沾天地生成之化。

兹据布政使许兆麟详据通省绅士鲁瑗等，呈请代题，恭谢天恩。臣等情前来，不敢壅于上闻。理合据详具题。

史部，地理类，都会郡县之属，江西通志，卷一百十八

编者按：

白潢（1660—1737），字近微，汉军镶白旗人，清朝大臣。初授笔帖式，考授内阁中书，迁侍读。授福建粮驿道佥事，以父忧去官。服阕，除山东登莱青道佥事，迁贵州贵东道参议，擢湖南布政使，贵州巡抚。后擢江西巡抚。在江西任上，潢革诸州县漕节陋例，并令火耗限加一，旧加至三四者，悉罢除之，不率者奏劾。湖口关地险港窄，潢度关右武曲港山势开阔，可容千艘，乃浚江口，建草坝，使估舟得聚泊。建亭颂潢德。会城西南有袁、赣二江，至临江合流，旧有堤久圮，春夏水发，往往坏田庐。潢奏请重建，九阅月而成。民自是无水患，号为白公堤。他注重教育，将鹅湖书院事奏报朝廷，康熙皇帝亲书“穷理居敬”匾额并“章岩月朗中天镜，石井波分太极泉”对联，颁赐鹅湖书院。书院为建御书楼，白潢亲将联匾送至书楼悬挂。

为了感谢皇恩，振兴文教，白潢写了这份谢疏。疏用骈文体式，文辞优美，善变化而无板滞之感。（吴长庚）

观风檄文

【清】王赓言

照得江右古称才薮，信州代有传人。三十三之福地钟奇，七十二之灵峰毓秀。青荷白瀑，湖尚思鹅。佩玉储云，山犹仰象。

地之灵者人杰，积之厚者流光。殿元舒锦绣于西园，台辅赞丝纶于东阁。古人经笥业，标旗帜，儒林近代，墨花应接，馨香艺苑。

本府寒窗攻苦，先正师承。最重读书立品之俦，还务崇实黜浮之学。今既一麾出守，宜先七邑观风。豹隐深山，愿睹文毛润泽；凤藏丹穴，喜闻奇律归昌。试延浦之锋芒，双龙可辨；望阊门之练影，匹马难淆。虽明年岁试开场，正普评衡月旦。而今日公余问俗，早施采择风声。多士宜益励初心，试官岂视为故套?

市千金之骏，燕台快效驰驱；培六月之鹏，渤海欣瞻变化。各期努力，宁无拍案之奇；共事舍毫，定有惊人之句。

编者按:

王赓言（1762—1825），字赞虞，别号篑山，山东诸城城关镇铁沟村人，乾隆五十八年（1793）进士。入仕之初，先后在吏部和户部当了16年的京官，累官至吏部考功司主事、文选司员外郎、掌稽勋司监督、户部宝泉局。嘉庆十四年（1809）授为广信府知府，《广信府志》记载他:“由吏部郎中守信，和厚勤敏，遇事立办，下车一载，清积案数百。上宪器其才，每委谳疑狱。郡城数被火灾，教民制水龙数具以救之。自是郁攸无患，在任七年，修废举坠，于人才尤加意培植。先是城西五里龙潭，明万历间建见龙塔，寻圮，仅存二级，形家谓修之利科名，遂倡捐重建五级，易名奎文。又拓信江书院房舍，增置膏火租田，月课亲加评骘，所甄拔多知名士。又袖诗文谒者不时延见，工吟咏，所在留题，虽薄书旁午不废。一时风雅之盛，自宋徐师川后不数见也。报最入都，郡人士赠诗成集，弋阳周庶常尚莲题曰‘去思留咏’。”后迁江西按察使，掌管江西粮道。嘉庆十七年（1812）复任广信知府，后任常镇通海兵备遵守、江苏布政使等职。

为官期间，审慎刑狱，清理积案，平反怨案，惩恶安良，士民服其威，誉为“冰心铁石”。政务之余，工诗文。著有《山堂诗集》《车中吟》《四书释文》《东武诗存》等。

本文是王赓言初到广信府任官所写的观风檄文，也就是莅任调研的文告。文章先叙此处地灵人杰，然后说自己“今既一麾出守，宜先七邑观风”，相信这里必定藏龙卧虎，有“豹隐深山”“凤藏丹穴”，很多有用的人才。他希望他们“益励初心”，接受国家的选择。最后表明自己的目的：“市千金之骏”“培六月之鹏”，也就是选择堪为大用的千里马，培养能经风雨的大鹏鸟。他相信这些都能实现。

这篇檄文用的是骈文体式，而精深短小，语言通俗。文中虽有比喻，文采斐然，但却耳熟能详，坦易明白，值得后人借鉴。（吴长庚）